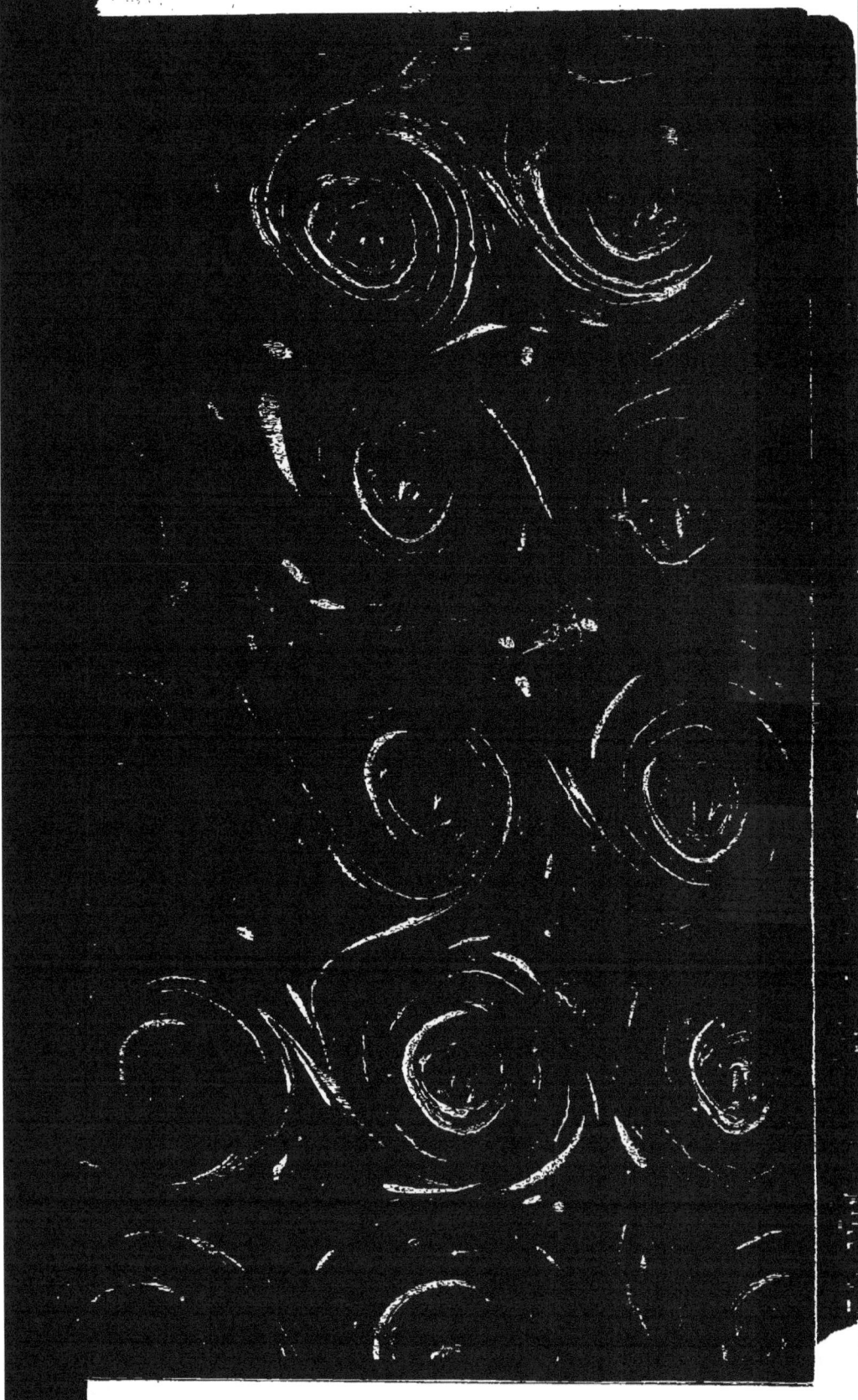

V. 2653
E. 4 a 5-6

24132

MANUEL
DES
AMATEURS DE L'ART.
TOME V.

MANUAL

OF

AMATEUR DRAMA

MANUEL

DES

CURIEUX ET DES AMATEURS DE L'ART,

contenant

une notice abrégée des principaux Graveurs, et un Catalogue raisonné de leurs meilleurs ouvrages; depuis le commencement de la Gravure jusques à nos jours:

Les Artistes rangés par ordre chronologique, et divisés par Ecole.

Par M. HUBER et C. C. H. ROST.

TOME CINQUIEME.

renfermant l'Ecole des Pays-Bas.

A ZURIC,

CHEZ ORELL, FUESSLI ET COMPAGNIE.

1801.

ÉCOLE DES PAYS-BAS.

De la Gravure dans les Pays-Bas, depuis son origine jusqu'à nos jours.

Les recherches sur les premiers tems de la gravure dans les Pays-Bas, n'offrent rien de fort satisfaisant, n'ayant pour base que des conjectures. On a remarqué qu'en général les amateurs de ces pays ne sont pas aussi curieux des anciennes estampes, que les Allemands et les Italiens: qu'ils estiment infiniment plus une couple de morceaux de Rembrandt, de Rubens, ou de van Dyck, que cent pièces gothiques, dont tout le mérite consiste dans la haute antiquité. On peut avancer que les Flamands et les Hollandois n'ont inventé aucun genre de gravure; mais on peut dire, à leur gloire, que dans le beau siècle de l'art, ils ont porté la véritable gravure à son plus haut point de perfection.

Cependant de nos jours la Hollande a eu des patriotes, qui, non contens de cette gloire, ont voulu absolument attribuer à leur pays, et l'invention de la gravure, et celle de l'imprimerie. M. M. Meerman et Bokhorn, à l'exemple d'un Scriverius et d'un Junius, ont renouvelé les anciens contes, touchant les prétendues découvertes, faites par un certain Laurent Coster de Harlem, dont l'histoire est aussi bien constatée que celle de notre Docteur Faust. Au sentiment de quelques écrivains hollandois, c'est par les travaux de Coster que l'on doit commencer l'article de la gravure dans les Pays-Bas, et notamment de la gravure en bois.

M. de Heinecke, qui me sert ici de guide, entre dans de grands détails à ce sujet dans son Idée générale d'une collection complette d'estampes etc. Il prouve qu'avant 1476, il n'avoit point paru dans ces pays de livres avec des gravures en bois. Jean Veldener fut le premier qui s'en servit dans son édition du *Fasciculus Temporum*, livre imprimé en Allemagne plusieurs années avant qu'il le fût à Louvain. On ignore le nom du graveur de ces tailles de bois; on présume que Veldener, qui avoit appris la typographie en Allemagne, et qui aimoit ces sortes d'ornemens, avoit apporté avec lui ce goût en s'établissant à Louvain.

Les cabinets des curieux offrent quelques tailles de bois, qui paroissent remonter à l'origine de l'art. On y montre des pièces qu'on attribue à Coster; mais on voit qu'elles sont supposées, malgré l'air d'antiquité qu'on a cherché à leur donner pour surprendre les amateurs. M. de Heinecke, dans l'ouvrage cité plus haut, donne la description de sept de ces morceaux, bien qu'il ne les croie nullement originaux.

La bibliothèque de St. James à Londres, conserve pareillement une gravure en bois attribuée à Coster. Cette pièce, d'une exécution assez gothique, représente la Vierge Marie, avec les instrumens de la Passion.

Si ces gravures en bois paroissent fort douteuses, on peut en citer une dans ce genre, dont l'authenticité est mieux constatée. C'est une pièce détachée qui se trouve à Paris dans le cabinet des ci-devans rois de France, et qui vient de la collection de l'abbé de Marolles. Cette estampe est certainement une des plus anciennes gravures en bois des Pays-Bas, avec le nom du graveur. Le sujet représente deux soldats debout, et une femme assise, tenant un chien sur ses genoux. Voici comme cette pièce est marquée: Gheprint t'Antwerpen by my Phillery, de figur Snider. — „Imprimé à Anvers, chez moi Phillery, le graveur de figures."

Cette pièce sert encore de preuve, que dans ce tems-là les graveurs en bois à Anvers étoient aussi imprimeurs.

On n'a d'ailleurs que peu de notices des graveurs en bois du quinzième siècle, à l'exception de Phillery, dont nous venons de parler. Les artistes de quelque réputation dans ce genre ne datent que du commencement du seizième. Sans entrer ici dans des discussions ultérieures sur les graveurs en bois de ces tems reculés, je n'en citerai que deux, Jean Walther van Assen d'Amsterdam, et Pierre Coeck d'Alost en Flandres. Les tailles de bois que nous avons de ces artistes, décèlent déjà des maîtres exercés, et c'est par eux que je commencerai la liste des graveurs de cette école. Contemporains tous deux de Lucas de Leyde, ils ont illustré la gravure en bois, comme Lucas a illustré celle sur métal.

Je ne m'étendrai pas ici sur le petits nombre de graveurs subséquens en bois, tels que les Holtzius, Hubert et Henri, Christophe von

Sichem, élève de ce dernier, et les Blœmaert père et fils, ainsi que quelques autres. Au reste un grand nombre d'estampes en bois de ces maîtres, sont exécutées en camaïeu, ou en clair-obscur, au moyen de plusieurs planches, à l'exemple des productions dans ce goût des Allemands et des Italiens. Parmi ces clairs-obscurs il y a des chef-d'œuvres, très-recherchés des connoisseurs. —

Revenons à la gravure en taille-douce, ou en cuivre. S'il est difficile de répondre à la question, quel fut dans les Pays-Bas le premier graveur en bois, ou l'inventeur? il n'est pas plus aisé de dire quel y fut le premier graveur sur métal, pour en tirer des empreintes. L'histoire de l'un et l'autre genre de gravure n'est rien moins que constatée: il faut recourir aux conjectures pour en tirer quelques inductions.

On sait qu'Israel von Mecheln travailloit à Bockolt en Westphalie, ville près des frontières de Hollande, et que son style de gravure diffère essentiellement de celui de Martin Schœn. De-là il est à présumer qu'Israel avoit des relations avec quelques artistes des Pays-Bas, et qu'il s'y trouvoit des graveurs au burin, qui nous sont restés inconnus. Et la chose est d'autant plus probable, que le dessin d'Israel le père, comme nous l'avons déjà observé à l'article de la gravure en Allemagne, est assez conforme à la manière de Jean van Eyck. —

Quoiqu'il en soit, l'histoire de la gravure dans les Pays-Bas ne fait époque qu'à Lucas de Leyde, né en 1494, par conséquent sa naissance date encore du siècle de l'invention de cet art. Il fut précoce en tout. A peine sorti de l'enfance, il étonna les artistes et les connoisseurs, par des productions distinguées dans tous les genres de peinture et de gravure. Les Hollandois, dit M. Watelet, mettent Lucas de Leyde au-dessus d'Albert Durer, mais les autres nations refuseront peut-être de ratifier ce jugement : on lui reproche sur-tout de tenir davantage au caractère gothique. Cependant, malgré ce vice d'incorrection, les Italiens estiment ses estampes, et Durer eut l'ame assez grande pour n'être pas jaloux de cet émule. — Nous nous sommes un peu étendus sur le caractère de cet artiste, dans la notice biographique placée à la tête de ses ouvrages, méthode que nous avons constamment suivie, et à laquelle nous nous référons.

Ici nous ne ferons que nommer les artistes, contemporains de Lucas de Leyde, tels que Dietrich van Staaren, ou le maître de l'étoile, Francis Babylone, ou le maître au caducée, Corneille Met, ou Metensis, Jérôme Bos, ou Bosche, et quelques autres. Tous ces maîtres paroissent avoir vécu dans le même tems, et ne sont connus que par quelques ouvrages; mais ils ne semblent pas avoir eu de l'influence sur la gravure de leur tems.

Lucas de Leyde ne forma point de disciples dans sa patrie; mais il y laissa plusieurs imitateurs, relativement à la partie mécanique de son art de graver. Nous rangerons dans la classe de ces imitateurs, Adrien Collaert, Philippe Galle, et quelques autres. Ces maîtres ont gravé un grand nombre d'estampes, avec un burin d'un extrême propreté, mais aussi souvent d'une grande sécheresse. Du reste ils ont eu des fils qui les ont surpassés dans leur art, par une gravure d'un goût mieux entendu, comme Jean Collaert, qui grava d'après Rubens et Corneille Galle, dit le vieux, qui travailla longtems à Rome.

Il faut compter encore parmi les imitateurs

de Lucas les trois frères Wierik, Antoine, Jean et Jérôme; beaucoup de pratique et peu de génie. C'est une remarque générale, que dans tous les tems et dans tous les arts, on a commencé par une exécution soignée des parties, et par une grande finesse d'outil dans les accessoires; c'est aussi là tout le mérite des premiers successeurs d'Albert Durer et de Lucas de Leyde. Ces maîtres ont le défaut d'avoir été trop laborieux; la quantité de pièces qu'ils ont gravées sans assez de choix, fait qu'elles ne sont pas estimées ce qu'elles valent dans le commerce des estampes. Du tems de l'abbé Marolles, l'œuvre de Wierik montoit à près de 1200 pièces.

Vasari, dans sa vie de Marc-Antoine, parle avec éloge de deux graveurs flamands, qui de son tems ont beaucoup gravé en Italie. Le premier, c'est Lambert Suterman, dit Suavius, Liégeois et disciple de Lambert Lombart. Le second est Jérôme Cock, peintre, graveur et fameux marchand d'estampes d'Anvers. Cet artiste a bien mérité de la gravure, soit par le grand nombre d'estampes qu'il a mis au jour, soit par les habiles élèves qu'il a formés, dont il suffit de nommer Jean Collaert et Corneille Cort. A l'article des Italiens nous avons parlé de ce dernier, ainsi que des frères Sadelers, et de Gilles Sadeler, leur neveu.

Cependant la gravure faisoit de nouveaux progrès, et Henri Goltzius y a beaucoup contribué par de nouveaux procédés. Il a quelquefois abusé de la facilité avec laquelle il savoit manier son outil. En général sa gravure est large, et ses tailles ont une affectation de hardiesse, mais souvent ses travaux plus serrés conduisent à un repos plus tranquille, à une couleur plus piquante et plus vraie.

Goltzius, après avoir concouru pour sa part au perfectionnement de la gravure, par l'introduction de tailles plus nourries, eut encore la gloire de former plusieurs habiles graveurs. De ce nombre sont Jacques de Ghein, de qui on a plusieurs estampes exécutées d'un burin ferme et agréable; puis Jacques Matham, son beau-fils, qui grava, tant en Hollande qu'en Italie, un grand nombre d'estampes estimées. Jacques eut un fils, Théodore Matham, qui marcha sur les traces de son père. Il travailla longtems en Italie avec Corneille Blœmaert et d'autres habiles graveurs flamands et françois. Mais les deux élèves qui ont fait le plus d'honneur à Goltzius, sont Jean Muller et Jean Saenredam, tous deux également habiles dans le dessin et dans la gravure. Muller est le graveur le plus vigoureux des Pays-Bas pour la coupe du cuivre. Il mettoit tant de force dans son maniement, qu'en cela il surpassoit même son maître ; mais sa manière est souvent outrée, sur-tout dans les morceaux qu'il a gravés d'après Barthélemi Spranger, Corneille de Harlem, et d'après le marbre d'Adrien de Vries. On estime préférablement ses portraits et les morceaux de sa composition. Saenredam a gravé un grand nombre d'estampes d'après des maîtres hollandois et italiens, ainsi que d'après son propre dessin. Ses ouvrages plaisent par la douceur et la beauté de son burin, sur-tout ceux de sa composition.

Nous placerons ici Nicolas de Bruyn, quoiqu'il semble plutôt appartenir à l'école de Lucas de Leyde qu'à celle de Henri Goltzius. Cet artiste exécuta au burin un grand nombre de planches, remplies d'une quantité de figures et d'un travail immense, mais de peu d'effet, à cause de la dispersion des objets, et de la sécheresse de sa manière. Malgré ses défauts, cet artiste manioit le burin avec la plus grande dextérité, ce qui fait que plusieurs de ses estampes sont recherchées, entr'autres l'Age d'or, d'après Abraham Blœmaert, très-beau morceau.

Corneille Blœmaert, de qui nous avons déjà parlé à l'école d'Italie, et de qui il sera encore question à son article, manioit le burin aussi savamment que Nicolas de Bruyn, et mettoit dans ses ouvrages infiniment plus de goût. Frédéric Blœmaert jouiroit sans doute d'une plus grande réputation, s'il n'avoit pas eu Corneille pour frère, avec qui il ne peut soutenir la comparaison.

Jusqu'ici nous avons vu les graveurs des Pays-Bas employer préférablement le burin pour opérer leurs belles productions. Pierre Soutman, peintre et graveur de l'école de Rubens, ouvrit une nouvelle carrière, en introduisant dans la gravure la sage combinaison de l'eau-forte et du burin, et en pointillant le plus souvent les chairs. Sa manière, toute pittoresque, tend plus à l'effet qu'à l'agrément. Il a su varier ses travaux, selon la différence des sujets; ses portraits sont traités tout autrement que ses histoires et ses chasses d'après Rubens. Dans les estampes d'après ce dernier, il a souvent enchéri sur les incorrections de son modèle. Soutman a eu la gloire de former des élèves qui ont encore perfectionné son genre, en mettant plus d'aménité dans leurs travaux. Tels sont Pierre van Sompel, Jean Louys, Jonas Suyderhoef, et sur-tout Lucas Vorsterman le père.

Toutefois la gloire de porter la gravure à son plus haut point de perfection, étoit réservée à Rubens: ce grand homme imprimoit le sceau du génie à toutes les parties des arts qu'il traitoit. La magnifique maison qu'il avoit bâtie à Anvers, étoit plutôt le lycée des artistes, que la demeure d'un particulier. Là il avoit rassemblé les plus excellens graveurs des Pays-Bas, et leur avoit enseigné, comment avec le blanc et le noir on pouvoit rendre la couleur. On compte parmi les graveurs de Rubens, Pierre de Jode, le vieux et le jeune, Nicolas Lauwers, Jacques Neefs, Pierre Ballieu, Guillaume Leuw, Jean Witdouck, Christophe Jegher, Corneille Marinus, Corneille Caukerken, Conrad Woumans,

Corneille Visscher et quelques autres. Mais parmi tous ces graveurs de Rubens, nous placerons ici de préférence un Vorsterman, un Bolswert, un Pontius, comme ayant le plus profité des instructions de leur maître et le mieux rempli son attente.

Sous ces habiles artistes l'art étoit parvenu à ce degré de hauteur où il ne peut plus monter: ils en font l'ouverture et la clôture. Voici à ce sujet les remarques judicieuses de M. Watelet. Les graveurs formés par Rubens n'eurent pas dans le pays des successeurs dignes d'eux. Leurs estampes reçurent un accueil peu favorable en Italie, parce que le dessin n'en étoit ni d'un beau choix, ni d'une grande pureté: on y disoit qu'elles sentoient le Flamand. Les graveurs françois, prévenus des opinions italiennes, y firent eux-mêmes peu d'attention. Quand elles eurent enfin obtenu l'estime qu'elles méritoient, les François qui l'emportoient alors dans la gravure sur toutes les nations de l'Europe, se contenterent de les louer; mais ils continuerent de suivre leur goût particulier, ou d'imiter ceux de leurs compatriotes qui jouissoient d'une grande réputation, ou qu'ils avoient eu pour maîtres. Ainsi les travaux des Vorsterman, des Bolswert, des Pontius, n'eurent pas sur l'art une grande influence. Ce furent de beaux monumens qu'on se contenta de célébrer, mais sans en faire un objet d'étude, et ils n'eurent pas d'imitateurs.

Après Rubens, parut Rembrandt, autre phénomène dans l'art. Cet homme extraordinaire, qui devoit toute sa grandeur à la nature, se fraya une route nouvelle dans la peinture et dans la gravure. Rembrandt a fait époque dans l'art, plus qu'aucun artiste. Il s'est distingué par de nouveaux procédés qu'il ne devoit qu'à son génie, et qui répandent sur ses estampes un charme inexprimable. Nous ne nous étendrons point ici sur ses talens artistiques, l'ayant fait dans la notice de sa vie, placée à la tête de la liste de ses ouvrages.

La manière de Rembrandt présente des effets trop piquans, pour n'avoir pas été adoptée par un très-grand nombre d'artistes. Il a eu des imitateurs dans tous les tems et dans tous les pays, avec des succès divers. Quelques-uns furent ses élèves, comme Ferdinand Bol, dont les ouvrages sont recommandables par la vérité

de

de l'expression, George van Vliet, dont les têtes pittoresques charment les connoisseurs, Jean Lievens, dont les physionomies sont pleines de vie et de naturel, Salomon Konnink, dont la gravure est plus légère de travaux que celle de Rembrandt.

Dans cet exposé succinct de la gravure je passe sous silence plusieurs graveurs, me réservant d'en parler à leur article, pour m'arrêter à un artiste qui fait aussi époque dans l'art, Corneille Visscher. Disciple de Soutman, il surpassa son maître, en se frayant une route nouvelle. Il grava un grand nombre de planches, dans la plûpart desquelles il a su allier le burin le plus pur et le plus savant, à ce que la pointe peut produire de plus spirituel et de plus pittoresque. C'est de ce mélange admirable et du bel effet qui en résulte, que l'on ose conclure que cet habile homme est peut-être le plus parfait modèle qu'un jeune graveur puisse se proposer pour se perfectionner dans son art. L'on pense bien que les productions de ce maître sont extrêmement recherchées, sur-tout celles de sa composition.

C'est à cette époque que je rapporterai deux

V.   B

ouvrages, fort inégaux en mérite, et tous deux relatifs à la gravure dans les Pays-Bas, je veux dire les deux recueils d'estampes, connus sous le nom du cabinet de Rheynst, et de la galerie de Bruxelles.

Gerard Rheynst, célèbre amateur d'Amsterdam, avoit formé un beau cabinet de curiosités, sur-tout de tableaux précieux. Plusieurs habiles graveurs, à la tête desquels étoit Corneille Visscher, avoient gravé les morceaux les plus distingués de cette collection. Après la mort du possesseur, les États-Généraux de Hollande firent l'acquisition des plus beaux tableaux, pour en faire présent à Charles II. Roi d'Angleterre. Cependant pour perpétuer la mémoire de Gerard Rheynst, sa veuve rassembla les planches gravées, et en forma un recueil de trente-trois estampes sous le titre :

Variarum imaginum a celeberrimis artificimus pictarum cælaturæ, elegantissimis tabulis repræsentas. Ipsæ picturæ partim extant apud viduam Gerardi Reynst, quondam hujus urbis Senatoris ac Scabini, partim Carolo II. Britaniorum Regi a potentissimis Hollandiæ Westfrisiæque ordinibus dono missæ sunt. Amstelodami. grand in-fol.

Les graveurs de cette belle suite, outre Corneille Visscher, sont tous des artistes de réputation: tels que Jérémie Falk, Polonois, Pierre Holsteyn, Théodore Matham, Corneille van Dalen, Jean Visscher, Jean Lutma, Schelte a Bolswert etc. Ce recueil d'estampes, dont les premières éditions sont très-recherchées des connoisseurs, est un des beaux monumens érigés à la gloire des graveurs des Pays-Bas.

Nous voudrions pouvoir en dire autant de la galerie de l'Archiduc Léopold d'Autriche, gouverneur des Pays-Bas, connue aussi sous le nom de la galerie de Bruxelles. David Teniers le jeune, au service de l'Archiduc, avoit formé le projet de faire graver, sous sa direction, tous les tableaux du cabinet de ce prince, projet qui ne fut exécuté qu'en partie: il n'y eut de gravé que ceux des maîtres italiens, sans qu'on ait touché à ceux de l'école flamande, non moins nombreuse que l'italienne. Cet ouvrage parut en 1660, chez Abraham Teniers, frère de David le jeune, marchand d'estampes établi à Anvers. Le nombre des pièces se monte à 245, en comptant les portraits de l'Archiduc et de David Teniers. Voici les noms des graveurs:

J. Troyen, L. Vorsterman le jeune, P. Lisebetius, J. Popels, Q. Boel, F. van Steen, Th. van Kessel, D. Classen, J. van Hoy, J. van Ossenbeck, C. Lauwers, R. Eynhouts, W. Hollar, celui de tous ces graveurs qui ait donné une assez bonne estampe : C'est Esther devant le Roi Assuérus, d'après P. Veronese.

Il y a eu de cette galerie gravée quatre éditions, dont la meilleure est la troisième, qui parut à Anvers chez les fameux imprimeurs, Henri et Corneille Verdussen sous le titre :

Theatrum Pictorium Davidis Teniers etc. Opus omnibus artis pictoriæ amatoribus perutile. Antwerpiæ apud Henricum et Cornelium Verdussen, Typographos, sub Leone aureo.

Cette entreprise n'a guères fait honneur à Teniers, ni pour le choix des graveurs, ni pour le goût de l'exécution. Il est même inconcevable qu'on ait pu faire de si mauvaise besogne, après que les graveurs de Rubens et de son école eurent laissé de si excellens modèles d'imitation. De Piles dit quelque part : „ Les graveurs du cabinet de Teniers sont cer„tainement de mauvais ouvriers ; il s'y trouve

„pourtant quelques morceaux qui rendent assez
„bien la couleur des originaux." —

Au reste cette galerie n'existe plus à Bruxelles depuis longtems. Les tableaux en ont été dispersés ; mais la majeure partie se trouve à Vienne dans la galerie impériale. Vers le commencement de ce siècle, on a aussi gravé dans cette capitale une partie de cette galerie, entreprise qui ne réussit guères mieux que celle de Bruxelles.

Après avoir parlé de ces deux recueils particuliers d'estampes, je continuerai de tracer en peu de mots les caractères des graveurs de cette époque. A Corneille Visscher, dont nous avons parlé ci-devant, nous ajouterons les trois habiles burinistes suivans: Nicolas Pitau, Pierre van Schuppen, et Gerard Edelinck, trois artistes qui terminent pour ainsi dire le cercle des célèbres graveurs dans les Pays-Bas. Si la Flandres a eu la gloire de donner naissance à ces artistes, elle n'a pas su la reconnoître ni en recueillir les fruits, tandis que la France en a acquis une bien plus solide, en les accueillant et en rendant justice à leur mérite, dans un tems où elle nourrissoit dans son sein, à la même époque, tant d'habiles graveurs qui travailloient dans le même genre.

Ces artistes ont plusieurs traits de conformité. Tous trois, natifs d'Anvers, ils ont commencé par travailler dans leur patrie; puis appellés à Paris par des encouragemens et des distinctions, ils y ont passé la meilleure partie de leur vie. Pitau donna d'abord une haute idée de ses talens, par la manière ferme et agréable avec laquelle il grava une sainte famille de Raphael, ainsi que plusieurs beaux portraits d'après ses dessins. — Van Schuppen, élève de Nanteuil, s'est fait pareillement une grande réputation par sa Vierge, tenant l'enfant Jésus, d'après Raphael, ainsi que par nombre de beaux portraits, la plupart d'après ses dessins. — Edelinck, artiste au-dessus de tout éloge, établit sa réputation par sa fameuse estampe de la sainte famille de Raphael. Il a excellé dans le portrait et l'histoire. La finesse, la beauté et la pureté de son burin, jointes à une fonte admirable de couleurs, font le principal mérite de ses ouvrages. Dans tous les arts le choix du sujet est un point essentiel pour l'artiste : Edelinck avoit soin de ne traiter que des morceaux susceptibles de ce beau fini, analogue à la netteté de son burin.

Les trois derniers graveurs qui méritent encore une mention honorable, sont Arnold van Westerhout, Robert van Auden-Aerd, Flamands, et Jacques Houbracken, Hollandois. Westerhout travailla longtems à Florence pour le Grand-Duc Ferdinand, et se fixa enfin à Rome. On a de lui plusieurs estampes, rendues avec beaucoup d'intelligence, d'après différens maîtres italiens, dont quelques-unes d'après Carle Maratte, qui faisoit cas de ses talens. Van Auden-Aerd fit un séjour de dix-sept ans à Rome. Il lia une étroite amitié avec Carle Maratte, dont il fut un des graveurs favoris. Il a gravé un grand nombre d'estampes, qui se distinguent par la correction du dessin, et la facilité de l'exécution. On a dit de Maratte, comme de Brutus, qu'il fut le dernier des Romains, l'on pourroit dire aussi d'Auden-Aerd, qu'il fut le dernier des Flamands. Nous finirons la liste des graveurs au burin par Houbracken, habile buriniste. Peu de graveurs ont mis plus de goût et plus de facilité dans l'arrangement de leurs tailles. A l'exception d'un petit nombre de sujets historiques, il n'a gravé que des portraits. Dans ce dernier genre il a fait quelques morceaux qui peuvent être comparés à tout ce qui a été gravé de mieux. C'est ainsi que les arts ne trouvant plus d'encouragement dans les villes de la Flandres, les artistes, pour subsister honorablement, se virent obligés de s'expatrier. Il en fut à peu-près de même dans les villes de la Hollande. La gravure s'y soutint un peu plus, mais toutefois dans une décadence sensible : les graveurs étoient réduits aux portraits, ou à se mettre aux gages des libraires. —

Nous ne nous étendrons pas ici sur quelques autres genres de gravure, telle que l'eau-forte. Plusieurs artistes ont manié la pointe avec distinction, comme Jean de Luyken, Romeyn de Hooghe. Mais ce que l'on a de plus précieux dans ce genre, ce sont les eaux-fortes des peintres, qui ont gravé eux mêmes quelques-unes de leurs compositions. Les principaux de ces peintres sont les suivans : Abraham Bloemaert, Pierre-Paul Rubens, Antoine van Dyck, François Sneyders, Guillaume Nieulant, Jacques Jordaens, Jean et Adrien van den Velde, Adrien Brouwer, André et Jean Both, Cornelle Beya, Pieter van Laer, Antoine Waterloo, Barthélemi Bréemberg, Aldert van Everdingen, Herman Swanevelt, Nicolas Berghem, François de Neve, Adrien van der Cabel, Karel du Jardin, Jacob Ruysdael, Simon Vlieger, Jean Glauber, Jean Fyt, Thomas Wyck, Charles de Moor, Corneille Dusart, Jacob de Wit etc.

La gravure en manière noire fut pratiquée dans les Pays-Bas, avant qu'elle le fût en Angleterre. Wallerant Vaillant, qui avoit appris la nouvelle manière de graver du Prince Robert, se distingua le premier dans ce genre. Ceux qui se signalerent après lui furent les Verkolje, père et fils, van Somer, Valk, Blooteling, et quelques autres. Les pièces de ces artistes sont non-seulement antérieures à celles de Becket et de White, mais elles leur sont aussi supérieures pour l'exécution, et peuvent aller de pair avec celles de Smith. Les graveurs anglois dans ce genre, venus depuis Smith, n'ont point de rivaux.

La gravure au lavis et en couleur a trouvé aussi des partisans en Hollande. Celui qui s'y est le plus distingué, c'est Corneille Ploos van Amstel, riche amateur d'Amsterdam. Cet homme industrieux, qui travaille depuis une trentaine d'années, pratique une façon de graver qui surpasse, pour l'effet et la vérité, tout ce qu'on a fait de mieux dans ce goût, en rendant par la combinaison des différentes gravures et impressions, les dessins au crayon, à l'encre de la Chine, au bistre et en couleur, avec une perfection à tromper les plus fins connoisseurs. Il a formé une élève digne de lui, en Christine Chalon, établie aujourd'hui à Leyde. —

Tel est l'esquisse de la gravure dans les Pays-Bas, depuis l'origine de cet art jusqu'à nos jours. Ne m'en rapportant pas à mes lumières dans mon appréciation de tant d'habiles artistes, j'ai recueilli les jugemens des connoisseurs les plus accrédités ; mais je ne leur ai donné mon acquiescement qu'après m'être convaincu de leur justesse, par l'inspection des pièces. Il résulte de cet exposé, qu'on ne sauroit refuser aux graveurs des Pays-Bas, sinon la prééminence qu'ils partagent avec les François, du moins un rang très-distingué dans la gravure. Ces artistes ont rempli les demandes essentielles des amateurs de la vraie gravure. En effet, quelle force de burin dans Goltzius et ses élèves! quelle vigueur de coloris dans les graveurs de Rubens, quelle magie de clair-obscur dans Rembrandt et ses disciples, quelle netteté, quelle pureté d'exécution dans Blœmaert et Edelinck, quelle variété, quelle beauté de travaux dans Visscher et quelques-uns de ses imitateurs! Aussi la postérité est déjà venue pour eux: le prix qu'elle a établie pour les belles estampes de ces fameux maîtres, décide en leur faveur.

Il est triste de penser que l'art de graver a presque cessé dans les Pays-Bas, que cette terre si féconde à produire d'habiles artistes a paru entièrement épuisée, et que tous ces graveurs célèbres, dont nous venons de faire l'énumeration, n'ont pas laissé de successeurs. Un manque d'énergie avoit frappé la Belgique, et la décadence des talens suivit de près celle des mœurs. L'égoïsme prit la place du patriotisme. Le goût de l'amateur étoit devenu capricieux, exclusif. Ce fut vers ce tems, qu'on ne vouloit que des dessins, ou des tableaux d'un fini léché et d'une représentation triviale. Le tems étoit venu où l'or prévalut sur le mérite; le riche voulut être l'arbitre du goût, et l'on sait que rien n'est plus mortel pour l'art, de plus décourageant pour l'artiste, que l'orgueil qui naît du sentiment de la richesse.

Nous venons d'exposer la décadence des arts dans les Pays-Bas, sans le concours des circonstances extérieures. Que seroit-ce donc si nous tentions de tracer le tableau de l'état des choses qui ont eu lieu pendant les diverses révolutions arrivées plus récemment?

Depuis longtems en proie aux dissentions civiles, aux ravages des armées de tous les partis, ces pays ont essuyé des désastres de toute espèce. Et ces tems désastreux datent d'assez loin, encore du règne de l'Empereur Joseph II. Les innovations que ce prince voulut introduire dans les Pays-Bas, aigrirent les esprits et ouvrirent les portes aux cabales des intrigans. Depuis ce tems les choses ont été de mal en pis. La Belgique s'est trouvée dans le même cas que l'Italie : après avoir été dévastée par tant d'armées elle s'est vue dépouillée de ses chef-d'œuvres de l'art, qui ornoient ses temples et ses édifices. L'Empereur Joseph avoit commencé par enlever des villes plusieurs tableaux distingués, pour enrichir sa galerie de Vienne.

Les François venus ensuite n'ont plus gardé de mesures. Toutes les villes ont été dépouillées de leurs plus belles peintures, pour être exposées au Musée de Paris. La belle descente de croix de Rubens, fameux tableau de la cathédrale d'Anvers, se voit aujourd'hui à la galerie de Versailles.

Tel est l'état actuel de la Flandres, ou de la Belgique. Nous pouvons dire à-peu-près la même chose de la Hollande, ou de la République batave. Les mêmes causes morales y ont amené antérieurement la même décadence des arts. Toute la différence qui s'y trouve est que les commencemens des dissentions civiles remontent beaucoup plus haut dans les provinces de Hollande, que dans celles de Flandres. On sait qu'elles tirent leur origine des querelles entre les partis stadthoudériens et républicains. Les haines de ces partis se sont accrues : les conseils de la sagesse et de la modération n'ont pas été écoutés. Aujourd'hui la République hollandoise est l'alliée de la République françoise, mais cette alliance ne la dédommage pas de la ruine de son commerce et de la perte de la considération politique parmi les états de l'Europe.

On pense bien que dans cet état des choses, il n'est pas question dans ces pays de la culture des beaux-arts.

CARACTERE

des principaux Graveurs flamands et hollandois,

Avec un Catalogue raisonné de leurs meilleurs ouvrages.

Jean-Walther van Assen, dessinateur et graveur en bois, né en Hollande vers 1490, et florissant à Amsterdam en 1514. Du reste les circonstances de sa vie nous sont assez inconnues. Tout ce que nous en savons se réduit à des conjectures. Nous inférons qu'il étoit Hollandois et contemporain de Lucas de Leyde, d'après une estampe citée par Joseph Strutt, représentant une figure armée, à cheval, avec l'inscription: *St. Hadrianus. — Amstelodamus in Aedibus Donardi Petri*, à l'enseigne du château St. Ange. La date de 1514, se trouva à un autre ouvrage que nous rapportons ci-dessous. Il résulte de-là que Walther van Assen étoit de peu d'années plus âgé que Lucas de Leyde, et qu'il fut, à la gravure en bois, ce que Lucas fut à celle au burin. Les pièces de notre Walther sont d'une exécution savante et spirituelle. On pourroit quelquefois trouver à redire à la correction dans le nud de ses figures ; mais ses têtes ont de l'expression, et il a su répandre de la variété sur ses caractères.

Jean-Walther van Assen marquoit ordinairement ses estampes de son chiffre, composé d'un J. d'un W. et d'un A. Le tout enfermé dans une tablette, est figuré ainsi :

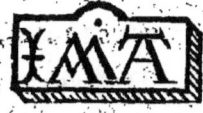

Je ne spécifierai ici de ce maître que les ouvrages que j'ai sous les yeux, et qui consistent dans ces deux suites.

Suite de six pièces, contenant la Passion, dans des ronds de neuf pouces de diamètre, entourés d'ornemens grotesques, pièces marquées de son chiffre et des années 1513—1514.

1. Jésus en prières dans le jardin des olives, au bas de l'estampe les trois disciples endormis, et dans le lointain les Juifs, conduits par Judas, entrant dans le jardin.

2. Jésus,

2. Jésus, trahi par Judas, est saisi dans le jardin par les Juifs, pendant que Pierre coupe l'oreille à Malchus.
3. Jésus, attaché à la colonne, est flagellé par les Juifs.
4. Jésus mené au calvaire, succombe sous le poid de la croix.
5. Jésus crucifié, Jean et les saintes femmes au pied de la croix.
6. Jésus porté au sépulcre, avec Jean, les saintes femmes, et Joseph d'Arimathie apportant un grand vase de parfums.

Suite de sept pièces, grand in-fol., chacune composée de six différens sujets, distribués dans des compartimens d'architecture, et son monogramme sur plusieurs pièces, avec une ample description en hollandois de chaque sujet.

1. En haut d'un côté Abraham prêt à sacrifier Isaac, de l'autre la salutation angélique, et au milieu la Foi Fides: en bas deux figures a mi-corps, représentant deux prophétesses de l'ancien testament, et au milieu l'Orgueil, *Superbia*.
2. En haut d'un côté la Nativité, de l'autre l'Adoration des bergers, et au milieu l'Espérance, *Spes*: en bas d'un côté la Sibylle de Cume, de l'autre une Sibylle tenant un berceau, et au milieu la Luxure, *Luxuria*.
3. En haut d'un côté la fuite en Egypte, de l'autre la Vierge couronnée, avec l'Enfant adoré par les anges, et au milieu la Prudence, *Prudentia*: en bas deux Sibylles qui annoncent l'incarnation, et au milieu l'Envie, *Invidia*.
4. En haut d'un côté Jésus bafoué, de l'autre Jésus flagellé, et au milieu la Justice, *Justitia*; en bas deux Sibylles, et au milieu la Colère, *Ira*.

V.   C

5. En haut d'un côté Jésus couronné d'épines, de l'autre Jésus crucifié, et au milieu la Tempérance, *Temperancia :* en bas la Sibylle delphique et la Sibylle hélespontique, au milieu la Gourmandise, *Gula.*
6. En haut d'un côté la Vierge couronnée avec l'enfant Jésus, de l'autre Jésus descendu aux lymbes, et au milieu la Charité, *Charitas :* en bas les Sibylles persiques et lybiques, et au milieu l'Avarice, *Avaricia.*
7. En haut d'un côté la Résurrection, de l'autre le Couronnement de la Vierge par la Trinité, et au milieu la Force, *Fortitudo :* en bas d'un côté la Sibylle africaine, de l'autre la Sibylle chrétienne, et au milieu la Paresse.

Cette dernière pièce est marquée : *Geprent tot Aemstelredam — by Doen Pieter toon in Enghelenburch.*

PIERRE COECK, ou KOECK, peintre, architecte et graveur en bois, naquit à Alost, dans le comté de Flandres, en 1490, et mourut dans la même ville, en 1550. Il eut pour maître dans l'art B a r e n t v a n O r l e y de Bruxelles, auprès duquel il s'étoit rendu. Les leçons de cet habile maître, ont beaucoup aidé à développer son génie. En quittant van Orley, il fut se perfectionner pendant quelques années en Italie, où il puisa dans l'antique les talens que l'on remarque dans ses ouvrages. A son retour on chercha à le fixer dans sa ville natale, en le nommant peintre et architecte, avec pension. Il s'y maria, mais il n'y resta que peu de tems. Devenu veuf, il retourna à Bruxelles. Là il fut engagé à peindre des modèles pour une compagnie de marchands, qui formèrent le projet d'établir à Constantinople une manufacture de tapisserie. Coeck, qui avoit passé en cette ville avec ces marchands, fut choisi pour diriger les ouvriers. Mais tout ce projet échoua: les beaux patrons du peintre ne toucherent nullement le Grand-Seigneur.

Pendant une année de séjour en Turquie, il avoit appris la langue turque: il avoit dessiné la ville de Constantinople et ses environs. Il fit encore sept grands dessins des mœurs et des usages de ces peuples.

Coeck, de retour dans sa patrie, grava ces dessins en tailles de bois par compartimens, en sept grandes planches, qui, jointes ensemble, forment une longue estampe, semblable à une grande frise.

Sur une tablette qui règne le long de la première planche, on lit cette inscription en mauvais françois: *Les moeurs et fachom de faire des*

Turcz, avecq les Regions y appartenantes, ont est contrefaicetz par Pierre Coeck d'Alost, lui estant en Turque l'an de Jesu Christ MDXXXIII. le quel aussy de sa propre main a pourtraict ces figures duysantes à l'impression d'y celles.

Et sur une tablette de la dernière planche on lit cette autre inscription : *Marie Ver-Hulst veufve du dict Pierre d'Alost trespasse en l'an MDL. a faict imprimer les dict figures soubz grace et privilege d'Imperialle majeste en l'an MCCCCCLIII.*

Toutes ces compositions ont été gravées en bois, en sept planches, et dans la dernière il s'est représenté, habillé en Turc et tenant un arc à la main. Voici les principaux sujets : 1) Marche du Grand-Seigneur avec ses janissaires. 2) Suite du Grand-Seigneur à la promenade. 3) Noce turque, avec les ornemens et les danses du pays. 4) La façon d'enterrer leurs morts hors la ville. 5) Leurs fêtes de la nouvelle lune. 6) Leurs différens usages dans leurs repas. 7) Leurs voyages, et la façon dont ils se comportent à la guerre.

Coeck, après son retour de Turquie, avoit épousé en seconde noce Marie Verhust ou Bessemmers. Il eut de ce mariage une fille qui épousa ensuite Pierre Breughel le vieux, l'élève de son père. Outre plusieurs ouvrages d'architecture et de géométrie, que Coeck mit au jour, il traduisit de l'italien en flamand les œuvres de Sébastien Serlio, et cette traduction a la singularité d'être beaucoup plus claire que l'original. Il traduisit de même Vitruve, et par ses livres, et par ses ouvrages il contribua beaucoup aux progrès de la bonne architecture dans son pays. Il fit une quantité de tableaux d'autels et de cabinet, ainsi que nombre de portraits, et mourut avec le titre de premier peintre de l'Empereur Charles-Quint.

LUCAS DE LEYDE, peintre et graveur au burin et à la pointe, naquit à Leyde en 1494, et mourut dans la même ville en 1533. Fils d'un peintre médiocre, Hugue Jacobsz, il apprit les principes de son art dans la maison paternelle ; puis il passa à l'école de Corneille Engelbrechtsen, qui jouissoit alors de quelque réputation. Mais Lucas ne dut ses talens qu'à son génie et à sa persévérance dans le travail. Contemporain d'Albert Durer, il eut avec le maître allemand plusieurs traits de conformité.

Comme celui-ci il fut précoce, soit comme peintre, soit comme graveur. Dès l'âge de douze ans, il peignoit le portrait et l'histoire, et dans sa quinzième année il gravoit avec un égal succès au burin et à la pointe. Sa patrie lui doit une partie bien essentielle dans l'art, la magie du clair-obscur, qu'elle a depuis si bien perfectionné. Il conçut le premier l'idée d'affoiblir les teintes relativement aux distances, époque remarquable dans l'art. Ses estampes en donnent le précepte et l'exemple. Aussi Vasari en fait-il un bel éloge, en disant: „Lucas „peut être égalé à tous ceux qui ont manié le „burin avec succès. Ses sujets historiques sont „d'une grande vérité, et il a su éviter la con- „fusion. Lucas a surpassé Albert dans la com- „position, ayant plus que lui approfondi les „règles de l'art par rapport à cet objet. A peine „la peinture pourroit-elle par ses couleurs faire „mieux valoir la perspective aërienne."

Lucas apprit la gravure à la pointe, chez un armurier, qui faisoit mordre à l'eau forte des ornemens sur des cuirasses. Quant à la gravure au burin, l'on nous apprend qu'il s'y perfectionna chez un orfèvre. Il résulte de cette observation que l'art de graver sur cuivre, dans les Pays-Bas, tire son origine de la même source qu'en Allemagne et en Italie, de l'attelier d'un orfèvre.

Le succès de Lucas de Leyde, singulièrement préconisé par les Italiens, auroit donné de la jalousie à Albert Durer, si celui-ci n'avoit pas eu l'ame aussi belle que l'esprit élevé. Si-tôt que l'artiste allemand eut vu les premières productions du graveur hollandois, il conçut pour lui la plus haute estime ; il fit même exprès le voyage de Leyde, et lia avec lui une amitié qui ne put être interrompue que par la mort. Ces deux artistes, animés d'une noble émulation, se communiquoient leurs lumières, choisissoient quelquefois les mêmes sujets, et les traitoient chacun à sa manière. Pendant qu'Albert étoit à Leyde, les deux amis se peignirent sur un même panneau, en témoignage de leur estime mutuelle.

Toujours excité par le désir d'étendre ses connoissances, il conçut et exécuta le projet d'aller voir les peintres des Pays-Bas. Comme il aimoit la dépense, il fit son voyage à grands fraix, donnant des fêtes aux peintres dans toutes les villes par où il passoit, à Middelbourg, à Gand, à Malines et à Anvers, et chaque repas lui coûtoit soixante écus. Mais ce voyage ne fut pas heureux: il en revint malade, et avec le soupçon d'avoir été empoisonné. Frappé de cette idée, dont il ne pouvoit ni vaincre ni affoiblir l'impression, il n'eut jamais depuis un moment de santé, et pendant les dernières années de sa vie il ne quitta presque plus le lit, où toutefois il avoit trouvé le moyen de peindre et de graver. Cependant l'opinion commune rejette l'idée de poison, et n'attribue ses infirmités qu'à la délicatesse de son tempérament, ainsi qu'à l'épuisement de ses forces, occasionné par son extrême application au travail, qui ne finit qu'avec sa vie. Car l'on rapporte que, quelques heures avant sa mort, il travailla encore à sa dernière planche qui représente une Pallas. Sentant approcher sa dernière heure, il voulut jouir encore de l'aspect du soleil, et se fit transporter à l'air. —

On a lieu d'être étonné qu'ayant vécu si peu, et sur-tout si l'on considère qu'il a passé les six dernières années presque toujours dans son lit, il ait pu faire une si grande quantité de tableaux en tout genre, soit sur verre, soit en détrempe et à l'huile. Il en est de même de ses estampes au burin et à l'eau-forte, dont le nombre monte, suivant le catalogue de Bartsch qui me sert de guide, à 172 pièces. Sans parler d'une vingtaine de tailles de bois, qui, puisqu'elles portent son chiffre, peuvent bien être de son dessin, mais non pas de sa gravure.

Les estampes de Lucas furent payées très-cher dès son vivant, et depuis ce tems leur prix n'a fait qu'augmenter. Aussi rien de plus rare aujourd'hui, que de rencontrer de bonnes épreuves; elles sont encore plus difficiles à trouver, que celles d'Albert. Beaucoup d'amateurs se sont attachés à faire l'œuvre de ces deux artistes. Feu Pierre Mariette possédoit celui de Lucas en 230 pièces, qui furent vendues à sa mort 2141 livres. Lucas marquoit ses estampes d'un L., quelquefois à rebours, et les datoit le plus souvent de l'année de leur composition.

Depuis longtems les amateurs désiroient un catalogue raisonné de toutes les estampes gravées par Lucas de Leyde, désirs auxquels vient de satisfaire Adam Bartsch, garde de la bibliothèque impériale, et membre de l'académie des beaux-arts à Vienne. M. Bartsch, habile graveur lui-même, et déjà avantageusement connu du public dans ce genre de travail, par ses catalogues raisonnés du Guide et de ses disciples, de Waterloo et de Rembrandt, a composé celui-ci d'après l'œuvre de ce fameux maître, qui se trouve dans la collection d'estampes de la bibliothèque impériale, formée en grande partie par les soins de Mariette. Ce catalogue, précédé d'une préface et de la vie de l'artiste, ne laisse d'ailleurs rien à désirer, soit pour les détails de chaque sujet, soit pour l'appréciation de chaque pièce. Je me suis conformé, dans mon extrait, à l'arrangement des matières du catalogue, autant que la briéveté de mon plan a pu me le permettre.

Ancien Testament.

1—6. L'histoire de la création et de la chûte de nos premiers parens, en une belle suite de six pièces gravées en 1529, petit in-4to. 1) Dieu sous la figure d'un vieillard, créant Eve pendant le sommeil d'Adam. 2) Dieu défend à Adam et à Eve de toucher au fruit de l'arbre de vie. 3) Eve séduite par le serpent, persuade Adam de manger du fruit défendu.

4) Adam et Eve chassés du paradis, par un ange armé d'une épée flamboyante. 5) Caïn tuant son frere Abel après leurs sacrifices. 6) Adam et Eve déplorant la mort d'Abel étendu à terre.

7. Adam et Eve fugitifs, après avoir été chassés du paradis terrestre. 1510, p. in-4to. Lucas a encore traité en six estampes le péché d'Adam et d'Eve, ainsi que le meurtre d'Abel, toutes de petit format.
8. Lamech debout, occupé à bander son arc, et Caïn assis au pied d'un arbre et la machoire d'âne devant lui, 1524. p. in-8.
9. Abraham et les trois anges, sans la date, qu'on croit de 1518. p. in-4to.
10. Loth enivré par ses deux filles, dans le lointain Sodome en feu, pièce d'une belle gravure, avec la date de 1530, faisant pendant avec la pièce nommée le péché d'Adam et d'Eve, petit in-fol.
11. Abraham renvoyant Agar avec le jeune Ismaël, plus loin on voit Sara assise, tenant le petit Isaac par la main. -- Cette pièce, une des premières de l'artiste, est d'une extrême rareté. On la croit gravée en 1508. in-fol.
12. Abraham renvoyant Agar, le même sujet que le précédent, autrement traité, pièce nommée la petite Agar, par opposition à l'autre, appelée la grande Agar, gravée en 1516, in-4to.
13—17. L'histoire de Joseph, en une suite de cinq pièces d'une belle exécution, et gravée en 1512, p. in-4to en t. 1) Joseph raconte ses songes à Jacob, en présence de ses freres. 2) Joseph sollicité par la femme de Putiphar, qui tient le manteau de Joseph. 3) La femme de Putiphar accusant Joseph devant le roi son époux. 4) Joseph en prison, expliquant les songes de deux officiers du roi prisonniers avec lui. 5) Jo-

seph interprétant les songes du roi Pharaon assis sur son trône.

18. La Fille de Jephté, allant au devant de son père qui vient à cheval. Cette pièce, une des premières de l'artiste, est présumée de 1508, in-fol.

19. Dalila coupant les cheveux de Samson endormi sur les genoux de sa maîtresse, pièce de la même époque in-fol.

20. David victorieux de Goliath, accueilli par les filles de Jérusalem. On croit cette pièce gravée en 1514, in-12.

21. David jouant de la harpe devant Saül assis sur son trône. Pièce qu'on croit gravée en 1508, in-fol.

22. David priant Dieu de délivrer son peuple du fléau de la peste, et l'Eternel dans un nuage, avec une longue barbe, pièce de la même date que la précédente. gr. in-8.

23. Le même sujet traité différemment, où se voit David un genou en terre, priant les mains jointes, un ange qui sort d'un nuage, tient deux flèches, pièce gravée à l'eau-forte, avec la date de 1520, in-8.

24. Salomon adorant les idoles, pour complaire à ses Femmes, pièce marquée de l'année 1514, p. in-4to.

25. Esther, prosternée devant Assuérus, trouve grace auprès du roi qui la relève. Pièce datée de 1515, in-fol.

L'épreuve de la collection impériale a été payée à Paris en 1659, 215 livres, suivant une note de P. Mariette, écrite au dos de l'estampe.

26. Susanne au bain, aperçue par les deux vieillards. Elle est assise au bord d'un ruisseau, se baignant les pieds, pièce dans la première manière de l'artiste, vers 1508, in-4to.

L. DE LEYDE.

Nouveau Testament.

1. St. Joachim embrassant Ste. Anne, son épouse, à l'entrée d'un bâtiment, pièce marquée de l'année 1520, in-8.
2. L'Annonciation, où se voit la Vierge devant un prie-dieu, le regard tourné vers l'ange, q'uon croit gravée vers 1514, in-8.
3. La Visitation, où se voit Ste. Elisabeth, un bras passé sur l'épaule de la Vierge, pièce supposée de l'année 1520, in-8.
4. L'Adoration des Mages, où se voit la Vierge tenant sur ses genoux l'enfant Jésus, qui étend la main vers un vase rempli d'or, que lui présente un des rois à genoux. Cette estampe, une des plus considérable de l'œuvre, date de 1513, gr. in-fol.

H. Goltzius a gravé la même pièce, avec peu de différence, et se trouve parmi les six chef-d'œuvres de ce maître.

5. Le Repos dans la fuite en Egypte, où la Vierge, assise sous un bouquet d'arbres, donne le sein à l'enfant Jésus, pièce gravée dans la première manière de Lucas, vers 1508, p. in-4to.
6. Le Baptême de Jésus dans les eaux du Jourdain, composition d'un grand nombre de figures, pièce qu'on croit gravée vers 1510, in-4to.
7. Jésus, retiré dans le desert, est tenté par le Diable, figuré par un vieillard à grande barbe, pièce marquée de l'année 1518, in-4to.
8. La Résurrection de Lazare, où se voit Jésus au milieu de l'estampe, rendant graces à son père céleste de l'avoir exaucé, grande composition, pièce de la première manière de Lucas, gravée vers 1508, in-fol.

9—22. La Passion, en une suite de quatorze pièces, gravées en 1521, in-12. 1) La Cène, Jésus à table avec ses disciples. 2) Jésus sur la montagne des olives. 3) Jésus saisi dans le jardin des olives. 4) Jésus conduit devant le grand-prêtre Anne. 5) Jésus outragé dans le prétoire. 6) Jésus flagellé. 7) Jésus couronné d'épines. 8) Jésus présenté au peuple. 9) Jésus portant sa croix. 10) Jésus nu en croix. 11) Jésus descendu de la croix. 12) Jésus mis dans le sépulcre. 13) Jésus descendu aux limbes. 14) Jésus ressuscité.

23—31. La Passion en une suite de neuf pièces de forme ronde, de 8 pouces 1 ligne de diamètre. 1) Jésus en prières sur la montagne des oliviers. 2) Jésus saisi dans le jardin des olives. 3) Jésus devant le grand-prêtre Anne. 4) Jésus bafoué dans le prétoire. 5) Jésus flagellé. 6) Jésus couronné d'épines. 7) Jésus présenté au peuple. 8) Jésus portant sa croix. 9) Jésus crucifié.

32. Jésus-Christ présenté au peuple, ou le grand Ecce Homo, riche composition contenant plus de cent figures. C'est une des pièces capitales de l'œuvre de Lucas : on y admire la convenance des caractères, l'ordonnance de la composition, et principalement l'intelligence de la dégradation. Elle date de 1510, l'artiste avoit alors seize ans, gr. in-fol. en t.

33. Jésus-Christ attaché à la croix entre les deux larrons, très-belle estampe, presque aussi riche de composition que la précédente, étant de quatre-vingt-dix figures, dont les grouppes sont ordonnés avec une intelligence admirable. Les bonnes épreuves de cette pièce, une des plus parfaites de l'œuvre de Lucas, sont excessivement rares. Elle date de 1517, gr. in-fol. en t.

34. Jésus-Christ apparoissant à la Madeleine, sous la figure d'un jardinier, tous deux à mi-corps, et placés devant l'entrée du sépulcre taillé dans le roc. Le lointain offre d'un côté les murs de Jérusalem, et de l'autre une colline, sur laquelle s'avancent les trois saintes femmes nommées dans l'évangile. Pièce datée 1519, in-4to. en t.

35. L'Enfant prodigue de retour à la maison paternelle, accueilli avec bonté par son père, placé au milieu. Cette pièce, qu'on croit gravée en 1510, est admirable pour l'intelligence dans l'exécution des lointains. Les fabriques, le paysage et les petites figures qui s'y trouvent, tout y est touché avec esprit, et comme il le falloit pour faire dégrader les objets. Pièce qu'on croit de 1510, in-fol. en t.

Vierges, saints, saintes, et autres sujets de dévotion.

1. La Vierge avec l'enfant Jésus, accompagnée de Ste. Anne, pièce datée de 1516, in-8.

2. La Vierge debout sur un croissant, dans une gloire, et portant l'enfant Jésus nud, qui tient un fruit dans la main. On la croit gravée en 1512, in-8.

3. La Vierge avec l'enfant Jésus, assise au pied d'un arbre, tenant l'enfant nud sur ses genoux. La pièce date de 1514, in-8.

4. La Vierge avec l'enfant Jésus, assise dans un paysage. Derrière la Vierge deux anges contemplent le petit Jésus. Cette pièce, une des plus belles de l'artiste, date de 1523, in-4to.

5. La Sainte famille, où se voit la Vierge, assise au pied d'un arbre. L'enfant Jésus, debout près d'elle, tend la main pour saisir une pomme tenue par sa mère. Derrière eux St. Joseph, qui présente une autre pom-

me à la Vierge. Le fond offre un paysage terminé par des montagnes. Cette pièce, qui est sans date, paroît être de 1508, in-4to.

6—19. Jésus-Christ et les Apôtres, représentés debout avec leurs attributs, en une suite de quatorze pièces, gravées, à ce qu'il paroît, vers 1511, in-8. 1) Le Sauveur. 2) Saint Pierre. 3) Saint Paul. 4) Saint André. 5) Saint Jean l'Evangéliste. 6) Saint Jacques le majeur. 7) Saint Thomas. 8) Saint Judas Thadée. 9) Saint Barthelemi. 10) Saint Philippe. 11) Saint Jacques le mineur. 12) Saint Simon. 13) Saint Matthieu. Saint Matthias.

20—23. Les quatre Evangelistes à mi-corps, occupés à écrire leurs évangiles, en une suite de quatre pièces gravées en 1518, in-8. 1) Saint Matthieu, assis à son pupitre et inspiré par un ange. 2) Saint Marc, avec des lunettes sur le nez, écrivant dans un livre, la tête du lion est vue de face. 3) Saint Luc, vu de profil, écrit dans un livre posé sur son pupitre, à côté de lui le bœuf, dont on ne voit que les cornes et une partie de la tête. 4) Saint Jean vu de face, assis à une table, et l'aigle planant au-dessus de son épaule.

24. Saint Pierre et Saint Paul debout, à mi-corps, soutenant le St. Suaire, pièce gravée en 1517, in-8. en t.

25. Saint Pierre et Saint Paül, assis dans un paysage, s'entretenant ensemble, le premier tient une clef, le second un livre sur ses genoux, pièce d'une belle gravure et datée de 1527, p. in-4to. en t.

26. La Conversion de St. Paul, grande composition, où l'action est double : aveuglé par le feu du ciel, on voit Saül la tête nue, conduit par deux hommes, dont l'un tient le cheval par la bride : dans le lointain, au pied d'un rocher, on apperçoit encore Saül, à la tête

L. DE LEYDE. 49

tête d'une troupe armée, abattu avec son cheval, par un rayon de lumière sorti des nuages. Beaucoup de figures, tant du cortège, que des spectateurs. Cette pièce, datée de 1509, est une des plus considérables de l'œuvre de Lucas. gr. in-fol. en t.

27. Saint Christophe, assis au pied d'un rocher et au bord d'une rivière, se prépare à aller chercher l'enfant Jésus à l'autre bord. Du même côté du saint, on apperçoit un hermite, qui sort de sa cellule et qui porte une lanterne. Cette estampe est une des premières de Lucas, et paroît être de 1508. in-8.

28. Saint Christophe dans l'eau, portant l'enfant Jésus sur ses épaules, et s'appuyant fortement sur une grosse branche d'arbre. L'air est orageux, et fait flotter les draperies. Cette petite estampe, une des meilleures de l'artiste, est sans date, et paroît gravée en 1521. in-12.

La même année, Albert Durer avoit gravé le même sujet, et il est à croire que les deux estampes ont été faites en concurrence.

29. Saint Jean, Baptiste, assis dans le désert, son agneau couché auprès de lui, et sa petite bannière à côté, pièce datée de 1513, in-8. en t.

30. La Décollation de St Jean-Baptiste, où le corps du Saint est étendu aux pieds du bourreau, qui tient d'une main le glaive, et de l'autre la tête coupée, pour la poser sur un plat que lui présente la fille d'Hérodias. Pièce sans date, qui paroît avoir été gravée en 1513. in-8.

31. Saint Jérôme, vu de face, la tête environnée d'une gloire, et assis sur une estrade, les jambes nues, étendues, et les coudes appuyés sur une espèce de piédestal qui lui sert de table. Il montre une tête de mort, placée devant un livre ouvert. Une Lionne

V. D

couchée, dont on ne voit que la tête entre les pattes, lui lèche un de ses pieds. Avec plusieurs autres accessoires. Lucas a traité trois fois ce sujet; l'estampe de celui-ci m'a paru la plus intéressante. Elle est de 1521. p. in-4to. en t.

32. Saint Sébastien attaché à un arbre, et le corps percé de flèches. Le fond offre un paysage, dont une partie est en blanc. Pièce sans date, très-terminée, et gravée dans le goût des premières de l'artiste, probablement en l'année 1508. in-8.

33. Saint Antoine l'hermite, debout, vêtu d'une longue robe, avec un capuchon qui lui couvre la tête environnée d'une auréole. Occupé à lire, il s'appuye sur son bâton. Vers le fond, on voit la tête d'un cochon, avec une clochette attachée à un collier. Pièce, avec d'autres accessoires, et sans date, paroissant être de 1521. in-8.

34. Tentation de St. Antoine, où l'on voit le Saint, assis sur un petit tertre, au pied de deux arbres. Le regard dirigé vers une femme debout vis-à-vis de lui, il juge, par les cornes qui lui sortent des deux côtés de son bonnet, que c'est une diablesse qu'il a devant lui. Le fond offre un paysage montagneux, avec des rochers surmontés d'un vieux château. Belle pièce, datée de 1509, lorsque l'artiste n'avoit que quinze ans. in-4to.

35. Saint Dominique, debout, la tête entourée d'une auréole, tenant un long bâton terminé par un crucifix. Derrière lui est couché un chien, portant dans sa gueule une torche allumée, dont la flamme porte sur un globe surmonté d'une croix. Pièce sans date, d'une bonne exécution, et supposée faite en 1514, in-8.

L. DE LEYDE.

36. Saint Gérard Sagrédius, évêque et martyr, représenté debout et de face, la tête couverte de la mitre épiscopale, et environnée d'une auréole. Il tient dans sa main un cœur percé d'une flèche. Cette pièce sans date, est censée avoir été faite en 1517. in-8.

37. Saint François d'Assise, à genoux, les mains levées, et la tête environnée d'une auréole, recevant, par les traits qui partent d'un crucifix rayonnant, suspendu en l'air, les stigmates des cinq plaies. Vers le fond, on apperçoit un moine en capuchon, assis au pied d'un arbre. Pièce sans date, gravée dans le goût du St. Dominique, de No. 145 ci-dessus. in-8.

38. Saint George, vu de profil, touchant les bras de la princesse d'Antioche, qu'il a délivrée, et qui s'essuye les larmes. Son écuyer tient un drapeau et le cheval. L'action est encore double, comme à plusieurs sujets des anciens peintres. Ici le lointain offre St. George combattant le dragon devant une caverne, et la princesse appuyée contre un rocher qui termine le fond. Pièce des premiers tems de l'artiste, faite vers 1508.

39. Marie-Madeleine se livrant aux plaisirs mondains, fameuse estampe, connue parmi les amateurs, sous le nom *de la Danse de la Madeleine*, et offrant de toutes part un riche paysage. Ici l'action est triple. Vers le milieu on voit la Madeleine, la tête ceinte d'une auréole, et menée par un homme qui la tient par la main. Ils avancent en dansant au son d'une flûte et d'un tambourin, au milieu de différens grouppes de figures de l'un et l'autre sexe, dans diverses actions. Vers le fond vous voyez encore la Madeleine, toujours la tête ceinte d'une auréole, à la tête d'une troupe de gens à pied et à chéval, courir le

cerf, poursuivi par quantité de chiens ; on le voit fuyant vers un bois, où trois hommes, dont l'un sonne du cor, s'efforcent de l'empêcher d'entrer. — Enfin on voit au fond, vers le sommet d'un haut rocher, l'ame de la Madeleine, ravie dans les airs par quatre anges. — Cette belle pièce, qui date de l'an 1519, le tems de la plus grande force de l'artiste, est une des plus recherchées et des plus rares. — gr. in-fol. en t.

40. La Madeleine dans le désert, assise au pied d'un rocher ombragé par le feuillage d'un arbre. Une draperie couvre une partie de son corps, d'ailleurs nu, et ses cheveux flottent au gré du vent, avec les mains jointes et élevées. En haut, on voit dans les nues Dieu le pere, en longue barbe, vêtu d'une chape, et coiffé d'une tiare, lançant de son corps des rayons qui frappent la tête de la pénitente. Cette pièce, mieux gravée que dessinée, est des premiers tems de Lucas. in-8.

41. La Madeleine debout, sur un nuage, et vue de profil; une grande gloire, qui se détache du fond rembruni de l'estampe, l'environne jusqu'à mi-corps. D'une main elle tient un vase, et de l'autre un couvercle. Quelques-uns ont donné à cette pièce le nom de Pandore, tenant la boîte d'où sortirent tous les maux de la terre. Pièce datée de l'année 1518. in-8.

Il existe une estampe de ce sujet, avec la marque I. V. M., lettres qui l'ont fait attribuer à Israël von Mecheln. Mais la comparaison montre clairement, qu'elle n'est qu'une copie servile de celle de Lucas, faite par un graveur inconnu et de peu de mérite.

42. Sainte-Cathérine, à mi-corps, la tête couronnée et entourée d'une auréole. Appuyée sur une roue, elle tient d'une main un livre fermé, et de l'autre une épée. Pièce gravée à l'eau-forte et retouchée au burin, sur-tout la tête, avec la date de 1520. in-8.

Sujets profanes.

43. Le moine Sergius, tué par Mahomet, pris de vin, composition d'un grand nombre de figures et d'accessoires, difficiles à expliquer. Cette estampe est la première pièce de Lucas avec une date, celle de 1508; mais comme elle est très-bien gravée, et même assez correctement dessinée, l'on préjuge qu'il en a dû graver bien d'autres, avant d'en venir à ce point. in-fol.

44—50. Les sept vertus cardinales, figurées par des femmes nues, toutes assises et couronnées chacune par un ange, suite de sept feuilles in-8. gravées en 1530., savoir: 1) *Fides*, la Foi. 2) *Spes*, l'Espérance. 3) *Caritas*, la Charité. 4) *Prudencia*, la Prudence. 5) *Justicia*, la Justice. 6) *Fortitudo*, la Force. 7) *Temperancia*.

51. Lucrèce, représentée nue, avec de longs cheveux épars, dans l'action de se percer le sein d'une épée. Cette pièce sans date, paroit faite en 1512. Quelques-uns lui donnent le nom de la Mort de Didon. in-8.

52. Mort de Pyrame et de Thisbé, où se voit le corps de Pyrame étendu à terre, et plus en arrière, Thisbé, saisissant une épée, dont elle dirige la pointe vers son sein. On apperçoit dans le lointain, sur une hauteur couronnée d'arbres, un lion, le museau et les pattes sur un voile. À peu de distance de-la on voit une fontaine jaillissante, entourée d'un bassin. Pièce avec l'année 1514. in-4to.

53. Le poëte Virgile, suspendu dans un panier hors

d'une fenêtre, par une courtisane, qui, pour se venger de quelques propos qu'il avoit tenus sur son compte, l'exposa ainsi à la risée des passans. Sujet tiré d'une vie de Virgile, fort goûtée du tems de Lucas. Plusieurs artistes du tems, parmi les Allemands et même parmi les Italiens, ont puisé dans la même source. Cette estampe est d'ailleurs exécutée avec un grand art; la manière en est plus vive et plus brillante qu'à l'ordinaire, et c'est aussi une des mieux dessinée. Elle date de 1525. petit in-fol.

Vasari, qui fait un grand éloge de cette estampe, rapporte qu'Albert Durer avoit été tellement frappé de sa beauté, qu'il se sentit pressé d'en publier une, qui pût concourir avec celle de Lucas. C'est à cette concurrence qu'on doit la fameuse estampe connue sous le nom du Cheval de la Mort.

54. Mars, et Vénus qui est vue de face. Elle est assise sur un massif, et caresse l'Amour debout, en regardant Mars, assis à la droite et ayant ses armes à ses pieds. Cette belle estampe, gravée en 1530, est du nombre de celles que Lucas a faites durant le peu de relâche que lui laissoit sa longue maladie. p. in-fol. en t.

55. Vénus et l'Amour. La Déesse, assisse sur un nuage, les cheveux flottans en avant, présente une flèche à l'Amour, assis vis-à-vis d'elle. Un autre Amour, qui vole au haut des airs, porte une longue banderole, sur laquelle on lit: Vénus la très-belle Déesse d'Amour. Cette pièce, datée de 1528, est un des moindres ouvrages de Lucas. p. in-4to.

56. Pallas assise sur des pierres, une main portée sur son égide, et de l'autre tenant sa lance. Cette planche a été le dernier ouvrage de Lucas. Il y avoit travaillé durant sa longue maladie; mais il ne paroît pas qu'il ait pu l'achever avec soin. L'on dit que, sentant approcher sa fin, il demanda encore à voir sa planche, et qu'il la regarda avec intérêt. Pièce sans date, qu'on rapporte à l'année 1530. in-8.

57. Un Porte-Enseigne, tenant de la main droite un drapeau déployé, et de la gauche la garde de son épée. On admire dans ce morceau la position de la figure et le beau fini de la gravure, qu'on rapporte à l'année 1510. in-8.

58. Quatre soldats dans une forêt, marchant à la file l'un de l'autre. Pièce sans date, gravée vraisemblablement vers 1508. in-8.

59. Un jeune homme à la tête d'une troupe armée, paroissant écouter avec attention un homme qui lui parle le bonnet à la main, et à chaque côté un peloton de trois hommes en conversation. Belle pièce, dont on rapporte la date à l'année 1510. in-8.

60. Les Gueux, dont l'un, assis sur un bout de rocher, tend la main pour recevoir une écuelle que lui présente un autre. Tous deux tiennent de long bâtons, et portent sur le dos des calebasses. En avant du premier, on voit assise à terre une femme qui a la main sur son sein. Pièce qui paroit gravée vers 1508. in-8.

61. La Promenade, où se voit un homme, donnant le bras à une femme, et dirigeant sa marche le long d'une rivière, avec un bateau et des rameurs. Le lointain présente un bord escarpé, devant une maison située au pied d'une montagne qui termine l'horison. Pièce marquée de l'année 1520. in-8.

62. Le Seigneur et la Dame; celui-là porte un faucon sur le poing, et regarde la dame qui marche à côté de lui. Cette pièce d'un travail sec, est du premier tems de l'artiste, et paroît être de 1508. in-8.

63. La Dame au bois, avec sa suivante, marchant à côté d'un paysan, le chapeau à la main, et conduite par un homme le chapeau sur la tête. Pièce sans date, mais sensée faite en 1509. in-8.

On a une copie de cette pièce, gravée par Wierik à l'âge de douze ans.

64. L'homme à la torche allumée, marchant à côté d'une femme qu'il tient par le corps. Ils sont suivis par un homme armé d'un sabre, et portant une massue sur son épaule. Pièce d'une taille très-fine, et paroît de l'année 1508.

65. Un homme et une femme, assis dans une campagne; la femme, vue de face, tend la main pour prendre un vase, que lui présente un homme vu presque par le dos. Le paysage est terminé par une montagne, au haut de laquelle on voit un château carré, flanqué de tours, et environné d'arbres. La pièce est marquée de l'année 1520. in-8.

66. Les pèlerins, où se voit une femme couchée à terre, tenant son bourdon, et ayant les yeux fixés sur une poire, qu'un homme assis près d'elle, est occupé à peler. Vers le fond, qui représente un paysage avec des montagnes, on voit cheminer un autre homme avec une grande barbe, tenant d'une main son bourdon, de l'autre son chapelet. Pièce sans date, gravée vers 1508. in-4.

67. L'Anneau nuptial, morceau qui représente un homme avancé en âge, et prêt à mettre un anneau au doigt d'une jeune femme. Celle-ci est assise vis-à-vis de

lui, et pose sa main gauche sur son épaule, en lui présentant la droite pour recevoir l'anneau. Ce morceau rare, gravé à l'eau-forte d'une main ferme, paroît avoir été fait dans le même tems que le portrait de l'Empereur Maximilien, c'est-à-dire, en 1520. Il se distingue par une netteté de travail, qui semble n'être propre qu'au burin. in-4to.

68. Le fou, sujet qui représente une femme assise au pied d'un arbre, se défendant de l'embrassement d'un fou, caractérisé par son habillement et par sa marotte. Ces deux figures sont à mi-corps, et la pièce est marquée de l'année 1520. La gravure est à l'eau-forte, et terminée en quelques endroits au burin. in-8.

69. La Vieille, avec la grappe de raisin, vue de face et à mi-corps. Cette pièce, admirablement bien touchée, est du meilleur tems de l'artiste, et paroit avoir été faite vers l'an 1523. in-8.

70. Le jeune garçon avec la trompe. Il est assis tout nud au pied d'un rocher, qui fait saillie par-dessus sa tête, et embouche une trompe, au son de laquelle deux enfans, nuds aussi, dansent, en se tenant par la main. Le fond offre un paysage. Une des premières pièces de Lucas, faite vers 1508. in-8.

71. La femme et la biche. Une femme nue, les cheveux flottans, et la tête ceinte d'un drap, dont les bouts forment plusieurs replis autour de son corps, est placée de profil, avec les jambes écartées, et le corps dirigé vers la gauche, où l'on voit la tête, le cou et le pied d'une biche, à qui elle donne du fruit à manger. Pièce exécuté sur un fond blanc, et marquée de l'année 1509. in-8.

72. La femme et le chien. On voit une femme nue, les cheveux attachés au milieu de la tête; elle est assise au pied d'un arbre, et cherche des puces à son

chien, dont la tête repose sur sa cuisse. Pièce exécutée sur un fond blanc, et marquée de l'année 1510. in-8.

73. Les Musiciens, deux figures assises au pied de deux arbres, dont un homme qui accorde une guittare, et une femme qui lui donne le ton sur son violon. Cette pièce, d'une belle exécution, est marquée de l'année 1524. in-8.

74. Le Chirurgien, faisant une opération derrière l'oreille d'un paysan, qui exprime sur sa physionomie la douleur qu'il souffre. Pièce avec des accessoires, et d'une aussi belle exécution que la précédente, marquée de même 1524. in-8.

75. L'Opérateur, entouré des accessoires d'un charlatan, travaille avec un instrument dans la bouche d'un paysan, que la douleur empêche de s'appercevoir qu'une jeune fille, placée derrière lui, fouille dans sa bourse. Pièce, qui a le même mérite que les deux précédentes, est marquée de l'année 1523. in-8.

76. La Laitière, jeune paysanne, tenant d'une main son chapeau de paille, et de l'autre un seau, et s'avançant pour traire une vache placée en travers au milieu de l'estampe. Un paysan tient la vache par une corde attachée aux cornes. Pièce exécutée sur un fond de paysage, où l'on voit deux autres vaches. Elle est très-rare, et il y a peu de morceaux de Lucas, qui soient d'un meilleur dessin et d'une plus belle gravure. Elle date de 1510. p. in-4to. en t.

77. Uylenspiegel, ou l'Espiegle, estampe fameuse, qui représente un homme jouant de la cornemuse, en cheminant. Il porte deux enfans dans une hotte, et un troisième se voit sur l'épaule d'une femme qui marche à côté de lui, et qui mène par la bride un âne chargé de deux paniers, dans lesquels il y a

trois autres enfans. La famille est précédée par l'espiègle, sous la figure d'un petit garçon en capuchon, ayant un hibou perché sur son épaule, et portant dans ses mains une cruche et un bâton. Un chien marche devant lui. Dans le fond paroit un château sur une hauteur, dont la pente se prolonge vers trois arbres, de l'un desquels sort une branche sèche, qui passe par-dessus l'endroit où est marquée l'année 1520, et plus bas la lettre L., hauteur 6 pouces 5 lignes, largeur 5 pouces 2 lignes.

Tout le monde sait que ce morceau est de la plus grande rareté, et qu'il manque dans les plus riches collections. Il ne paroît pourtant pas qu'on doive en attribuer la cause à la beauté de l'ouvrage, Lucas en ayant fait plusieurs autres bien supérieurs à celui-ci. La vraie raison c'est la perte de la planche, qui probablement a eu lieu avant qu'on en eût tiré une certaine quantité d'épreuves. Du moins est-il certain qu'elle n'existoit plus en 1647, lorsque Hondius en publia une copie.

Cette estampe ayant été si rare dès-lors, on peut juger combien plus elle doit l'être aujourd'hui. Effectivement elle l'est à un tel degré, qu'on peut la considérer comme la plus rare de toutes les estampes existantes. On n'en connoît guères que cinq ou six épreuves dans le monde. Aussi le prix en est-il énorme.

Parmi les copies de cette pièce on distingue toujours celle de Hondius, qui se trouve facilement. Basan parle d'une autre, faite par un graveur inconnu, si semblable à l'original, qu'on peut y être facilement trompé. M. Bartsch, pour guider les amateurs dans la comparaison de l'original et de la copie de notre artiste, a gravé au trait la lettre initiale et les chiffres de la date des deux estampes. V. page 114. de son catalogue.

Ornemens divers.

1. Tête d'un guerrier, vue de profil, avec le casque en tête, dans une espèce de médaillon, au milieu de quelques rinceaux d'ornemens. L'année 1527 et la lettre L. se trouvent dans un cartouche, au bas du médaillon. in-8.

2. Composition d'ornemens, dans le goût de ceux qui étoient en vogue du tems de Lucas. Une tête de bélier décharnée, et deux poissons fantastiques qui se regardent et se joignent par le bas. Pièce marquée de l'année 1527.

3. Autre composition d'ornemens, où se voit un homme ailé qui tient un caducée, et qui est accroupi sur un plateau, placé entre deux Sphinx debout, qui se terminent en rinceaux. Avec l'année 1528. in-fol.

4. Un panneau d'ornemens, au bas deux Sirènes qui se regardent dans des miroirs, et en haut deux Chymères accroupies, au milieu desquelles est assis un homme

L. DE LEYDE.

ailé vu par le dos, tenant un trident. Composition exécutée sur un fond noir, avec l'année 1528. in-8.

5. Les enfans guerriers, dont l'un porte un grand casque, et l'autre un drapeau deployé, dirigeant leur marche vers la droite. Pièce avec l'année 1528. in-8.

6. Les armes de la ville de Leyde, au milieu de quatre ronds qui renferment chacun un génie. Un cinquième rond moins grand, au milieu, contient les armes de la ville de Leyde, qui sont deux clefs passées en sautoir. Pièce qui paroît faite en 1510. in-8.

Portraits.

1. Portrait de l'Empereur Maximilien I. à mi-corps, ajusté à la mode du tems, en cheveux plats, et coiffé d'un grand chapeau. Lucas peignit ce portrait lorsque l'Empereur vint à Leyde, mais il ne le grava qu'en 1520, un an après la mort de ce prince. Il en fit la tête entièrement au burin, et tout le reste à l'eauforte, ne se servant du burin que pour donner de l'accord. C'est la pièce la plus considérable qu'il ait gravée de la sorte: c'est aussi un des plus beaux ouvrages de l'artiste, et en même tems des plus rares. On voit en haut dans le fond, sur un ban de mur, une petite figure ajustée en bouffon, tenant un écriteau avec la lettre L. et l'année 1520. in-fol.

2. Le portrait de Lucas de Leyde, représenté en buste avec un chapeau sur la tête, et un habit de moire, doublé de fourrure. Ce portrait, dessiné et gravé à l'eau-forte par lui même en 1525, étant alors âgé de trente-un ans, est touché d'une manière légère et spirituelle. Au bas de la planche on lit: *Effigies Lucae Leidensis propria manu incideré.* In-4to.

3. Portrait d'un jeune homme, à mi-corps, coiffé d'une toque garnie de plumes, et tenant sous une robe à

manches pendantes une tête de mort, vers laquelle il fait signe de la main. Ce portrait passe communément pour être celui de Lucas. Il faut convenir pourtant, qu'il ressemble bien peu à ceux qu'on a de lui. Ce ne sont pas les mêmes traits, ni le même costume. Il s'est toujours représenté en cheveux courts et plats: ici il porte une chevelure assez longue et extrêmement frisée. Quoi qu'il en soit, il est parfaitement bien gravé, et dans une manière qui préjuge son meilleur tems, comme l'année 1525. In-4to.

Pièce douteuse.

1. La famille surprise par la mort, et rangée autour d'une table, avec un pot de fleurs, une petite boîte et quelques pièces de monnoie. Elle est composée d'une jeune fille, d'un homme la tête nue et le visage plein, d'une vieille et d'un vieillard en bonnet, ayant devant lui deux enfans. Les regards de la vieille sont dirigés sur un sable qu'avance vers elle la mort, sous une forme hideuse; tandis que le vieillard qui tient de la main gauche un gobelet, a les yeux fixés sur une tête de mort, portée par une jeune personne, conduite par la mort. Il semble que cette jeune personne, couronnée de romarin, désigne une fille morte qui vient annoncer la dernière heure à ses parens. Vers le haut de l'estampe, vole un génie qui décoche une flèche sur la famille. Toutes les figures de cette composition sont représentées à mi-corps.

Cette pièce, bien qu'assez généralement regardée comme douteuse, ne laisse pas de trouver sa place dans l'œuvre de Lucas. Il suffit de l'examiner pour se convaincre qu'elle ne sauroit avoir été gravée par ce maître. La touche du burin est trop maigre, pour pouvoir l'attribuer à notre artiste, qui, en 1529, étoit dans sa plus grande force. La part qu'il pourroit avoir eu à cette estampe, seroit le dessin, qui est fort agréable, malgré le manque d'esprit qu'on observe dans les contours, et qui n'est que l'effet de la mal-adresse du graveur.

MARTIN VAN VEEN, dit DE HEMSKERCK, peintre, et graveur à l'eau-forte, naquit au village hollandois de Hemskerck, en 1498, et mourut à Harlem, en 1574. Il apprit les principes de son art de Jean Lucas et de Jean Scorel; il imita si bien ce dernier, que le maître devint jaloux de son disciple, et qu'il le chassa de son école. Là-dessus Martin se rendit à Rome, où il étudia l'antique et Michel-Ange. Pierre Mariette possédoit tout un volume de dessins, que le peintre avoit faits d'après les statues et les bas-reliefs antiques, ainsi que d'après les plus belles vues de Rome. Hemskerck ayant perfectionné sa manière en Italie, retourna dans sa patrie, et s'établit à Harlem. Toujours laborieux, il peignit beau-

coup de tableaux historiques, pour les églises et pour les particuliers. Son goût de dessin est facile et raisonné; Lairesse le recommande à ses élèves pour la sûreté et la fermeté de ses contours. Quant à ses figures, toujours un peu longues, elles sont sèches et dures; ses airs de tête sont dénués d'agrémens. Vasari fait mention de Hemskerck, dans la vie de Battiste Franco, où il le nomme Martin Tedesco, en disant que cet artiste avoit peint en grisaille de si beaux ouvrages sur l'entrée de l'empereur Charles-Quint à Rome, qu'ils faisoient l'admiration des artistes italiens: à quoi Vasari ajoute une gaieté italienne, en disant que sans doute le bon vin de la Grèce, qu'on prodiguoit au peintre et à ses aides allemands, contribua beaucoup à entretenir leur feu pittoresques. Hemskerck a gravé plusieurs sujets d'après ses dessins; mais ces estampes ne sont guères recherchées que pour leur rareté. On lui attribue les douze pièces qui représentent les batailles et les actions de Charles-Quint; mais il n'y a que le dessin qui soit de lui, la gravure est de Théodore Coornhaert. On a beaucoup gravé d'après cet ancien maître; le
nombre

nombre des estampes se monte à 580. Il se servoit de ce chiffre :

1. Juda et Thamar, pièce in-4to.
2. L'Annonciation de la Vierge Marie, in-4to.
3. Les Vierges sages et les Vierges folles, et l'ange qui annonce au son de la trompète l'arrivée de l'époux, avec le chiffre. in-fol. en t.
4. L'industrie et le commerce en activité, figurés par des négocians, qui reçoivent et qui font partir leurs marchandises, de même.

Plusieurs anciens graveurs ont exercé leurs instrumens sur les ouvrages de ce maître, entr'autres Jerôme Cock, Corn. Cort, Her. Muller, les Galles, etc.

DIETRICH, ou THEODORE VAN STAREN, ou VON STERN, dessinateur et graveur au burin, natif de Hollande, vers 1500. Il a gravé plusieurs pièces empruntées de l'histoire sainte d'après son dessin, ainsi que quelques paysages. Ces pièces datent de 1520 à 1550. Les François qui le rangent parmi les petits maîtres, l'appellent le maître de l'étoile. Ses productions décèlent beaucoup de talens pour le tems qu'il a vécu. Il entendoit bien la figure humaine, et souvent il ornoit ses fonds d'architecture.
V.   E

66   D. VAN STAREN.   F. BABYLONE.

D'ordinaire il marquoit ses estampes des lettres initiales D. et V. séparées par une étoile, et indiquoit la date du mois dans lequel il avoit terminé une pièce. Voici son monogramme

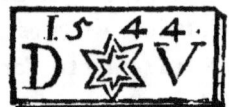

1. La Pêche miraculeuse, 30 Mai 1523, in-8.
2. Jésus-Christ vogant sur l'eau, pièce in-12.
3. St. Pierre, près d'enfoncer dans l'eau, appelle Jésus à son secours, in-12.
4. La Tentation de Jésus-Christ, où le diable est représenté avec des souliers pointus, in-12.
5. Un saint à genoux devant la Vierge, qui tient l'enfant Jésus, et qui fait jaillir de ses mammelles le lait sur le saint, 1524. in-16.
6. St. Luc peignant la Vierge avec l'enfant, 1526. in-8.
7. Le Déluge universel, estampe au milieu de laquelle se voit un grand arbre, et un homme qui sauve ses effets sur une brouette, *D. van Stern fec.* 1523. in-fol. en t.
8. La Samaritaine, pièce gravée en 1525. in-8.

FRANÇOIS ou FRANCIS BABYLONE, paroît né vers 1500. C'est l'artiste que le professeur Christ nomme le maître au caducée, à cause de son monogramme. D'ailleurs on ignore toutes les circonstances de sa vie; on ne sait pas même quelle patrie lui donner. A tout hasard nous le faisons compatriote et contemporain de Lucas de Leyde, quoique nous pussions le placer également parmi les graveurs allemands, ou italiens. Il paroît qu'il a travaillé en Italie du tems de Grégoire Peins, de Marc-Antoine et de ses élèves. Quoi qu'il en soit, les estampes de ce maître sont fort estimées pour la netteté et la finesse de son burin, et fort recherchées des curieux, à cause de leur rareté.

1. Apollon et Diane, jolie petite pièce.
2. Autre petite pièce représentant trois hommes.
3. Sainte famille, petite pièce carrée, en demi-figures, où se voit la Vierge appuyée contre un tronc d'arbre, et St. Joseph, la tête soutenue de la main droite.
4. Autre Ste. famille, où se voit la Vierge, assise au pied d'un arbre, l'Enfant debout à côté, Ste. Elisabeth placée auprès, un ange jouant d'un instrument, et Joseph paroissant sur la droite de l'estampe, petite pièce en t.
5. L'Adoration des trois Rois, petite pièce en t.
6. St. Jérôme écrivant, ayant un crucifix devant lui, petite pièce en t.
7. Deux petites pièces, l'une représentant un homme qui conduit un bateau, l'autre une femme portant un enfant dans ses bras. --- Jer. Hopfer a gravé les figures sur une même planche, un peu plus grande.
8. Sacrifice à Priape, petite pièce libre, copiée d'après Marc-Antoine.

CORNEILLE MATSYS, MET ou METENSIS, dessinateur et graveur au burin, natif, à ce qu'on présume, des Pays-Bas, vers 1500, et par conséquent aussi contemporain de Lucas de Leyde. Il paroît qu'il a toujours travaillé en Italie. On a de lui un assez grand nombre d'estampes, soit de sa composition, soit de celle des maîtres italiens. Son style de gravure a de la ressemblance avec celui de Babylone: même propreté, même finesse de burin. Les figures de cet artiste tiennent du goût italien: elles ont de l'élégance et de la proportion. En quoi elles manquent, sur-tout ses têtes de femmes, c'est à l'expression. Nous croyons ne devoir faire qu'un seul maître de Met ou Matsys, quoiqu'il soit désigné par deux chiffres et par son nom différemment écrit. Son chiffre ordinaire est ainsi figuré : ℳℱ.

1. Ernest, comte de Mansfeld, pièce in-4to.
2. Cléopatre avec l'aspic, petite pièce en travers, datée de 1550.
3. Un vieux homme avec deux vieilles femmes, dont l'une tient un panier d'œufs, petite pièce datée de 1549.
4. Judith avec la tête d'Holofernes, petite pièce datée de 1539.
5. Une bataille, d'après G. Pentz, p. pièce en t.
6. Sainte famille, où se voit la Vierge assise, tenant

l'Enfant qui est debout sur un berceau, et qui caresse le petit St. Jean, amené par Ste. Elisabeth, au fond un bâtiment, d'après Raphael. Corn. Met, sans son nom. C'est la même qu'a gcavée F. Poilly, d'après le tableau qui est en France. in-fol.

7. La Pêche miraculeuse, d'après un dessin de Raphael pour les tapisseries du Vatican, où l'on voit sur le devant les grands oiseaux aquatiques. *Cornel. Met fc.* in-fol. en t.

8. La Peste, pièce connue en Italie sous le nom, il Morbetto, gravée par M. Antoine, et regravée du même côté par Cornelius Met, avec son monogramme et le nom de Raphael. in-fol. en t.

9. Le Christ mis au tombeau, d'après une eau-forte du Parmesan. in-4to.

JERÔME Bos ou BOSCH, surnommé le drôle, peintre et graveur en bois et au burin, né à Bois-le-Duc, vers 1498. Il a beaucoup peint à l'huile, et ses tableaux sont encore recherchés pour la force du coloris. On en voit plusieurs de ce maître en Espagne, au fameux cabinet de l'Escurial. Il aimoit à traiter des sujets grotesques, et des diableries, avec les instrumens de l'enfer. De-là on le confond souvent avec Pierre Breughel le drôle, qui a peint des sujets semblables. On sait qu'il a gravé en bois: on assure qu'il a aussi gravé sur cuivre. On lui attribue les pièces marquées

Jér. Bosche et Bos, sans nom de graveur. Elles sont toutes d'une grande rareté. Quelques-unes sont marquées en caractères gothiques Bosche, et avec le chiffre *bosche*

1. La Tentation de St. Antoine, marquée de l'année 1522, in-fol. taille de bois.
2. Le Jugement dernier, pièce marquée en caractères gothiques Bosche. in-fol.
3. St. Christophe portant l'enfant Jésus au travers d'un bras de mer; on voit un hermite avec une lanterne et plusieurs figures grotesques, in-fol.
4. L'Empereur Constantin, marchant à la tête de son armée, tandis qu'un ange dans les airs lui montre la croix. in-4to.
5. Le Baptême de Jésus par Jean, avec le nom de Bos. in-fol.
6. Quantité de figures grotesques. On lit au bas: *Al dat op* etc. Jér. Bosche. in-fol.
7. Autre pièce semblable : *Dese Jeronimus Bosch drollen.* in-fol.
8. Un Eléphant, pièce allégorique. *H. Bos inv. Paul de la Houve exc.* in fol.

Parmi les graveurs, celui qui a le plus travaillé d'après Bosche, c'est Jérôme Cock; on trouvera ci-après la spécification de la plupart des pièces.

CORNEILLE BOS, OU VAN DEN BOSCH OU BUS, dessinateur, graveur au burin, et marchand

C. Bos.

d'estampes, né à Bois-le-Duc, vers 1510. Il passa jeune en Italie et s'établit à Rome, où il forma un commerce d'estampes. Une pièce qui représente des femmes, occupées à différens ouvrages de main, avec une inscription allemande qui commence ainsi: *Allen die ein from bidert Weib überkompt etc.* ,,A tous ceux à qui ,, il tombe en partage une bonne et brave femme," avoit fait présumer à M. de Heinecke, que Corneille étoit Allemand, et qu'il avoit changé en Italie son nom de Bos en celui de Bus. Quoi qu'il en soit, l'opinion la plus générale est qu'il étoit natif de Bois-le-Duc, et que son vrai nom étoit Bosch. Quant à son style de gravure, il semble s'être formé sur Marc de Ravenne et sur Enéas Vicus, mais sans être parvenu au même degré de perfection. Son exécution est dure, et manque d'effet. Il a gravé d'après ses compositions et d'après celles d'autres maîtres, et marquoit ordinairement ses estampes des lettres C. B. ou du chiffre

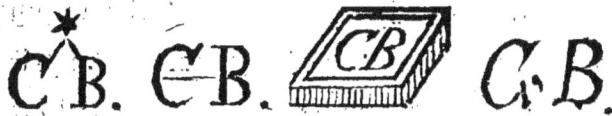

1. Le Jugement dernier, pièce avec son chiffre, 1530. in-4to.

2. Loth et ses filles, avec son chiffre, 1550. in-fol.
3. Le roi David donnant une lettre à Urie, 1546. pièce semblable.
4. Jésus prêchant le peuple juif. *Beati qui* etc. avec son chiffre. in-fol.
5. Vénus sur son char, pièce avec le chiffre, 1546. in-4to.
6. Vulcain dans sa forge, avec le chiffre, 1546. in-fol. en t.
7. Combat des Centaures et des Lapites, gr. pièce en 2 planches. 1550.
8. Un moine que la mort saisit, se débat et jette des cris, avec le chiffre. in-4to.
9. La statue équestre de Marc-Aurèle, avec le chiffre. in-fol.
10. Suite de trophées, d'armes et de grotesques, 16 pièces gravées à Rome en 1550—1553.
11. Autre suite semblable de cariatides et de thermes.
12. Moïse brisant les tables de la loi, à la vue du veau d'or, d'après Raphael, 1551. in-fol.
13. Triomphe de Bacchus, d'après Jules-Romain, 1543. gr. p. de 2 planches en t.
14. Jésus-Christ porté au tombeau, d'après Franc-Floris, pièce marquée *Cornellius Bus fecit.* A. D. 1554. in-fol.

PIERRE BREUGHEL, dit le vieux, ou le drôle, peintre et graveur à l'eau-forte, naquit à Breughel, village des environs de Breda en 1510, et mourut à Bruxelles en 1570. Il apprit les principes de l'art de Pierre Koeck, dont il épousa ensuite la fille, et fit un voyage en

P. Breughel.

Italie, dans l'intention d'étudier les ouvrages des grands maîtres. De retour dans sa patrie, il travailla quelque tems à Anvers, où il fut reçu membre de la société des peintres. De-là il se fixa à Bruxelles, et travailla dans cette ville jusqu'à la fin de sa vie. Il traitoit ordinairement des sujets gais, ce qui lui a fait donner le surnom de drôle; il représentoit des noces de villages, des danses grotesques, des querelles de paysans etc. „Ses compo-„sitions, dit Descamps, sont bien entendues, „son dessin correct, ses habillemens bien choisis, „les têtes, les mains spirituellement touchées." On croit communément qu'il a gravé un certain nombre de pièces, consistant en sujets grotesques et en paysages, pièces qui sont marquées des lettres initiales de son nom, P. B.

Pierre Breughel, le vieux, laissa deux fils, Pierre et Jean, connus sous la dénomination de Breughel d'enfer et de Breughel de velours. Ils se sont distingués dans la peinture, sur-tout Jean, un des grands paysagistes flamands, comme il est dit ci-après.

1. Réjouissances et querelles de paysans, au tems des Kirmesses ou fêtes de village, où se voit devant un

74 P. BREUGHEL J. BREUGHEL.

cabaret une grande bannière, avec la figure d'un guerrier armé de toutes pièces. gr. in-fol. en t.

2. Réjouissances des paysans, pièce portant pour titre: *Kirchmefs. Barth. Muneper exc.* in-fol. en t. marquée P. B.

3. La Fête des tireurs, avec la bannière de la compagnie, et ces mots: *Dit is de Gulde* etc. arborée au cabaret. in-fol. en t.

4. Mascarade où se voit un homme masqué, portant une massue, pièce gravée en bois, avec le nom de Breughel et l'année 1566. in-fol. en t. connue sous le nom de l'histoire d'Ousson et de Valentin. Rare.

5. Vue du Rhin, avec l'histoire de Mercure et de Psiché. *Petrus Breughel fecit Romæ*, 1553. *Excud. Hondius*, in-fol. en t.

6. Vue du Rhin, avec l'histoire de Dédale et d'Icare. *Id. fecit, id. exc.* in-fol. en t.

L'œuvre de Breughel est considérable et très-amusante. Les principaux graveurs de ce maître sont Jérôme Cock, Jacques de Ghein, Henri Hondius, Pierre de Baillin, Wenceslas Hollar, Lucas Vorsterman, Hieronyme Wierik, et sur-tout le graveur avec le chiffre

$\mathcal{M}^P\!\!E$.

V. le Dictionnaire des artistes de Heinecke.

JEAN BREUGHEL, dit DE VELOURS, peintre de paysages, et graveur à l'eau-forte, né à

J. BREUGHEL. JER. COCK.

Bruxelles en 1569, et mort à Anvers en 1625. Fils de P. Breughel, le vieux, dit le drôle; il perdit son père dans sa plus tendre jeunesse. Il fut élevé par sa grand'mère, Marie Bessemer, veuve de P. Koeck, qui lui enseigna à peindre en détrempe. De-là il apprit à peindre à l'huile chez Pierre Goe-Kindt. En peu de tems il fit des progrès étonnans. Il passa ensuite en Italie, où il acheva de se perfectionner. De retour dans sa patrie il eut la satisfaction de voir ses ouvrages recherchés. Un de ses plus beaux tableaux est celui qu'il fit de concert avec Rubens, représentant le Paradis terrestre, tableau qui fut vendu à Gand en 1766, la somme de 7350 florins de Hollande. M. Cochin parle avec de grands éloges de quatre paysages représentant les quatre élémens, qui se voient à la bibliothèque ambrosienne à Milan.

Les pièces qu'on a gravées d'après lui, sont assez nombreuses. Lui même a gravé à l'eau-forte les morceaux suivans:

1—4. Quatre paysages, marqués J. Sadeler exc. in-fol. en 1.

HIERONYMUS, ou JERÔME COCK, peintre, graveur à la pointe et au burin, imprimeur et marchand d'estampes, naquit à Anvers, vers 1510, et mourut dans la même ville en 1570. Jérôme quitta la peinture, pour se livrer à la gravure, dans laquelle il excelloit, et pour faire le commerce d'estampes, dans lequel il s'enrichit. Il avoit un frère aîné, Matthieu Cock, excellent paysagiste, qui s'étoit formé en Italie, et qui est connu comme un des premiers peintres flamands, qui ait travaillé avec goût dans ce genre. Jérôme, artiste laborieux, a très-bien mérité des arts de dessin, sur-tout de celui de la gravure, soit par les estampes que nous devons à son outil, soit par les graveurs qu'il a formés. On compte parmi ses principaux élèves Hans Collaert et Corneille Cort, sur-tout ce dernier, qui, avant de passer en Italie, fit un grand nombre de planches pour le fond de son maître, auxquelles celui-ci se contentoit de mettre: *H. Cock excud.* Vasari, dans la vie de Marc-Antoine, parle avec éloge de Cock, en citant une partie des pièces que celui-ci a gravées d'après Hemskerk, le vieux Breughel, Jérôme Bos et autres. Cock s'est servi fréquemment du chiffre H. C. F. et de 𝓗𝓒𝓕 qui est aussi celui de Hans

JER. COCK.

Collaert. Les anciennes épreuves de ce maître sont aujourd'hui recherchées des curieux.

Portraits.

1. François II. roi de France et d'Ecosse, ovale in-4to.
2. Marie, reine d'Ecosse et de France, pendant.
3. Gustave, roi de Suède, ovale in-fol.
4. Marie, reine de Suède, pendant.
5. Soliman, empereur des Turcs, in-fol. avec un chiffre.
6. Camelia, fille de Soliman, de même.
7. Les portraits de Guido Cavalcantes, du Dante, de Boccace, de Pétrarque, du Politien, et de Ficinus, 6 sujets sur une feuille in-fol.
8. *Pictorum aliquot celebrium Germaniæ inferioris effigies etc. una cum doct. Dom. Lampsonii hujus artis peritissimi Elogiis, Antwerpiæ, apud Viduam Hieronymi Cock*, 1572. p. in-fol.

Cette suite contient 24 portraits de peintres flamands, au bas les éloges de Lampsonius; la plupart ne portent point le nom du graveur, les autres sont marqués des lettres I. H. W. qui est Wierik.

Ouvrages divers publiés par Cock.

1. *Præcipua aliquot Romanæ antiquitatis monumenta. Antwerpiæ*, par Hier. Cock, M. D. LI. 59 pièces.
2. *Operum Antiquorum Romanorum hinc, inde per diversas Europæ Regiones*, 20 pièces sans le titre.
3. Pompe funèbre de l'empereur Charles V. avec le titre: *Amplissimo hoc apparatu etc.* Très-grande frise de

plusieurs planches, gravées par Deuterum. Suite marquée *Hieronymus Cock invent.* 1559.

4. *Divi Caroli V. ex multis præcipue Victoriarum imagines* Hieronymus Coccius, *Pictor Antw.* 1556. Imprimé à Anvers auprès de la boùrse neuve, en la maison de Hieronymus Cock, peintre, 12 pièces sans le titre.

5. *Compartimentorum quod vocant multiplex genus, lepidissimis historiolis Poetarumque tabelis ornatum* 1566. *Gedruckt by Hieronymum Cock in de vier Winden*, 15 pièces.

Divers sujets, sans le nom des peintres.

1. Moïse, figure debout, avec la table de la loi. *H. Cock inv. et exc.* in-fol.
2. St. Christophe passant un bras de mer, avec l'enfant Jésus sur ses épaules, pièce marquée J. Cock, in-fol. en t.
3. Sujet de l'histoire de Sylla, où l'on voit exposées en public les têtes des Sénateurs, coupées par ordre du Dictateur, avec l'inscription : *Quidquid est hujusmodi etc.* in-fol.
4. Festin de Priape, auquel on immole un âne, dont le sang coule dans un bassin. 1557. *Femina sub Jove sunt etc.* in-fol. en t.
5. Tarquin et Lucrece. *Tarquinius præcibus etc.* in-fol.
6. Emblême de la vanité. *Hodie mihi, cras tibi.* C'est un jeune homme mort, couché sur une table où est une tête de mort. Au bas : *Vigilate quia etc. Cock excud.* in-fol.

Divers sujets, d'après des maîtres des Pays-Bas.

1—15. Quinze paysages, peints par Matthieu Cock et gravés par Jérôme Cock, dont voici les sujets :

1) Abraham prêt à immoler son fils. 2) Juda faisant violence à Thamar sa sœur. 3) Le prophète Jonas pleurant sur Ninive. 4) Départ de Tobie avec l'ange. 5) Fuite en Egypte. 6) Jésus-Christ baptisé. 7) Jésus tenté dans le désert. 8) Le Samaritain charitable. 9) Mercure endormant Argus. 10) Mercure tuant Argus. 1558. 11) Vénus pleurant Adonis. 12) Céphale tuant Procris d'un coup de flèche. 1558. 13) Le labyrinthe merveilleux. 14) Les amours de Héro et de Léandre. 15) Daphné métamorphosée en arbre.

16. Grand paysage, représentant la fête de St. George, où se voit la bannière du saint, arborée au cabaret, à l'enseigne de la couronne, *H. Cock excudebat*, sans le nom du peintre, qui est Matthis Cock. gr. in-fol. en t.

17. Dalila coupant les cheveux à Samson, où se voit dans le lointain le temple des Philistins et le champ de bataille couvert de morts, d'après M. Hemskerk. gr. in-fol. en t.

18. Daniel dans la fosse aux lions, où se voit le dragon Bel étendu à terre et pleuré par les Babyloniens, dans les airs le prophète Habacuc, conduit par un ange, et dans le lointain, des ruines et des fabriques, d'après le même. gr. in-fol. en t.

19. Suite de 8 feuilles, représentant huit femmes dans divers habillemens, six de l'ancien testament: Jael, Ruth, Abigaïl, Judith, Esther et Susanne; et deux du nouveau: la Vierge Marie et la Madeleine, d'après le même. in-fol. en t.

20. Sujet allégorique: la Fraude et l'Avarice, d'après le même. in-fol. en t.

21. Bacchanalle d'enfans qui forment une danse, d'après le même. in-fol. en t.

22. La Résurrection du Christ, d'après Breughel le vieux. gr. in-fol.

23. La Tentation de St. Jacques, d'après le même, 1565. in-fol.
24. La Tentation de St. Antoine, d'après le même, chez Cock. in-fol.
25. Le Jugement dernier, avec un chiffre, d'après le même, chez H. Cock, 1558. gr. in-fol. en t.
26. Le Laboratoire d'un Alchymiste, d'après le même, *H. Cock excud.* in-fol. en t.
27. Le Carnaval, ou la dispute entre le gras et le maigre, en deux pièces, marquées d'un chiffre, d'après le même, 1563. in-fol. en t.
28. Suite de douze paysages, d'après Breughel le vieux, avec des inscriptions latines et des sujets tirés pour plupart de la bible, pièces gravées à l'eauforte par Cock. gr. in-fol. en t.
29. Les gros Poissons mangent les petits, composition des plus grotesques, avec cette inscription: *Siet Vrinden dit heeftmen veel Jaren geweten Dat de groote Vissen de cleynen eeten.* D'après Jérôme Bos. tr. gr. in-fol. en t.
30. La Tentation de St. Antoine. *Multæ tribulationes.* D'après Jérôme Bos. gr. in-fol. en t.
31. St. Martin dans une barque remplie de diables, d'après le même. gr. in-fol. en t.
32. Un songe, sujet de magie, 1561, pièce semblable.
33. Le Mardi gras, où se voit une femme qui fait des beignets, d'après le même, 1567. gr. in-fol. en t.
34. La Nef bleue. *De blau Schuyte.* D'après le même. *H. Cock exc.* gr. in-fol. en t.
35. Combat des Horaces et des Curiaces dans une barrière, d'après Franc Floris. gr. in-fol. en t.
36. Hercule endormi et assailli par une armée de Pygmées, d'après le même. tr. gr. in-fol. en t.
37. Le roi Assuérus, entouré de sa cour, baisse le sceptre

JER. COCK.

sceptre sur Esther, d'après Lambert Lombart, *H. Cock exc.* gr. in-fol. en t.

38. Jésus avec ses disciples chez Marthe et Marie, d'après le même. *H. Cock Pictor exc.* 1556. gr. in-fol. en t.

39. Jésus à table chez Simon le Pharisien, d'après le même. *H. Cock exc.* 1551. in-fol. en t.

40. La grande Résurrection du Lazare, d'après le même. *H. Cock exc.* gr. in-fol. en t.

Divers sujets d'après des maîtres italiens.

1. Le sacrifice d'Abraham, avec l'ange qui amène un bélier, d'après Raphael. *Hieronymus Cock excudebat.* 1552. in-fol.

2. La Nativité ou l'Adoration des bergers, d'après le même. *H. Cock exc.* in-fol.

3. Beaucoup sont appelés et peu sont élus, d'après And. del Sarto. *H. Cock exc.* 1553. gr. in-fol. en t.

4. Jean baptisant Jésus dans les eaux du Jourdain, d'après le même. *id. exc.* 1553. gr. in-fol. en t.

5. Bain de femmes, d'après L. Penni. *H. Cock.* in-fol. en t.

6. Des Captifs qui se reposent, frise d'après Polidore. *H. Cock.*

7. Le passage de la mer rouge, dans une voûte, d'après Angelo Bronzino. in-fol. en t.

8. La visitation de Ste. Elisabeth, d'après Fra Sebastiano de Piombo. *H. Cock.* in-fol.

Voyez l'article de Jérôme Cock, dans le *Dictionnaire des Artistes de Heinecken.*

V.   F

LAMBERT SUTERMAN, ou SUAVIUS, peintre et graveur au burin, né à Liège vers 1510. On s'accorde assez aujourd'hui à croire que Lambert Suavius fut disciple de Lambert Lombart, et condisciple de Franc Floris. Sandrart a jetté beaucoup de confusion dans l'histoire de cet artiste, en avançant que Lambert Lombart et Lambert Suavius, ou Suterman, ont été le même personnage. Sans autre examen, on s'en est tenu à l'assertion de Sandrart, et des deux artistes on n'en a fait qu'un. M. de Heinecke a levé toutes les difficultés à ce sujet, en prouvant que Lombart n'a jamais gravé lui-même. Il cite en effet un morceau qui représente une Charité, et qui est marqué : *Lambert Lombart invenit*, avec les lettres L. S. la marque ordinaire de Lambert Suavius. Vasari le nomme un excellent graveur, et cite avec éloge sa Résurrection du Lazare. Il a beaucoup gravé d'après son maître et d'après ses propres compositions. Ses figures sont généralement un peu maigres, et leurs attitudes sont rarement d'un bon choix, ou bien adaptées aux sujets. Son style de gravure, outre la propreté des

Flamands, tient en quelque chose du goût des graveurs italiens. La plupart de ses estampes sont désignées par les lettres initiales de son nom L. S.

D'après Lambert Lombart.

1. Une Charité portant deux enfans, et étant entourée de six autres. *Lambert Lombart inv.* L. S. in-4to.
2. La Résurrection du Lazare, 1544. *id. inv.* L. S. in-4to.
3. Jésus allant à Emmaüs, avec deux de ses disciples, in-fol. en t.
4. Jésus mis dans le tombeau, *id. inv.* L. S. in-4to.
5. S. Pierre et S. Paul guérissant le boiteux, à la porte du temple, *id. inv.* L. in-fol. en t.
6. Jésus descendu de la croix, sans le nom des artistes, gr. in-fol.
7. Jésus ressuscitant le fils de la veuve de Naïm; de même, in-fol. en t.
8. Psyché avec le vase de proserpine, auprès de Junon qui a les deux mains levées ; pièce avec le nom de Raphael, et au bas une tablette renfermant les lettres L. S. qui signifient Lambert Suavius, petit in-fol.

D'après sa composition.

1. Les douze Apôtres debout et appuyés contre des ruines. *Suavius inv.* 1545—1547. pièces in-4to.
2. Regard du Christ, en profil. Suavius 1559. pièce en rond de 3 p. 4 l. de diamètre.
3. Regard de la Vierge en profil, sans marque, de même que la précédente.

4. Melchior Schets, en buste, avec une inscription autour : *Mundus regitur opinionibus. Suavius* 1561. de 3 p. 2 l. de diamètre.
5. Anna Stralen, *Mel. Scheti conjux. Suavius* 1554. de même.
6. Michael Angelus, *Bonarotus, nobilis florentinus,* en rond, 3 p. 7 l. de diamètre.
7. Portrait du cardinal de Granvelle. in-4to.

Tous les portraits de Suavius, sur-tout les plus petits, sont d'une exécution extrêmement fine et délicate.

Jacob Bosius, surnommé Belga, graveur au burin, natif des Pays-Bas, vers 1520, et établi à Rome, où il travailloit vers 1550 pour le fond d'Ant. Lafreri. On ignore les circonstances de sa vie, on présume d'après le style de sa gravure, qu'il apprit son art d'un des élèves de Marc-Antoine. Ses estampes ne sont pas sans mérite, on y désireroit plus de correction dans le dessin, et moins de sécheresse dans l'exécution. Il marquoit ses ouvrages des lettres j. b. b. ou **B-B**.

1. Portrait de Michel-Ange Buonarotte. in-8.
2. Buste d'Othon Trucsess, cardinal et évêque d'Albani, dans un cadre historié, surmonté d'une Charité avec trois enfans. *Jac. Bossius Belga, incidebat.* in-4to.

3. Buste de St. Thomas d'Aquin, dans une espèce de tabernacle. *Jacob Bossius Belga, incidit.* in-4to.
4. Jésus crucifié entre les deux larrons. *Jacobus Bossius incid.* in-fol.
5. Les quatre Evangélistes, d'après Blockland, quatre pièces marquées B. B. F. *Cock excud.* 1551. in-4to.
6. L'Echelle mystérieuse de Jacob, d'après Raphael; pièce marquée Jac. b. b. in-fol.
7. Le boiteux guéri par St. Pierre et St. Jean, d'après le même. *Jac. Bos. f.* in-fol. en t.
8. La statue de Pyrrhus, roi de Molosses, d'après l'antique, marquée *Jacobus Bossius Belgia, incid.* 1562. in-fol.

Les bains de Dioclétien, et d'autres antiquités que Belga a gravés pour le fond d'Ant. Lafreri.

HUBERT GOLTZ, ou GOLTZIUS, peintre, graveur en bois et en taille-douce, ainsi que savant antiquaire, naquit à Venloo, vers 1520, et mourut à Bruges en 1583. Ses premières études eurent pour objet les belles-lettres; de-là il passa à celles des beaux-arts, et il s'occupa toute sa vie à cultiver ces deux branches. Il apprit les principes du dessin de son père, peintre originaire de Wurtzbourg, et ceux de la peinture de Lambert Lombart de Liège. Il copia chez celui-ci beaucoup de dessins d'après l'antique, ce qui lui fit naître l'envie d'aller à Rome, pour étudier les antiquités à leur source. De retour dans sa patrie, il s'établit à Bruges, et donna successivement ce grand nombre d'ouvrages toujours recherchés des savans. Il avoit chez lui une imprimerie qu'il dirigeoit lui-même, et il entretenoit un artiste, appelé Joseph Gietleughen de Courtrai, qui exécutoit en bois ses médailles. Papillon nous apprend que Goltz a beaucoup gravé en bois et en camaïeu. Il gravoit le trait de ses estampes à l'eau-forte, et les rentrées sur des planches de bois, manière qui a été suivie par plusieurs graveurs ; mais par ce procédé le trait devint maigre et égratigné, n'ayant ni l'expression ni la beauté de celui qui est gravé en bois. Tous ses ouvrages sont composés en latin, et en voici à-peu-près la liste :

I. *Fasti Romani ex antiquis numismatibus et marmoribus ære expressi et illustrati.* in-fol. Brugis. *Typis ejusdem Goltzii.*

II. *Icones Imperatorum Romanorum, et series Austriacorum etc.*

La dédicace de cet ouvrage, faite à Philippe II. roi d'Espagne, valut à Goltzius la qualité d'historien et de peintre de ce monarque.

Cet ouvrage, dont les médailles sont exécutées en clair-obscur, a été réimprimé à Anvers, dans l'imprimerie de Plantin, par Balthasar Moret. Les copies des estampes sont aussi en clair-obscur, couleur de pain d'épice ; elles sont même plus belles que les originales. Dans l'édition d'Anvers il y a cinq médailles de plus que dans celle de Bruges, parce qu'on y a ajouté la suite des empereurs, jusqu'à Ferdinand III. d'après les dessins de Rubens.

III. *C. Julius Cæsar, sive historiæ Imperatorum Cæsarum Romanorum, ex antiquis numismatibus restitutæ, liber primus, Huberto Goltzio, Herbipolita Vanloniano Auctore et Sculptore.*

Imprimé à Bruges en 1563, avec 46 pièces en taille-douce.

IV. *Fastos Magistuum et Triomphorum Romanorum ab Urbe condita ad Augusti obitum, ex antiquis Monumentis restitutos, Hubertus Goltzius Herbibolita Venlovianus dedicavit.*

Imprimé à Bruges en 1566, avec 234 gravures.

Goltzius a été accusé de n'avoir pas toujours su distinguer les médailles supposées d'avec les véritables. Mais Vaillant assure qu'après un examen exact, il n'en a pas trouvé une seule dont on puisse douter. Cependant depuis on a revu les pièces du procès, et il conste par des faits, que la première accusation n'est pas destituée de fondement : la découverte de plusieurs médailles prouve assez que Goltzius a souvent cherché à en imposer aux savans.

On prétend qu'il a beaucoup peint; cependant ses ouvrages de peinture sont fort rares. A Anvers il composa la conquête de la Toison d'or pour la maison d'Autriche, d'une exécution hardie. A Bruges il fit le portrait d'un moine gris, nommé frère Cornille, dont il suivit les sermons, et Carle van Mander, qui a vu ce portrait, le loue fort.

Henri van Cleef, peintre et graveur à l'eau-forte, né à Anvers vers 1520, et mort dans sa patrie en 1589. Henri étoit frère de Martin van Cleef, que Vasari avoit confondu avec Martin Schoen, en les appellant tous deux Martin d'Anvers. Il se forma en Italie, et devint un excellent paysagiste. Il avoit parcouru toutes les contrées de ce pays,

H. VAN CLEEF. 89

et fait des dessins des endroits les plus pittoresques, qu'il faisoit entrer ensuite dans la composition de ses tableaux. Une touche facile et une bonne harmonie des couleurs donnent du prix à ses ouvrages. De retour dans sa patrie, il fut reçu membre dans le corps des peintres d'Anvers, en 1555.

Nous avons de sa main un grand nombre de pièces, marquées *Henricus Clivensis fecit*, ou avec son chiffre.

1. Combat de taureaux à Rome, devant le palais Farnaise. *H. v. Cleef fec. Ph. Galle exc.* in-fol. en t.
2. Paysage, où l'on voit des gens qui font la cuisine dans un souterrain. *Ph. Galle exc. Id. fec.* in-fol. en t.
3. Paysage, où l'on voit deux hommes à table dans un souterrain. *Id. fec. Id. exc.* in-fol. en t.
4. Suite de six paysages, portant pour inscription : 1) *Veneris Templum.* 2) *Forum Aemilii.* 3) *Templum Fortunæ.* 4) *Caloris.* 5) *Cataractes Tiburti.* 6) *Corfu Insula. H. van Cleef fec. Ph. Galle exc.* in-fol. en t.
5. Suite de quatre paysages : 1) Vue du pont de Ségovie. 2) Vue d'un promontoire de Campanie. 3) Vue du tombeau des trois Horaces. 4) Vue du lac d'Aricie. *H. van Cleef fecit.* p. in-fol. en t.

On a recueilli et publié les diverses vues de cet artiste sous le titre : *Henri. a Cleve Ruinarum ruriumque aliquot delineationes executæ, per Galleum.* 38 pièces, in-fol. en t.

AD. COLLAERT, le père.

I. ADRIEN COLLAERT LE PERE, dessinateur graveur au burin, et marchand d'estampes naquit à Anvers vers 1520. Après avoir appris dans sa patrie les principes de son art, il alla faire un tour en Italie, pour s'y perfectionner. De retour dans le lieu de sa naissance, il mit au jour ce grand nombre de planches qui composent son œuvre, et qui prouvent la facilité avec laquelle il manioit le burin. Ses estampes sont exécutées avec beaucoup de propreté, mais on lui reproche aussi un peu de sécheresse. On peut encore lui reprocher que ses masses de lumières sont rarement bien ménagées, et que ses ombres, également fortes partout, détruisent l'effet de l'ensemble. D'ailleurs les têtes de ses figures sont ordinairement belles et caractéristiques, et les autres extrêmités sont assez correctement dessinées. Il a beaucoup gravé d'après ses compositions et d'après celles de plusieurs autres maîtres. Il marquoit assez souvent ses estampes du chiffre suivant

De son invention.

1. Un mari et sa femme, conduits par la mort. A. Collaert, 1562. in-12.

Ad. Collaert, le père.

2. Un homme armé, auquel une femme apporte un chien, un enfant et un coq, avec son chiffre. in-16.
3. Les quatre Elémens, en quatre feuilles, avec quatre vers latins. in-8.
4. *Vita Jesu Salvatoris variis iconibus, ab Adriano Collaert expressa.* 36 pièces, in-12.
5. *Avium vivæ icones in æs incisæ et editæ ab Adriano Collardo.* 30 pièces, in-4to. en t.
6. *Piscium vivæ icones.* 125 pièces semblables.
7. *Florilegium ab Hadriano Collaert cælatum, et ab Phil. Gallo editum.* 24 pièces, in-4to.
8. Le Jugement dernier, d'après J. Stradan, pièce dédiée par A. Collart au père Sedulio. gr. in-fol.
9. St. Antoine tiraillé par les démons. in-fol.
10. Ste. Apollonie avec quelques sujets de sa vie à l'entour; pièce anonyme. in-fol.

D'après différens maîtres.

1. Les douze mois de l'année, d'après Josse de Momper, les mêmes que Callot a copiés, 12 pièces; in-4to. en t.
2. Douze beaux chevaux en différentes actions, d'après J. Stradan. 12 pièces, in-8. d'une gravure très-fine.
3. Une grande partie des Chasses et des Pêches de J. Stradan. in-4to. en t.
4. Douze paysages de H. van Cleef, sous le titre: *Regionum rurium varii atque amoeni prospectus.* — Ph. Galle exc. Ad. Collaert sc. in-4to.
5. Une suite d'Hermitesses, d'après M. de Vos, gravée par Adrien et par Jean son fils. On joint ordinairement cette suite aux Hermites des Sadelers. in-4to.
6. Les femmes Israélites, chantant le cantique d'action de graces sur la destruction de l'armée des Egyptiens dans la mer rouge, d'après Stradan. in-4to en t.

7. L'amour maternel, manifesté par une femme qui arrache son enfant des ongles d'un lion, d'après le même. in-4to. en t.
8. Vocation de St. André, d'après le Baroche, dans une espèce de cadre, la même pièce qu'a gravée G. Sadeler. in-fol.
9. Le Mystère de la Messe, d'après Th. Bernard, p. in-fol.
10. Repos en Egypte, où St. Joseph cueille du raisin, d'après H. Goltzius. An. 1585. p. in-fol.
11. Les Annonciations, savoir celles : 1) d'Isaäc. 2) de Samson. 3) de St. Jean-Baptiste. 4) du Sauveur. 5) de St. Joseph sur son mariage. 6) de l'Ange aux Bergers. 6 feuilles numérotées, d'après le même. 1586. p. in-fol. Les meilleurs gravures d'Ad. Collaert.

II. HANS ou JEAN COLLAERT, LE FILS, dessinateur et graveur, né à Anvers vers 1540. Il apprit les élémens de l'art de son père, et à son exemple il fit un voyage à Rome, où il travailla quelque tems. Revenu à Anvers il assista son père dans tous les grands ouvrages qu'il publia, et mit au jour un nombre considérable de planches sur des sujets divers. Jean a été aussi laborieux qu'Adrien, et on convient généralement qu'il a gravé d'un meilleur goût. Il faut qu'il soit mort très-vieux ; on a de lui des estampes datées depuis 1555 jusqu'en

J. COLLAERT, le fils.

1622. Il marquoit souvent ses planches des lettres initiales de son nom, H. C. F. *Hans Collaert fecit.* On lui attribue aussi le chiffre HCF, mais souvent aussi il mettoit son nom en toutes lettres. Parmi ses nombreux ouvrages nous nous contenterons de spécifier les pièces suivantes, tant de sa composition que de celle de différens maîtres.

Pièces de sa composition.

1. *Monilium Bullarum inauriumque artificiosissimæ Icones Joannis Collaert opus extremum.* Ph. Galleus ex. 1581. 10 pièces, in-4to.
2. *Bullarum inaurium etc. Archetypi artificiosi. Joan. Collaert del. Ejus filius sc. Ph. Galleus exc.* 10 pièces in-4to.

On voit par cette suite, qu'il avoit un fils graveur.

3. L'Histoire de St. François, suite de 16 pièces, avec des cadres ornés de grotesques. in-4to. en t.
4. Un Christ de douleurs au roseau, accompagné de deux figures à mi-corps. *Joan Collaert sc.* dans un cadre orné de fleurs. p. in-fol.
5. Corps du Christ sur les genoux de sa mère. Au bas: *Torcular Calcavi etc. Joan Collaert sculp.* p. in-fol.
6. Le Jugement dernier, pièce entourée de petits sujets de la vie de Jésus-Christ. Au bas: *Hunc veniant juste etc.* sans nom. in-fol.

J. COLLAERT, le fils.

7. Marcus Curtius qui se précipite dans un gouffre. *Han Collaert fecit.* in-fol. en t.
8. La Paix et la Charité. *Pacem habete etc.* Pièc anonyme, p. in-fol.

Pièces d'après différens maîtres.

1. St. Jean-Baptiste prêchant dans le désert, grand composition. *Hans Collaert sc. Romæ. C. A. Z. inventor.* in-fol.
2. Le Frappement du Rocher, d'après Lambert Lombart. in-fol.
3. Un satyre poursuivi par des femmes, aux cataractes du Nil, d'après J. Stradan. in-fol. en t.
4. Une Centauresse allaitant ses petits, tandis qu'un Centaure apporte un petit ours; d'après le même, pendant.
5. Mars se reposant sur le giron de Vénus, suivant l'idée de Lucrèce, de qui l'on voit le médaillon, d'après le même. in-4to.
6. Les Amours de Mars et de Vénus, quatre feuilles, chacune avec 4 vers latins, d'après Ph. Galle, de Harlem, p. in-fol. en t.

Les amateurs recherchent les pièces suivantes, gravées par Collaert le fils, d'après Rubens.

7. *Biblia sacra.* Ce titre est renfermé dans un cartouche d'architecture, au-dessus duquel est la Théologie sous la figure d'une femme qui tient deux flambeaux. Aux deux côtés sont deux Termes, représentant l'ancienne et la nouvelle Loi. *Rubens inv.* in-fol.
8. *De Kerkelyke Historie —* Histoire ecclésiastique depuis la naissance de Jésus-Christ jusqu'à l'année 1622. Ce titre est écrit sur un piédestal, au-dessus duquel est la Religion, tenant d'une main une croix, et de

J. COLLAERT, le fils. 95

l'autre une tiare, avec d'autres accessoires et des figures symboliques. *Rubens inv.* p. in-fol.

9. *T. Vaders Boeck.* — Vie des SS. Pères du désert. Titre écrit sur une draperie attachée à une niche rustique. Aux deux côtés se voient S. Paul et S. Antoine; plus bas sont Ste. Eugénie et Ste. Paule. *Rubens inv.* in-fol.

10. Suite de douze estampes numérotées, gravées sur les dessins de Rubens par J. Collaert, pour le Missel imprimé à Anvers, chez Mocetus. petit in-fol. 1) L'Annonciation, où se voit un ange en l'air, accompagné de deux petits anges. 2) La Nativité, avec l'Adoration des bergers. 3) L'Adoration des rois, où celui qui offre de l'or, baise la main de l'enfant Jésus. 4) La Cène de Jésus-Christ qui y bénit le pain. 5) Jésus-Christ en croix, accompagné de la Vierge et de St. Jean, une main sur sa poitrine, et l'autre étendue. 6) La Résurrection de Jésus-Christ qui sort du tombeau, rayonnant de lumière, une palme à la main. 7) L'Ascension, au bas les Apôtres qui assistent à ce miracle. 8) La Pentecôte, ou la Descente du St. Esprit sur les Apôtres. 9) L'Assomption, où se voit la Vierge, portée au ciel sur un nuage. 10) La Toussaint, ou l'Assemblée des Saints dans le ciel. 11) David à genoux, implorant la miséricorde de Dieu, pour faire cesser la peste dont son peuple étoit affligé. 12) L'Arbre généalogique, servant de siéges aux rois issus de la Tribu de Juda, desquels est descendu Jésus-Christ par la Vierge.

Ce morceau, exécuté dans un bordure carrée, est de Corn. Galle, qui a pareillement gravé la suite ci-devant spécifiée. Il est très-rare.

THEOD. COORNHAERT.

Jean Collaert a eu un fils nommé Guillaume, de qui on connoît la pièce suivante :

Une Visitation d'Elisabeth, pièce marquée : *Guillaume Collaert fecit.* p. in-fol.

DIRK ou THEODORE VOLKART COORNHAERT, ou CUERENHERT, graveur au burin, et fameux savant, né à Amsterdam, en 1522, et mort à Goude, en 1590. Cet homme singulier n'est pas moins connu par ses aventures que par ses gravures. Sa vie se trouve à la tête de ses ouvrages, publiés à Amsterdam en 1630, en 3 vol. in-fol. Elle est curieuse par les démêlés qu'il a eus avec les théologiens de son pays. Ses estampes sont gravées au burin d'un outil léger; elles ne ressemblent pas mal à des dessins faits à la plume. Son plus bel éloge est d'avoir eu pour disciple Henri Goltzius, qui a gravé son portrait. Il marquoit ses pièces D. V. C. et

DC DC

1. Descente de croix, d'après L. Lombard, *Dit. Volkaert Coornhaert sc. H. Cock exc.* 1556. tr. gr. in-fol. en t.
2. Joseph expliquant le songe de son père, en présence de ses frères, d'après M. Hemskerck, Dirk Corenhert. 1549. in-4to. en t.

3. Joseph

M. GERARD.

3. Joseph expliquant les songes aux prisonniers de Pharaon; d'après le même, 1549. in-4to. en t.
4. Job battu par le diable, et grondé par sa femme; d'après le même, *id. fecit.* gr. in-fol. en t.
5. L'âne de Balaam, maltraité, se plaignant à son maître; d'après le même, *id. fecit.* gr. in-fol. en t.
6. L'Electeur de Saxe, défait à Muhlberg, paroît devant Charles-Quint; d'après le même. in-4to. en t.
7. Le Landgrave de Hesse-Cassel, prosterné devant Charles-Quint; d'après le même. in-4to. en t.

MARC GUERARD, ou GERARD, peintre et graveur à l'eau-forte, né à Bruges vers 1530, et mort en Angleterre en 1590. Cet artiste passe pour avoir été universel: il peignoit l'histoire, le paysage, l'architecture: il étoit dessinateur, graveur, et enlumineur. Bruges et quelques villes des environs ont de lui de beaux ouvrages. Il fit beaucoup de dessins pour les peintres sur verre. On a remarqué qu'il se plaisoit dans ses paysages à représenter une petite femme qui pisse.

Gérard composa et grava à l'eau-forte les fables d'Esope, dans lesquelles les animaux sont touchés avec beaucoup d'esprit. Il grava de même d'après son dessin un beau plan de la ville de Bruges.

V.   G

CRISP. VAN DEN BROECK.

1—14. La Passion de Jésus-Christ, en quatorze feuilles, suite complette, cartouches en ovales. *J. Sadel exc.* in-8.

15—32. Représentation de toutes les bêtes à quatre pieds sauvages et domptées, ou domestiques. *Vifscher ex* 1583. 18 feuilles, in-4to. en t.

I. CRISPIN VAN DEN BROECK, peintre, architecte, graveur au burin et en clair-obscur naquit à Anvers, vers 1530, et mourut en Hollande où il s'étoit établi, vers la fin de son siècle. Elève de Franc-Floris, il tient un rang distingué parmi les peintres d'histoire de son tems. En homme de génie, il cherchoit à introduire dans ses tableaux des figures qu'il dessinoit et qu'il peignoit très-bien en grand. Crispin s'est aussi fait connoître comme graveur intelligent, soit au burin, soit en clair-obscur. Il instruisit dans le même art Barbe sa fille, qui, sous sa direction, devint une habile graveuse. Il est encore connu par la manière bizarre qu'il affectoit de signer son nom de baptême sur ses ouvrages. Tantôt il se nomme Crispin, ou Crispyn, tantôt Crispiaen, tantôt Crispiniaen, tantôt Crispine. C'est là ce qui avoit porté l'Abbé de Marolles d'en

CRISP. VAN DEN BROECK.

faire autant de différens artistes. Crispin marquoit ses estampes d'un chiffre formé des lettres C. V. B. entrelacées

Sur son portrait, gravé par H. Hondius, il est nommé Crispianus Broekius.

1—7. Suite de la création du monde, ou les premiers sept jours, au bas des inscriptions latines, dont la première commence: *Ex informi omnium.* 7 pièces, in-fol.

8—16. Autre suite de la création, commençant par Adam et Eve, qui mangent le fruit défendu, et continuant jusqu'à la construction de la tour de Babel; 9 pièces, in-fol.

17—35. La vie de la Vierge, commençant par l'offrande de Joachim, et finissant par l'Assomption; en 19 pièces, in-fol.

36. Le Sauveur assis dans un baptistère, et plusieurs personnes recueillant le sang qui coule de ses plaies; pièce avec son chiffre, p. in-fol.

37. Jésus-Christ en croix, au bas la Vierge et St. Jean, dans un cadre orné des instrumens de la Passion; pièce avec son chiffre.

38—41. Quatre pièces en clair-obscur, marquées de son chiffre, savoir: 1) L'Annonciation. 2) La Visitation. 3) L'Adoration des Bergers. 4) L'Adoration des Rois; pièces en rond, d'un bel effet, et très-rares.

Joseph Strutt cite un cinquième morceau de ce maître, la Circoncision. „Dans ce „morceau, dit-il, les contours sont tracés légé- „rement, à la pointe sèche sur cuivre, et les „travaux pratiqués sur la planche de bois, qui

„doivent produire les teintes claires, sont mé-
„nagés de façon, qu'ils imitent les hachures
„des parties éclairées."

Les autres graveurs qui ont travaillé d'après van den Broeck, sont Jean Sadeler, Jérôme Wierix, Jean Collaert, Jacob de Gheyn, Crispin van de Passe, et autres.

II. Barbe van den Broeck, graveuse au burin, née à Anvers, vers 1560. C'est par erreur que Basan avance qu'elle est fille de Crispin de Passe, et sœur de Madeleine. Nous avons vu ci-devant, qu'elle apprit le dessin et la gravure de son père; l'on ajoute qu'elle se perfectionna dans le maniement du burin chez Jean Collaert. Ses progrès furent rapides. Son estampe, du Jugement dernier, d'après son père, est gravée d'un outil des plus délicats, et tout-à-fait dans le goût de Martin Rota. Ses figures sont généralement bien dessinées, ses têtes ont de l'expression, et les extrêmités sont rendues avec jugement. Elle n'a pourtant pas évité un défaut, qu'on reproche à la plupart des graveurs de son tems, ce manque d'accord dans la distribution des jours et des ombres.

CRISPIN DE PASSE.

1. Sainte famille, avec plusieurs anges. *B. Filia sc.* marquée du chiffre de Crispin. in-fol.
2. Dalila et Samson, *Crispin inv. B. fecit.* in-fol. en t.
3. Le Jugement dernier, riche composition, *Barbara Filia Crispine sc. H. Hond. exc. Hagæ.* gr. in-fol.
4. Mandonia, prosternée avec ses compagnes devant Scipion. *Barbara fec.* gr. in-fol. en t.
5. Vénus, retenant Adonis. *B. Fil. fec.* in-fol. en t.

I. CRISPIN DE PASSE, ou PAAS, le vieux, dessinateur et graveur, né à Armuyde en Séelande, vers 1536. Il apprit le dessin et la gravure sous Théodore Coornhaert. Les principales villes où il a travaillé, sont Utrecht, Amsterdam, Cologne, Paris et Londres. Cet excellent homme, qui joignoit à l'amour des arts le goût des lettres, nous apprend lui-même dans une préface en françois, mise à la tête de son livre du dessin et de la gravure, plusieurs particularités de sa vie. ,, Dès ma jeunesse,
,, dit-il, je me suis adonné à plusieurs et divers
,, exercices ; mais je me suis particulièrement
,, attaché à estudier, avec les plus fameux
,, maistres, le Sieur Freminet, peintre de sa
,, Majesté très-chrétienne, le renommé peintre
,, et architecte Sieur Petro Paulo Rubens,

„ Abrah. Blœmart, Paulo Morelson, peintre
„ et architecte de Utrecht — mais plus parti-
„ culièrement le très-noble Seigneur Vander
„ Burg, avec lequel je visitay l'académie, où
„ étoient les plus célèbres hommes du siècle. —
„ L'illustre prince Maurice, de heureuse mé-
„ moire, pour enseigner le deseign à l'aca-
„ démie du Sieur Pluvinel, premier écuyer
„ du roy." — A Paris Crispin donna un abrégé
de la géométrie touchant les proportions du
corps humain, pour les figures de perspective,
pour les dessins des académies à la lampe, avec
une description sur l'usage du mannequin quant
à la disposition des draperies, et les proportions
des chevaux, des lions, des ours, des léopards,
des éléphants, des moutons, des chats et d'autres quadrupèdes, les oiseaux, les poissons etc.
Ses figures humaines sont assez généralement
empruntées de Rubens, ce qui se voit par la
corpulence de ses femmes. Ce livre, orné de
gravures, a été suivi d'un second, qui passe
pour le meilleur ouvrage de Crispin, et qui
porte pour titre: *Instruction du roi Louis XIII.
en l'exercise de mounter à cheval, par Messire Ant.
de Pluvinel.* Les planches représentent les dif-

férens exercices du manège; et les portraits, plusieurs des principaux personnages de la cour de France.

On ignore en quel tems il a passé en Angleterre; on ne sait pas non plus s'il y a fait un long séjour, on sait seulement qu'il y a gravé de beaux portraits.

Portraits.

1. André Doria, Amiral Génois, tenant un aviron. petit in-4to.
2. Frédéric IV. Electeur Palatin et ensuite roi de Bohème, 1606. p. in-4to.
3. Marie, Baronne de Rebourse. p. in-4to.
4. Adolphe, Baron de Schwarzenberg. p. in-4to.
5. Henri Frédéric, prince de Nassau. p. in-4to.
6. Henri IV. roi de France. p. in-4to.
7. Marie de Médicis, reine de France, femme de Henri IV. *Crispin van de Passe fecit, et excudit Coloniæ.* in-4to.
8. Philippe II. roi d'Espagne. p. in-fol.
9. Alexandre Farnese, en buste. p. in-fol.
10. Axel Oxenstiern, chancelier de Suède. in-fol.
11. Louise-Julie, comtesse de Nassau, dans un rond. gr. in-4to.
12. Henri Cesarius, jurisconsulte. in-4to.
13. Nicolas Fontani, médecin. in-fol.
14. Charles Niel, ministre du St. évangile. in-fol.
15. Maurice, prince d'Orange, à cheval, dans le fond des sièges et des batailles. gr. in-fol.
16. Albert, archiduc d'Autriche, et Maurice, prince de Nassau, à cheval en regard, dans les lointains des camps et des forteresses. gr. in-fol. en t.

17. La reine Elisabeth, somptueusement habillée, la couronne sur la tête, et le sceptre à la main; d'après Isaac Oliver. in-4to.
18. Jacques premier, avec le sceptre à la main. in-4to.
19. Henri, prince de Galles, ovale in-4to.
20. Charles, prince de Galles, ensuite roi d'Angleterre, ovale in-4to.
21. Anne de Danemark. in-4to.
22. Sir Philippe Sidney. in-4to.
23. Le comte d'Essex, à cheval. in-4to.
24. Thomas Percy, fameux conspirateur, estampe très-rare. in-4to.
25—40. *Speculum illustrium feminarum*, 15 feuilles, savoir: quatorze portraits de femmes, et un frontispice.

Diverses pièces de son invention.

1. Adam et Eve, où se voit un chien qui se gratte l'oreille avec une de ses pattes de derrière. in-4to.
2. La chaste Susanne. *Pietas et Castitas.* in-4to.
3. La reine Cléopatre. *Nec pietas nec castitas*, pendant.
4. Hercule étouffant Anthée. *Vitium ut superas terra altius attollere.* in-fol.
5. L'Intérieur d'une hôtellerie, où se voient plusieurs hommes et femmes en querelle. *C. van Pass. sc.* 1589. in-fol. en t.
6. Trois petits bustes en rond, représentant la Foi, la Charité et l'Espérance, d'une exécution précieuse.
7. Quatre feuilles, les quatre Evangélistes, à mi-corps, en rond. in-8.
8. Douze feuilles représentant des anges, dans leurs différentes fonctions marquées par l'écriture sainte. in-8.
9. Suite de douze feuilles, représentant des Sibylles. *Crispin de Pass inv. Crispin, Simon et Magdalena sc.* in-fol.

CRISPIN DE PASSE.

10. Les sept arts libéraux, 7 pièces, in-12.
11. Les neuf Muses, 9 pièces, in-12.
12. *Academia, sive speculum vitæ scholasticæ.* — *Crispini Passaei.* An. 1612. Suite de 17 pièces, représentant la vie des écoliers libertins. in-12. en t.
13. Le Manège royal, pour l'académie d'Antoine Pluvinel, grand volume in-fol. et l'ouvrage le plus estimé de Crispin.

Pièces d'après différens maîtres.

1. Les douze mois de l'année, d'après M. de Vos, 12 petites feuilles circulaires.
2. L'histoire de Tobie, 6 feuilles, d'après le même. in-4to. en t.
3. Les quatre Evangélistes, figures à mi-corps, avec leurs attributs, suite de 4 pièces. *Geldorpius Gorcius, inventor et pinx. Crispin de Pas sculpsit et excudit.* Col. Agripp. 1607. gr. in-fol.

Cette suite, une des plus belles de Crispin, est gravée dans le goût de Corneille Cort.

4. L'Annonciation aux bergers; d'après Abr. Bloemaert. gr. in-fol.
5. Jésus, expirant sur la croix entre les deux larrons. gr. in-fol. d'après Jod. de Winghe.
6. Le jugement de Pâris, d'après Crispin van den Broeck, gravé par Crispin van den Passe. in-fol. en t.
7. Le siège de Troie, par les mêmes. gr. in-fol. en t.
8. Suite de quatre paysages montagneux, ornés de voyageurs à pied et à cheval; d'après Jean Breughel, dit de Velours. in-fol. en t.

II. Crispin de Passe, le Jeune, graveur au burin, né à Utrecht, vers 1570. Fils aîné de Crispin le vieux; il apprit le dessin et la gravure de son père. A l'exception des pièces ci-dessous, on connoît peu d'ouvrages de sa main, soit qu'il mourut jeune, soit qu'il quitta la profession des arts.

1. Johannes Angelius Werdenhagen. *C. de Passe filius fec.* 1600. ovale in-12.
2. Frédéric, Electeur palatin. *Crispin Passeus jun. fig. et sculps.* ovale.
3—5. Trois pièces de l'histoire du Lazare; la quatrième, qui complette la suite, est gravée par Crispin le père.

III. Guillaume de Passe, dessinateur et graveur au burin, né à Utrecht, vers 1572. second fils de Crispin le vieux; il jouit des instructions paternelles, et réussit singulièrement à imiter le style de son père. Il passa jeune en Angleterre, où ses ouvrages, qui consistent pour la plupart en portraits, furent fort accueillis. On ignore le nombre d'années que Guillaume resta à Londres; sans doute la plus grande partie de sa vie, à en juger par la grande quantité d'estampes qu'il y mit au jour.

1. Robert Dudley, comte de Leicestre, ovale in-4to.

2. Robert d'Evreux, comte d'Essex, à cheval. in-4to.
3. George Villars, duc de Buckingham, à cheval, 1625. in-4to.
4. Françoise, duchesse de Richemont et de Lenox, 1625. *insculptum Guliel. Passeo Londinum.* in-4to.
5. Jacques I. et sa famille, portant pour titre: *Triumphus Jacobi Regis Augustæ que ipsius prolis*, p. in-fol.
6. Jacques I. avec le prince Henri de Galles debout à côté de lui. Après la mort du roi.
7. Sir John Haywood, avec des emblêmes, 1627. p. in-fol.
8. Jean-George, duc de Saxe, avec des accessoires. in-fol.
9. Sir Henri Rich, capitaine des gardes, en ovale. *W. Pass sc.* p. in-fol. d'un beau fini.
10. Pièce représentant une famille inconnue. On croit que c'est la famille palatine, où le plus jeune des enfans est représenté jouant avec un lapin, p. in-fol. sans le nom du graveur.
11. Famille des Bohèmiens, pièce datée de 1621 et marquée: *Will. Pass fecit ad vivum figurator*, au bas des vers anglois. p. in-fol.
12. Les cinq sens, 5 feuilles, avec des intitulés, et chacune avec des vers latins. *Wilh. de Pass fec.* in-4to.

IV. SIMON DE PASSE, dessinateur et graveur au burin, né à Utrecht, vers 1574. Simon est le fils cadet de Crispin de Passe le vieux, et ne se distingua pas moins dans l'art, que ses aînés, ayant eu comme eux son père pour maître. A l'exemple de son frère, il se rendit en Angleterre, et fut employé par Nicolas Hilliard, peintre de portraits de ce tems, pour graver les principales personnes de la famille royale. Ses portraits forment la meilleure et la principale partie de ses gravures; cependant nous avons aussi de sa main nombre de sujets de dévotion, de frontispices et d'ornemens de livres, exécutés avec beaucoup de propreté. George Vertue nous apprend, que Simon, après un séjour de dix ans en Angleterre, entra au service du roi de Dannemark, et mourut probablement à Copenhague. Le plus ancien de ses ouvrages, exécuté en Angleterre, date de 1613.

1. Jacques I. assis dans une tribune. p. in-fol.
2. Anne, femme de Jacques I. représentée à cheval, dans le lointain une vue de Windsor. p. in-fol.
3. Le prince Henri, avec une lance. in-4to.
4. La reine Elisabeth. in-4to.
5. Robert Carr, comte de Sommerset, en ovale, p. in-fol.
6. Françoise Howard, comtesse de Sommerset, de même.
7. George Villars, duc de Buckingham. in-4to.
8. François Manners, comte de Rutland. in-4to.
9. Sir Walter Raleigh, dans un ovale, avec armes et devises. in-4to.
10. Thomas, comte d'Arundel, fameux curieux, *Mirevelt pinx.* in-4to.
11. William, comte de Pembrocke, *van Somer pinx.* 1617. in-4to.
12. George, archevêque de Cantorbery, 1616. in-4to.

13. Accuna, comte de Condomare, ministre plénipotentiaire de Philippe IV. auprès de Jacques I. p. in-4to.
14. Sir Thomas Smith, ambassadeur en Russie. p. in-4to.
15. Marie Sidney, comtesse de Pembrocke, sœur de Philippe Sidney, auteur de l'Arcadie. in-4to.
16. Robert Sidney, vicomte de Lisle, ensuite comte de Leicestre. in-4to.
17. Henri Wriothesly, comte de Southamton, l'ami du comte d'Essex. in-4to.
18. L'amoral, prince de Gaver, comte d'Egmont, figure en pied. in-4to.
19. Maurice, prince d'Orange, figure jusqu'aux genoux. in-4to.
20. Quatre portraits, figures en pied, et dans le costume de leurs tems, savoir: Jean de Valois, dit l'intrépide, duc de Bourgogne. Philippe de Valois, dit le hardi, duc de Bourgogne. Philippe le bon, duc de Bourgogne. Charles le téméraire, duc de Bourgogne, pièces rares, gravées à l'eau-forte. p. in-4to.
21. Titre pour les ouvrages du chancelier Bacon. in-4to.
22. *Vanitas vanitatum et omnia vanitas*, avec 4 vers hollandois. *Simon de Pas fec.* in-4to.
23. Jésus avec les Pélerins d'Emmaüs. *S. de Pas fec.* in-fol. en t.
24. Sainte famille, en demi-figures, où l'enfant Jésus prend du raisin de Ste. Anne; d'après le Baroche. in-4to.

V. MADELEINE DE PASSE, graveuse au burin, née à Utrecht, vers 1576. Fille de Crispin de Passe le vieux; elle jouit avec fruit des instructions de son père, et pratiqua la gravure avec autant de succès que ses frères, bien que dans une manière différente. Elle n'opéroit qu'avec le burin, dans un style fini et agréable. Dans ses estampes d'après Elsheimer, elle a cherché à imiter la manière du comte Gondt; si elle n'a pas produit le même effet de clair-obscur, que cet artiste, elle en dédommage par la douceur de son burin et par l'harmonie des tons. Comme graveuse de paysage, elle mérite d'occuper une place distinguée.

Voici son chiffre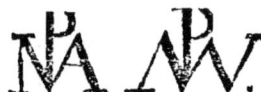

1. Albert le vieux, électeur de Brandebourg, en buste et en armure.
2. Catherine, duchesse de Buckingham, avec une plume à la main. in-4to. jolie pièce.
3. Les Vierges sages et les Vierges folles; d'après Elsheimer. *Magdalena de Pass fec.* in-4to. en t. Belle et rare.
4. Latone, changeant les paysans de Lycie en grenouilles; d'après le même. in-fol. en t.
5. L'histoire de Céphale et de Procris; d'après le même. in-fol. en t.
6. L'histoire de Salmacis et d'Hermaphrodites; d'après le même, p. in-fol. en t.
7. Deux paysages fourés, avec l'histoire du prophète Elie, retiré dans le désert, et nourri par un corbeau; d'après R. Savery. in-fol. en t.
8. Deux beaux paysages, d'après Ad. Willeres, l'un

offrant une pastorale avec un moulin-à-vent, l'autre une marine, avec tempête et naufrage. *Magdalena van de Pas fecit. Crisp. v. P. exc.* in-fol. en t. D'une exécution précieuse.
9. Les quatre Saisons, d'après le dessin de C. de Passe le père.
10. Le fleuve Alphée, poursuivant la Nymphe Aréthuse. *J. Pinas pinx.* in-fol. en t.

Horace Walpole, dans son catalogue of Engravers, nous apprend que la bibliothèque royale à Paris, renferme une grande collection des ouvrages de Crispin de Passe et de sa famille, consistant en trois gros volumes.

I. PHILIPPE GALLE, dessinateur et graveur, naquit à Harlem en 1537, et mourut à Anvers en 1612. La famille des Galle joue un assez beau rôle dans l'histoire de la gravure. Philippe, chef de cette famille, s'établit à Anvers, et forma dans cette ville un commerce considérable d'estampes. C'étoit un homme qui ne manquoit pas de capacité; il dessinoit correctement, et manioit le burin avec beaucoup de facilité. Du reste sa gravure manquoit d'effet, par la dispersion des jours, et par le manque d'harmonie. Philippe laissa deux fils, Théodore et Corneille, qu'il instruisit dans l'art, et qui surpassèrent leur père, sur-tout ce dernier. Son chiffre, composé d'un P et d'un G, est ainsi figuré

1. Suite considérable de quelques hommes fameux du quinzième et seizième siècle, dont les suivans font partie: 1) *Hulricus Zwinglius.* 2) *Joannes Calvinus.* 3) *Martinus Lutherus.* 4) *Bililaldus Pircheymer.* 5) *Thomas Morus.* 6) *Dantes Aligerus, Florentinus.* p. in-4to.
2. Statue pédestre du fameux duc d'Albe, 1571. in-4to.
3. Martin van Hemskerken, peintre. in-4to.
4. Guillaume Philandre, architecte. in-4to.
5. *D. Catherinæ Senensis — — Vita ac miracula selectiora formis œneis expressa. Antwerpiæ apud Philip. Gallaeum*, 1603. 34 feuilles, inclusivement avec le titre et le portrait de Ste. Catherine. in-8.
6. Différentes suites d'estampes du vieux et du nouveau Testament; d'après M. de Hemskerken, Martin de Vos, Abra. Blockland, le vieux Breughel, et autres maîtres. p. in-4to. en t.
7. Suite de dix pièces représentant les Sibylles et portant pour titre: *Jesu Christi dignitatis virtutis et efficientiæ præventus Sibyllis X.* D'après Blockland. *Phil. Galle sc.* in-fol.
8. Les sept Merveilles du monde, avec les ruines de l'amphithéâtre de Vespasien à Rome; d'après M. de Hemskerken: suite de 8 pièces. in-fol. en t.
9. Suite de sept pièces de batailles, portant pour titre: *Mediciæ familiæ gestarum;* d'après J. Stradan, 1583. in-fol. en t.
10. Le Sauveur allant avec deux de ses disciples à Emmaüs; d'après le vieux Breughel, 1571. gr. in-4to.

11. La mort de Ste. Anne; d'après le même. gr. in-fol. en t.
12. La sainte Trinité, grande composition; d'après M. de Vos, la meilleure pièce de Philippe. gr. in-fol.
13. Le roi Salomon ordonnant la construction du temple de Jérusalem; d'après Franc Floris. tr. gr. in-fol. en t.
14. Abraham, prêt à immoler son fils, est arrêté par un ange; d'après le même. tr. gr. in-fol. en t.
15. Constance de Mutius Scévola dans la tente de Porsenna; d'après le même. *Ph. Galle fec.* 1563. gr. in-fol. en t.

II. THEODORE GALLE, dessinateur, graveur et marchand d'estampes, né à Anvers, vers 1560. Après avoir appris de son père les principes du dessin et de la gravure, il se rendit en Italie, et fit un séjour assez long à Rome, où il chercha à se former, en étudiant l'antique et en gravant plusieurs sujets d'après les maîtres italiens. De retour à Anvers, il fit le commerce d'estampes, et publia une grande quantité d'ouvrages, tant de sa composition que d'après d'autres maîtres des Pays-Bas. Théodore continua d'imiter son père, et quoique ses productions soient plus finies, on y trouve encore bien de la roideur, et les mêmes défauts par rapport à la distribution des jours et des ombres.

V. H

1. Justus Lipsius, ovale dans un cadre orné de figure[s] allégoriques, expliquées par six vers latins. p. in-fol.
2. Saint Jérôme en adoration dans sa grotte; de même[.]
3. Suite de feuilles avec ce titre: *Litis abusus etc.* o[u] Emblêmes sur les abus des procès. gr. in-fol. en [t.] Rares.
4. La Vie de St. Norbert, dans une suite de petite[s] planches, publiée à Anvers.
5. La Vie de St. Joseph et de la Vierge Marie, dans un[e] suite de 28 petites planches.
6. *Typus Occasionis, in quo receptæ commoda, neglecta vero incommoda personato schemate proponuntur Antverpiæ delineavit et incidebat Theodorus Gallæus M. D. C.* Suite rare de 13 figures avec le titre, chacune avec son intitulé et son explication. in-8.
7. Le petit Jésus regardant les instrumens de la Passion. *Quid tormenta — — parvule.* in-8.
8. St. Jean l'Evangéliste. *Et initium sancti evangelii secundum Joannem.* in-8.
9. St. Jérôme, Confesseur et Docteur, etc. in-8.
10. Le comte Ugolino avec ses enfans dans la tour de la faim à Pise, sujet du Dante; d'après J. Stradan. in-fol. en t. Rare.
11. Coriolan fléchi par les prières des dames romaines; d'après le même. in-fol. en t.
12. Le Tybre sur son urne, et la Vestale Tucie puisant de l'eau dans un crible; d'après le même. in-fol. en t.
13. Cornélie, mère des Graques, travaillant avec ses femmes; d'après le même. in.fol. en t.
14. *Aug. Mascardi, silvarum Lib. IV. — Antv.* 1622. Frontispice inventé par Rubens. in-4to.
15. *Las Obras en Verso de Don Francisco de Boria — Amberes* 1654. Frontispice inventé par Rubens. in-4to.

III. CORNEILLE GALLE, dit le vieux, dessinateur et graveur au burin, né à Anvers, vers 1570. Fils de Philippe, et frère puiné de Théodore; il apprit les règles de l'art de son père. A l'exemple de son frère, il se rendit à Rome, où il fit un long séjour, et où il acquit cette liberté de main, ce goût d'exécution et cette correction de dessin, qu'on trouve dans la plupart de ses ouvrages. Il égala les plus fameux graveurs, et surpassa tous les Galle. Après avoir gravé à Rome un grand nombre d'estampes d'après plusieurs maîtres italiens, il retourna dans sa patrie, et prit un établissement à Anvers, où il continua de travailler, soit d'après ses compositions, soit d'après celles de ses compatriotes. Corneille a eu part aux planches de la vie de Jésus-Christ d'après Martin de Vos, publiées par Collaert. A la roideur de ces estampes on reconnoît le style de son père, et elles ont été gravées sans doute avant son voyage en Italie.

Portraits.

1. St. Charles Borromée, cardinal et archevêque de Milan, en profil, dans un cadre octogone. in-fol.
2. Philippe Rubens, frère de Pierre Paul. in-4to.

3. Jean van Havre; d'après Rubens. in-4to.
4. Mère Anne de Jésus, religieuse Carmélite; d'après le même; 1641. in-fol.
5. Artus Wolfart, peintre d'Anvers; d'après van Dyck. gr. in-4to.
6. Charles I. roi d'Angleterre, dans un cadre allégorique, d'après N. V. Horst. gr. in-4to.
7. Henriette-Marie, femme de Charles I. dans un cadre de fleurs, entouré de trois déesses; d'après le même. in-4to.
8. Sainte Antoine dans un paysage. in-fol. en t.
9. Léopold-Guillaume, archiduc d'Autriche, *Ad. v. de Velde pinx.* in-fol.

Sujets divers, d'après différens maîtres.

1. Adam et Eve, d'après Jean-Baptiste Paggi. gr. in-4to.
2. Vénus assise, caressant l'Amour; d'après le même. gr. in-4to.
3. Retour d'Egypte, avec un cortège d'anges; d'après le même. gr. in-fol. ceintré.
4. Jésus à table chez Simon le Pharisien; d'après L. Civoli. in-fol. en t.
5. St. Pierre baptisant sainte Prisque; d'après le même. in-4to.
6. La Vierge tenant l'enfant Jésus, à qui St. Bernard de Sienne offre un livre avec une branche de laurier; d'après François de Vanni. p. in-fol.
7. Le Christ expire sur la croix, au bas de laquelle se voient la Vierge, St. François et Ste. Thérèse; d'après le même. gr. in-fol.
8. Un paysage où se voit Vénus attachée à un arbre, tandis que Minerve fouette l'Amour; d'après Aug. Carrache. in-4to. en t.
9. La Vierge Marie, assise sur un siège, et pressant

l'Enfant contre son sein, avec l'inscription : *Mater divinæ gratiæ etc.* d'après Raphael, sans le nom du graveur qui est C. Galle. in-fol.
10. Un Christ mort, qu'on met au tombeau; d'après Raphael, pièce in-4to. en octogone.
11. Une Vierge dans une niche, à laquelle des enfans attachent des guirlandes de fruits et de fleurs; d'après Rubens.
12. Judith coupant la tête à Holoferne; d'après le même. gr. in-fol. pièce capitale.
13. Les quatre Pères de l'église; d'après le même. p. in-fol. en t.

On recherche les épreuves avant l'élargissement de la planche, ce qui se remarque par deux raies noires qui se trouvent sur les côtés.

14. Progné faisant voir la tête de son fils à son époux, après lui en avoir fait manger le corps; d'après le même. gr. in-fol. en t. pièce qui fait pendant avec l'Enlévement d'Hypodamie, par P. de Bailiin.
15. La Broyeuse de couleurs, figure nue; d'après le même. in-fol.
16. *Romanæ et Græcæ Antiquitatis Monumenta, e priscis Numismatibus eruta per Hubertum Goltzium.* Antv. 1645.

IV. CORNEILLE GALLE, dit le jeune, dessinateur et graveur au burin, né à Anvers, vers 1600. Il étoit fils de Corneille, dit le vieux, dont il a été question dans l'article précédent. Instruit dans la gravure par son père, il tâcha de l'imiter, mais il ne put jamais l'égaler. Cependant on a de sa main quelques estampes qui ne laissent pas d'avoir leur mérite; on estime sur-tout ses portraits, dont plusieurs sont exécutés avec une grande liberté d'outil. Le reproche tombe principalement sur ses compositions historiques; les contours y sont souvent défectueux, parce qu'il n'entendoit pas comme son père le dessin de la figure humaine.

Portraits.

1. Ferdinand III. empereur des Romains, dans son armure; d'après van Dyck. 1649. in-4to.
2. Marie d'Autriche, femme de Ferdinand III. d'après le même, 1649. in-4to.
3. Henriette de Lorraine; d'après le même. in-4to.
4. Jean Meyssens, peintre et graveur; d'après le même. in-4to.
5. Jodocus Christophorus Kress de Kressenstein, Sénateur à Nuremberg, d'après Anselm van Hulle. in-fol.
6. Octavius Piccolomini de Aragona, dans une bordure ornée de fruits et de fleurs; d'après Anselm van Hulle, gravé par Corn. Galle. in-fol. Beau portrait.

Sujets divers, d'après différens maîtres.

1. Job grondé par sa femme, et abandonné par ses amis, frontispice du livre de Job, par le Jésuite Balthasar Corderius; d'après Abr. Diepenbeck. in-fol.
2. St. Dominique prosterné, reçoit le rosaire de la Vierge entourée d'anges; d'après le même. in-4to.

J. Bol.

3. Jésus-Christ mort sur la croix; d'après J. van den Hoeck. in-fol.
4. Philémon et Baucis donnant l'hospitalité à Jupiter et à Mercure; d'après le même. in-fol. en t.
5. La Nativité, avec l'apparition des anges aux bergers; d'après D. Teniers, le père. in-fol.
6. Vénus allaitant les Amours; d'après Rubens. petit in-fol.
7. Jésus-Christ ressuscité; d'après Gasp. de Crayer. Monument du peintre. in-fol.

HANS ou JEAN BOL, peintre et graveur à l'eau-forte, naquit à Malines en 1534, et mourut à Amsterdam en 1593. Il apprit les règles de l'art d'un peintre médiocre, et s'appliqua singulièrement à la peinture en détrempe et en miniature. Il travailla successivement à Anvers, à Heidelberg, et enfin à Amsterdam où il se fixa. Bol inventoit et dessinoit des paysages très-agréables, qu'il ornoit de diverses figures. Nous avons de sa main quelques estampes dans ce genre, gravées d'une pointe légère et spirituelle. Il marquoit ses estampes d'un H et d'un B, ou de cette manière HBol. Son portrait est gravé par H. Goltzius.

1. La Réconciliation de Jacob et d'Esaü: pièce in-4to. en rond.

2. La première entrevue du serviteur d'Abraham, et de Rébecca ; de même.
3. Les douze mois de l'année. *Ad. Collaert excud.* 12 pièces in-8. en rond.
4. Suite de 12 pièces de paysages, marqués *H. Bol. inv. Joh. Sadeler exc.* in-4to. en t.
5. Suite de 12 pièces de paysages. *H. Cock exc. H. Bol.* in-4to. en rond.
6. Paysage où se voit la course de l'oie. *Barth. Moper excud.* gr. in-fol. en t.

Plusieurs graveurs du tems, comme les Galles, les Collaerts, les Sadelers, les Passes etc. ont travaillé d'après ce maître.

Corneille Cort, dessinateur et graveur, naquit à Horn en Hollande en 1536, et mourut à Rome en 1578 Il est à présumer qu'il fut un des élèves de Jérôme Cock, pour le fond duquel il a beaucoup travaillé ; mais dont la plupart des pièces n'ont paru que sous le nom de son maître. Cort, déjà connu par des ouvrages de mérite, d'après plusieurs peintres flamands, passa en Italie, et fit un assez long séjour à Venise, où le Titien le prit dans sa maison, et lui fit graver quelques-unes de ses plus belles compositions. De-là il alla s'établir à Rome, où il grava cette quantité de belles estampes qui font toujours le charme des connoisseurs. Jusque-là on n'avoit guères travaillé qu'en petit; il ouvrit la carrière à la gravure en grand. C'est annoncer qu'il avoit trouvé de nouvelles ressources pour l'art, et qu'il avoit fait de nouveaux progrès vers la perfection. A Rome il avoit formé une école de gravure, et pour en faire l'éloge en deux mots il suffit de nommer son principal élève, Augustin Carrache. — Parmi ses autres disciples on nomme de préférence Philippe Joye et Philippe Thomassin.

M. de Heinecke nous a donné un catalogue assez complet de l'œuvre de Cort, dont nous rapportons ici la plupart des pièces intéressantes. Pour le reste on peut consulter son *dictionnaire des artistes.*

Portraits.

1. Corneille Cort, gravé par lui-même; ovale in-8.
2. *Henricus II. Gallorum Rex. J. Cock exc.* ovale, gr. in-4to.
3. Catharina de Medicis, Regina Franc. Pendant.
4. Don Juan d'Autriche, dans un ovale de sculpture. *Cort exc.* 1578. in-4to.
5. Marc Antonius Moretus, citoyen romain; ovale.
6. Andreas Alciati, dans un ovale avec ornemens. p. in-fol.
7. Trois portraits gravés par Cort pour le fond de Cock,

savoir : 1) Le peintre Roger de Bruxelles. 2) Le peintre Théodore van Harlem. 3) Le peintre Joachim Dionatensis.

8. L'Arbre généalogique pour la maison de Médicis, avec le portrait de Scipion Amirato.
9. L'Arbre généalogique de la famille de Cambi Importuni; par le même.
10. Deux petits bustes, Démocrite et Héraclite. in-12.

Pièces de sa composition.

1. Naissance de la Vierge, vers le fond deux femmes qui s'embrassent; 1568. in-fol.
2. Conception de la Vierge, laquelle est debout sur un croissant, au milieu de plusieurs devises. 1567. in-fol.
3. Représentation de l'enfant Jésus au temple. in-fol.
4. Repos dans la fuite en Egypte, 1568. in-fol.
5. Sainte famille, où St. Joseph présente une poire à l'Enfant; 1570. p. in-fol.
6. La sainte Cène, avec St. Jean debout; 1568. in-fol. Pièce gravée deux fois.
7. Un Crucifix, posé sur un globe tenu par deux anges, et en l'air deux autres anges, dont l'un tient les tables de la loi, et l'autre un calice. in-fol.
8. La Résurrection du Christ; 1569. in-fol.
9. St. Théodore, patron de Venise, terrassant un dragon, 1574. in-fol.
10. Ste. Cathérine à genoux sur les instrumens de son martyre, couronnée par deux anges. 1575. in-fol.
11. Ste. Vérédiana, vierge, à genoux devant un autel, à ses pieds un serpent; 1570. in-fol.
12. Deux paysages, l'un avec les débris d'un naufrage, au bas : *Tales opes etc.* l'autre, aussi avec des débris, et au bas : *Nonne ille est etc.* in-fol. en t.

13. Frontispice pour un livre, où la Vierge est assise entre deux Chymistes; 1567. in-fol.
14. Un faune qui porte un jeune Bacchus dans une niche. in-fol.
15. Un soldat qui porte un enfant renversé, de même; 1574. p. in-fol.
16. Un jeune homme assis, se tirant une épine du pied. p. in-fol.

Pièces gravées d'après divers maîtres flamands, avant d'aller en Italie.

1. Adam et Eve, assis sous l'arbre de vie, tandis que le serpent, avec une tête de femme, donne la pomme à Eve; d'après Michel Coxie. H. Cock, sans le nom des artistes. in-fol. en t.
2. La Résurrection du Christ; d'après le même, 1568. in-fol.
3. La Mission du St. Esprit; d'après le même. *Spiritus œthereus etc.* in-fol. en t.
4. Jésus-Christ victorieux, accompagné de St. Pierre et de St. Paul; d'après le même. in-fol.
5. L'histoire du mauvais Riche; d'après M. Hemskerk. *H. Cock exc.* sans le nom de Cort. 4 pièces in-fol. en t.
6. La Parabole du mauvais Serviteur; d'après le même, sans le nom de Cort. 4 pièces in-fol. en t.
7. La Parabole du Vigneron; d'après le même, 1563. H. Cock. in-fol.
8. Histoire de Noé et du Déluge; d'après Franc Floris, avec le nom de Cort. 6 pièces in-fol. en t.
9. Histoire d'Abraham; d'après F. Floris, sans le nom des artistes. in-fol. en t. Six pièces.
10. Histoire de Jacob et de Rachel; d'après le même,

en forme d'éventail, 6 pièces, 1563. sans les noms des artistes.
11. Les travaux d'Hercule ; d'après le même, avec les noms des artistes. 10 pièces in-fol. en t.
12. Histoire de Pluton et de Proserpine ; d'après le même. 4 pièces in-fol. en t.
13. Entrée de Bacchus et de Vénus ; d'après le même, sans les noms des artistes, 1566. gr. in-fol. en t.
14. Sujet emblématique sur l'immortalité de la vertu ; d'après Franc Flore, pièce anonyme, 1564. gr. in-fol. en t.
15. Descente de croix ; d'après van der Wyde, pièce marquée : *M. Rogerii Belgæ inventum.* in-fol.
16. St. Roch, figure en pied ; d'après J. Speckart, 1577. in-fol.
17. St. Laurent ; d'après le même, pièce semblable.
18. St. Dominique lisant dans un livre ; d'après B. Spranger, 1573. in-fol.
19. Ste. famille, accompagnée de plusieurs anges ; d'après le même. in-fol.
20. La Vierge couronnée dans le ciel par les anges ; d'après G. Mostaert, 1565. in-fol.
21. L'Académie de peinture ; d'après Stradan, 1578. in-fol. pièce distinguée.

Pièces gravées en Italie, d'après les plus fameux maîtres.

Le Titien.

1. L'Annonciation, au bas : *Ignis ardens et non comburens.* gr. in-fol.
2. Autre Annonciation. in-fol. en t.
3. Martyre de St. Laurent ; 1571. gr. in-fol.

C. CORT.

4. La Trinité, ou la pièce nommée la Toussaint. gr. in-fol.
5. St. Jérôme dans le désert, lisant dans un livre; 1565. in-fol.
6. St. Jérôme dans le désert, à l'entrée d'une caverne, et prosterné devant un crucifix. *In Venetia. Cor. Cort f.* in-fol. Rare, ne se trouve pas dans Heinecke.
7. La Madeleine, demi-figure; 1566. p. in-fol.
8. La Madeleine dans le désert, devant un crucifix. in-fol.
9. Tarquin faisant violence à Lucrèce; 1571. in-fol.
10. Diane découvrant la grossesse de Calisto; 1566. gr. in-fol.
11. Prométhée à qui un vautour ronge le foie; 1566. gr. in-fol.
12. Roger, monté sur l'hypogrife, va délivrer Angelique exposée à un dragon. gr. in-fol. en t.

Le Mutien.

13. St. Pierre marchant sur les eaux; 1568. in-fol.
14. Le Couronnement d'épines. in-fol.
15. Le Portement de croix; 1567. in-fol.
16. Descente de croix, avec deux échelles, et Nicodéme avec des tenailles; 1566. in-fol.
17. Autre Descente de croix à quatre échelles; 1568. in-fol.
18. Jésus-Christ apparoissant à sa mère, au trois Maries et à St. Jean, avant d'aller à Jérusalem. in-fol.
19. St. Jérôme en méditation, différent du St. Jérôme qui fait partie des sept grands paysages. in-fol.
20. Les sept grands paysages, connus sous la dénomination des sept Pénitens, dont six sont en hauteur et un est en largeur, savoir: 1) St. Jean-Baptiste. 2) Ste. Madeleine. 3) St. Jérôme. 4) St. Onophre. 5) St. Hubert. 6) St. François stigmatisé. 7) St.

François en extase. *D. Francisci stigmatis Miraculum etc.* 1567.

Clovio.

21. L'Annonciation. in-fol.
22. L'Adoration des Rois, enfermée dans une pièce d'ornement d'architecture formant un autel; 1567. in-fol.
23. La Vierge en demi-figure, tenant l'enfant Jésus. in-fol.
24. Le jeune Jésus prêchant dans le temple; 1567. in-fol.
25. Jésus baptisé dans les eaux du Jourdain. gr. in-fol.
26. Le Crucifiement entre les deux Larrons. gr. in-fol.
27. Jésus-Christ en croix, grande composition; 1568. gr. in-fol.
28. Corps du Christ à qui une des Maries baise la main; 1566. in-fol.
29. Le Corps du Christ mis au tombeau; 1568. in-fol.
30. Le Sauveur apparoissant en Jardinier à la Madeleine. in-fol.
31. La Conversion de St. Paul; 1576. gr. in-fol. en t.
32. St. George tuant le dragon; 1577. in-fol.

Tadée Zuccaro.

33. La Création d'Adam et d'Eve; 1572. gr. in-fol.
34. La jeune Vierge présentée au temple; 1570. in-fol.
35. La Nativité, riche composition; 1567. gr. in-fol.
36. Ste. famille, où St. Jean amène son agneau; 1569. sans le nom du graveur. in-fol.
37. Le Miracle des cinq pains. in-fol.
38. Corps de Jésus devant le sépulcre, grande composition; 1567. gr. in-fol.
39. La Mission du St. Esprit; 1574. sans le nom du peintre. gr. in-fol.
30. Le Martyre de Ste. Agathe; 1567. in-fol.

Fréderic Zuccaro.

41. Moïse et son frère Aaron devant le roi Pharaon; 1567. in-fol.
42. Naissance de la Vierge; 1578. in-fol.
43. Conception de la Vierge, qui est debout sur un croissant, soutenue par deux anges, et couronnée par deux autres. in-fol.
44. L'Annonciation de la Vierge; 1571. gr. in-fol. en 2 planches en t.
45. La Nativité, grande composition; 1568. *Partus et integritas etc.* gr. in-fol.
46. L'Adoration des Mages. in-fol.
47. Ste. famille, où l'Enfant a peur d'un chat qui veut attraper un oiseau; 1577. in-fol.
48. Fuite en Egypte; 1566. in-fol.
49. Jésus-Christ tenté dans le désert. in-fol.
50. La femme adultère; 1568. in-fol.
51. Jésus chassant les vendeurs du temple; 1568. in-fol.
52. La Résurrection du Lazare, sans les noms des artistes. in-fol.
53. La Samaritaine; 1568, sans les noms des artistes. in-fol. en t.
54. St. Pierre établi chef de l'Eglise; 1567. in-fol.
55. Jésus-Christ sur la montagne des olives; 1569. in-fol.
56. Jésus-Christ, pris dans le jardin des olives; 1568. in-fol.
57. La mort de la Vierge, sans les noms des artistes. in-fol.
58. Le couronnement de la Vierge; 1574. in-fol.
59. Le tableau de St. Laurent et de St. Sixte, pièce entourée d'un cadre orné de figures; 1576. in-fol.
60. Dispute sur le St. Sacrement; 1575, sans le nom du peintre. gr. in-fol.

61. Le Travail et la Justice, sujet emblématique; 1566. in-fol.
62. La Calomnie accuse un jeune homme protégé par l'Innocence, devant un juge avec des oreilles d'âne; tableau satyrique contre les officiers du Pape Grégoire XIII. 1572. gr. pièce en t.
63. Autre tableau satyrique, composé de deux parties, sur deux planches: le bas représente le peintre, sous l'inspiration de la vérité, assis à son chevalet, et occupé à peindre les sottises de son tems: le haut offre l'Olympe où Jupiter sur son trône, entouré de tous les Dieux, prend les arts et les sciences sous sa protection; pièce capitale, d'une très-grande proportion, et très-rare.

Raphael d'Urbin.

64. La Transfiguration; d'après le fameux tableau qui est à Rome. gr. in-fol.
65. Bataille des Romains contre Pyrrhus, nommée la bataille des Eléphans; 1567. gr. in-fol.

Cort a gravé de nouveau cette planche dans le sens contraire.

66. Bataille de Constantin contre Maxence à Ponte molle; grande pièce en 3 planches en t.

Cette estampe ayant été laissée imparfaite par la mort de Cort, fut achevée ensuite par les soins de Ph. Thomassin.

Pièces gravées d'après divers maîtres italiens.

67. Le Parnasse; d'après le Polidore. in-fol.
68. L'Adoration des Bergers; d'après le même; 1569. gr. in-fol.

69. Repos

C. CORT.

69. Repos dans la fuite en Egypte; d'après B. Bassaro; 1576. in-fol.
70. Corps de St. Jérôme, soutenu par des anges; d'après le même; 1577. estampe qui n'est pas achevée. in-fol.
71. La Visitation d'Elisabeth; d'après Marc de Sienne. *Surge propera.* Sans le nom du graveur. gr. in-fol.
72. La Nativité, où la Vierge et les pasteurs adorent l'Enfant; 1568. d'après le même. in-fol.

On a des épreuves avec le chiffre MR.

73. La Nativité, ou l'Adoration des bergers; d'après Paris Romano. in-fol.
74. La Vierge assise au bord d'une fontaine, avec l'Enfant et St. Joseph; 1575. d'après F. Baroche. in-fol.
75. Le Baptême de Jésus; d'après F. Salviati; 1575. in-fol.
76. Les Noces de Cana; d'après Laurent Sabbatini; 1577. in-fol.
77. La Ste. Cène; d'après L. Agresti Forlivetano; 1578. On a différentes épreuves de cette pièce, avec et sans le nom de Cort. gr. in-fol.
78. Lapidation de St. Etienne; d'après Marcellus Venustus; 1576. gr. in-fol.
79. St. Jérôme pénitent, devant un crucifix; d'après Riccio da Sienna. 1577. in-fol.
80. St. Jérôme dans le désert, accompagné de deux anges; d'après Jacobus Parmensis. 1577. in-fol.
81. Le Cordon de St. François; d'après le Carrache. *Per te Godiamo etc.* gr. in-fol.
82. Les Fiançailles de Ste. Catherine; d'après le Correge; pièce anonyme. in-4to.
83. Ste. Marguerite de Cortone, figure en pied; pièce anonyme; d'après Tempesta. in-fol.
84. Danse des Dryades; d'après maître Rous, florentin. in-fol. en 1.

V.   I

85. Les trois Parques ; pièce marquée Julius Mantuan, (Jules Romain). p. in-fol. en t.
86. Les deux tombeaux des ducs de Médicis ; d'après Michel-Ange. gr. in-fol.

PHILIPPE DE SOYE, ou SERICCUS, ou SYTIUS, graveur au burin, contemporain et disciple de Corneille Cort, et comme son maître établi à Rome, paroît né vers 1538. On n'a aucune notice sur la vie de cet artiste ; on ignore jusqu'à sa patrie. Par conjecture nous le rangeons parmi les Flamands, à la suite de Corneille Cort. Cependant étant condisciple de Philippe Thomassin, beaucoup plus jeune, il pourroit bien être son compatriote. Quoi qu'il en soit ses ouvrages sont estimés, et méritent de l'être. Il a gravé d'un burin plus large, mais d'un dessin moins correct que Cort. Joseph Strutt rapporte que cet artiste a publié à Rome en 1568, une suite de portraits des Papes, en demi-figures, depuis les années 204, jusqu'à son tems. Mais du même homme il fait encore deux graveurs, l'un sous le nom de Philippe Sericus, ou Sytius, l'autre sous celui de Philippe Soius.

J. DITMAR.

1. Judith coupant la tête à Holoferne; d'après Dom. Julio Clovio. in-fol.
2. L'Ange ordonnant à St. Joseph de fuir en Egypte. *C. Cort inv. Ph. Soye sc.* in-fol.
3. St. François recevant les Stigmates. *F. Zuccaro pinx. Soye fec.* gr. in-fol.
4. St. Jérôme à genoux devant un beau crucifix, dans un paysage; pièce anonyme attribuée au Mutien pour la peinture, et à Soye pour la gravure. gr. in-fol.
5. La Vierge avec l'enfant Jésus sur ses genoux, où la Vierge au silence. Avec l'inscription: *Dormiente puero Jesu divina Mens vigilat.* Sur le prie-Dieu on lit: Philippe Sericcus, et l'année 1566. gr. in-fol.
6. Jésus-Christ en croix, en haut deux anges, et en bas la Vierge qui est d'un côté de la croix, et St. Jean l'évangéliste de l'autre. gr. in-fol.
7. Prométhée enchaîné sur le Caucase, où un vautour lui ronge le foie. Le tableau du Titien se voit au palais royal de Madrid. On attribue la gravure à Soye, quoique avec le nom de Cort. gr. in-fol.

JEAN DITMER, ou DITMAR, graveur au burin, né dans les Pays-Bas, vers 1538, et florissant vers 1574. On n'a aucune notice de sa vie, on sait seulement qu'il a gravé d'après M. de Voss et quelques autres maîtres flamands. A en juger d'après la pièce suivante, son style de gravure tient de celui de C. Cort, dont il n'a pas la correction.

G. DE JODE.

1. Le Christ assis sur les nues, entouré d'anges qui tiennent les instrumens de la passion, et des emblêmes des quatre Evangélistes; d'après Michel Coxie, gravé en 1574. gr. in-fol.

I. GERARD DE JODE, géomètre et graveur sur cuivre, naquit à Anvers en 1521, et mourut dans la même ville en 1591. Gérard, membre d'une famille d'artistes, a eu pour père Corneilli de Jode, géographe et graveur en cuivre, et pour fils Pierre de Jode, dit le vieux. Il passa quelque tems au service de l'empereur Charles-Quint, mais il le quitta pour se livrer entièrement aux sciences et aux arts. Il grava différens ouvrages géographiques et historiques. Dans sa gravure il s'éloigna du style de ses contemporains, les Collarts et les Wierix, et choisit un grain plus fort, dans le goût de Corn. Cort. Gérard établit à Anvers un commerce d'estampes, qui fut continué par sa veuve. Comme savant géographe il fut fort estimé d'Ortélius, surnommé le Ptolomée de son tems.

1—29. Les portraits des Papes, en 29 feuilles, suite qu'il publia en 1585. in-4to.

30—41. Triomphe romain, en 12 feuilles; d'après M. de Hemskerk. in-4to.

42—54. *Memorabilium, novi Testamenti, templo*

Gestorum Icones tredecim elegantissimi ac ornatissimi. Antwerpiæ excudebat Gerard de Jode. Suite en 13 pièces ornées d'une belle architecture. in-fol. en t.

55. Le grand Crucifiement avec les deux larrons. Au milieu on voit le Christ en croix, à droite Marie, à gauche St. Jean, au loin les trois Maries, et plus loin les Soldats qui tirent au sort la tunique de Jésus; en haut on lit: *Pater dimitis illis etc.* Belle pièce, malgré la dispersion des objets, marquée G. de Jode, en 3 planches, formant une très-grande estampe en t. sans le nom du peintre, qui est Michel-Ange Buonaroti.

II. PIERRE, ou PIETRE DE JODE, dit LE VIEUX, dessinateur et graveur, naquit à Anvers en 1570, et mourut dans la même ville en 1634. Fils de Gérard de Jode, il apprit les principes de la gravure de H. Goltzius. Ensuite, pour se perfectionner dans son art, sur-tout dans le dessin, il passa en Italie, où il grava plusieurs planches d'après les plus fameux maîtres de ce pays. De retour à Anvers, il continua de graver d'après divers maîtres flamands. Il travailla aussi pendant quelque tems à Paris, où il s'étoit rendu avec son fils, et ils exécutèrent conjointement plusieurs planches pour le fond d'Antoine Bonenfant, marchand d'estampes. De Jode dessinoit correctement, et sa gravure est beaucoup moins manierée que

P. DE JODE, le vieux.

celle de son maître. Il a gravé avec un égal succès le portrait et l'histoire.

1. *Erycius Puteanus*, ou Henri du Puy, célèbre savant Hollandois, dans un cercle formé par un serpent. *Pet. de Jode sc. J. Meyssens exc.* in-4to.

2. *Joannes Bocatius*, Jean Bocace. *Titian pinx. Petre de Jode fecit. A. Bon-enfant exc.* p. in-fol.

3. Ferdinand, comte Palatin du Rhin, dans un ovale, et sans nom de peintre, qui est Rubens. p. in-4to.

4. Philippe III. roi d'Espagne, dans un ovale. *Rubens pinx. Meyssens exc.* p. in-4to.

5. François de Mello, comte d'Azumar, *P. de Jode exc.* in-4to.

6. Ambroise Spinola, surnommé le grand Général. *P. de Jode fec.* in-4to.

7. Les cinq sens, en 5 feuilles, exprimés par des figures de divinités et des sujets de la vie commune. *P. de Jode fecit. Vidua Ger. de Jode exc.* p. in-fol. en t.

8. La Vierge tenant sur ses genoux l'enfant Jésus; d'après le Titien. in-4to.

9. Le Mariage de Ste. Catherine; d'après le même. in-4to. en t.

10. La grande Ste. famille, dans un paysage montagneux; d'après le même. gr. in-fol. en t.

11—22. La Vie et les Miracles de Ste. Catherine de Sienne; d'après François Vanni; 12 pièces, gravées en 1606. p. in-fol. en t.

23. L'Adoration des bergers et des anges. *Ad. van Ort. inv. Vidua Gerardi de Jode exc.* in-fol. en t.

24. Le Christ chez Nicodème la nuit, demi-figures. *Id. inv. P. de Jode sc. Vidua Gerardi de Jode exc.* gr. in-4to. en t.

25. La Décollation de St. Jean, dans un ovale; d'après Rubens. in-8. Rare.

26. Jésus-Christ donnant les clefs à St. Pierre; d'après Rubens. in-fol.

Les meilleurs épreuves sont avant l'adresse de Van-den-Enden.

27. Le Couronnement de Ste. Catherine; d'après le même. in-fol.
28. Le gouvernement, représenté par une femme qui reçoit une couronne de laurier, que lui pose sur la tête la Prudence aidée d'un génie, sur le devant la Justice foule aux pieds une Hydre. Allégorie. D'après le même. p. in-4to.
29. Titre du livre intitulé: Annales de Flandres, par Em. Sueiro, écrit sur un piédestal, sur lequel est posée la Flandres personifiée: aux côtés sont Mercure et Cérès, et au bas deux fleuves, l'Escaut et la Lys; d'après le même. in-fol.
30—65. La vie de Jésus-Christ, consistant en 36 pièces in-4to. sans nom de peintre.
66. Le Jugement dernier, d'après le tableau de Jean Cousin, qui est dans la sacristie de l'église des Minimes de Vincennes. Le portrait du peintre se trouve à gauche au bas de l'estampe, haute de 4 pieds, et large de 4 pieds moins 8 pouces, en 12 planches. C'est une des plus grandes estampes qui existe.

III. PIERRE, ou PIETRE DE JODE, dit LE JEUNE, dessinateur et graveur, naquit à Anvers en 1606. Fils du précédent, il apprit les élémens de son art dans la maison paternelle; et ses progrès furent tels. qu'il surpassa son maître dans la finesse du goût et dans le maniement de l'outil. Du moins on peut avancer hardiment qu'il égaloit son père dans la correction du dessin, et qu'il lui étoit supérieur dans le traitement des parties du nud. On ignore s'il a été en Italie, mais l'on sait qu'il accompagna son père à Paris, où ils ont gravé nombre de planches pour les marchands d'estampes de cette ville. Basan dit de cet artiste „qu'il égala les meilleurs graveurs de son tems, dans plusieurs estampes, et que dans d'autres il parut au-dessous de lui-même." Il est vrai que dans quelques-unes de ses pièces on peut lui reprocher des tailles un peu maigres. On trouvera des exemples de ses qualités louables, et de ce défaut dans son estampe d'après le St. Augustin de van Dyck: mais il a gravé des portraits d'après le même peintre, dans lesquels il est au-dessus de tout reproche. De Jode étoit sans contredit un habile graveur, qui mérite d'être rangé dans la classe de ses contemporains, les Bolswerts, les Vorstermans et les Pontius.

1. Petrus de Jode, junior. *A. van Dyck pinx. se ipse sc.* p. in-fol.
2. Jacques Jordaens, peintre d'Anvers. *Id. pinx.* petit in-fol.

P. DE JODE, le jeune.

3. Corneille Pœlenbourg, peintre d'Utrecht. *Id. pinx.* p. in-fol.
4. Jean Snellinex, peintre d'Anvers. *Id. pinx.* les chairs gravées à l'eau-forte. p. in-fol.
5. Adam de Coster, peintre de Malines. *Id. pinx.* petit in-fol.
6. André Colyns de Nole, statuaire d'Anvers. *Id. pinx.* p. in-fol.
7. Genevieve d'Urphé, veuve de Charles-Alexandre, duc de Croye. *Id. pinx.* p. in-fol.
8. Jeanne de Blois. *Id. pinx. G. Hendrix exc.* p. in-fol.
9. Henri Liberti, organiste. *Id. pinx.* in-fol.
10. Jean Tzerilaës, comte de Tilly. Derrière un gros mur s'élèvent de hautes flammes. *Id. pinx.* in-fol.
11. Albert, duc de Friedland, comte de Wallenstein. *Id. pinx.* in-fol.
12. Diodore de Tulden, professeur à Louvain. *Id. pinx.* in-fol.
13. Antoine Triest, évêque de Gand. *Id. pinx.* in-fol.
14. Charles Henri, baron de Metternich, dans un cadre d'architecture ornée. *Ans. van Hulle pinx.* in-fol.
15. Auguste Adolphe, baron de Trantorf, dans un cadre d'architecture ornée. *Ans. van Hulle pinx.* in-fol.
16. Thomas Riceiardi. *Sim. Vouet del.* 1631. *P. de Jode junior sc. Parisiis.* in-4to.
17. Ernest, comte d'Isembourg, chevalier de la toison d'or, à mi-corps dans son armure; d'après Th. Willeboorts. in-4to.
18. *Petrus de Francavilla, Gall. Regis Architect. et Sculptor. Jac. Bunel pinx. P. de Jode fec.* in-fol.

Sujets historiques.

1. St. Augustin, évêque d'Hippone, couronné par la Religion, avec d'autres accessoires. *P. de Jode fecit.* in-fol.

P. DE JODE, le jeune.

2. St. François, à genoux devant un crucifix; d'après le Baroche. in-fol.

3. Ste. famille, où se voit Ste. Elisabeth, St. Jean et Zacharie qui explique l'écriture d'un livre tenu par un ange; d'après le Titien. gr. in-fol. en t.

4. L'Image de la mort, représentée par un enfant étendu à terre et dormant à côté d'une tête de mort; d'après Artemise Gentilesca. in-fol. en t.

5. La Visitation de la Vierge; d'après Rubens. Le tableau à la cathédrale d'Anvers. gr. in-fol. Belle et rare.

6. Les trois Graces, se tenant embrassées; d'après le même. gr. in-fol. Belle.

7. Vénus sortant des eaux, environnée de Nymphes et de Tritons. *Venus orta mari.* — D'après le même. gr. in-fol. en t.

8. L'Alliance de la terre et de la mer, représentée par celle de Cybele et de Neptune; d'après le même; pièce qui fait pendant avec l'Abondance, gravée par Theo. van Kessel. in-fol.

9. St. François et Ste. Claire, adorant l'enfant Jésus, couché dans une crèche, en demi-figures, effet de nuit; d'après Ger. Seghers. in-fol. Le pendant est le Reniement de St. Pierre, de trois figures, gravé par And. de Paulis.

10. Jésus chez Nicodème, en demi-figures, effet de nuit; d'après le même. in-fol.

11. L'Adoration des bergers, ou la Nativité; d'après Jac. Jordaens. gr. in-fol. en t. Belle.

12. Le Miracle opéré par St. Martin de Tours; d'après le même. tr. gr. pièce in-fol. Belle.

13. La Folie, tenant un hibou; derrière elle une femme qui appuie une main sur son épaule, et de l'autre la montre du doigt: elles rient toutes deux; d'après le même. gr. in-fol.

14. St. Augustin en extase et soutenu par plusieurs anges, *van Dyck pinx. P. de Jode junior sc. Ant. Bon-enfant exc.* pièce ceintrée. gr. in-fol.
15. Renaud témoignant sa surprise, à la vue des charmes d'Armide; d'après van Dyck. gr. in-fol. Le pendant est gravé par Baillieu.
16. Sainte famille, où Ste. Anne tient l'enfant Jésus emmailloté entre ses bras; d'après Abr. van Diepenbeck. gr. in-fol. en t.
17. Pièce allégorique sur la paix. *Pax optima rerum.* D'après le même. gr. in-fol.
18. St. Jean-Baptiste assis dans le désert, puisant de l'eau d'une source qui coule d'un rocher. *Petrus van Mol pinx.* in-fol.

IV. ARNOLD DE JODE, graveur au burin, naquit à Anvers, vers 1636. Il étoit fils de Pierre de Jode le jeune, de qui il apprit les principes de la gravure. On ignore en quel tems il passa en Angleterre; mais il étoit à Londres en 1666, lors du grand incendie de cette ville, ce qui est prouvé par la pièce d'après van Dyck, que nous rapportons ci-après. Les ouvrages d'Arnold, soit qu'on les considère relativement au dessin, soit qu'on les envisage par rapport à la partie mécanique de l'exécution, sont inférieurs à ceux du père et du grand-père. Ses meilleures gravures sont ses portraits.

J. WIERIX.

1. *Petrus Lely, Pictor Caroli Magnæ Britaniæ Regis.* P. Lely del. in-fol.
2. Portrait d'Alexandre Browne, à la tête de son *Ars Pictoria*; d'après J. Huysmans. in-fol.
3. Portrait du cardinal Palavicini; d'après le Titien. in-4to.
4. Catherine Howard, duchesse de Lenox; d'après van Dyck. in-fol.
5. L'Education de l'Amour, par Mercure, où Vénus se voit avec des aîles aux épaules; d'après le Correge; tableau du roi d'Angleterre, gravé à Londres en 1667, par Arn. de Jode. gr. in-fol. Belle et rare.
6. La Madeleine, en demi-figure, dans un cercle; d'après Ant. van Dyck. in-fol.
7. L'Enfant Jésus embrassant le petit St. Jean. *Van Dyck pinx. Arnoldus de Jode sculp. Londoni, tempore incendii maximi.* in-fol.
8. Joli paysage sans figures, à gauche orné d'un bois où il tombe de la pluie, et à droite la campagne où il fait beau. *L. de Vadder pinx. Arnold de Jod sc. 1658.* in-fol. en t.

I. JEAN WIERIX, ou WIERX, dessinateur et graveur au burin, né à Amsterdam, en 1550. Jean passe pour l'aîné des trois frères Wierix qui se sont fait un nom dans la gravure. Leur manière diffère peu: ils ont tendu à un extrême fini, de-là ils sont souvent tombés dans la sécheresse. Ils plaisent par la finesse de leurs travaux, et souvent leurs tons dans les chairs sont de la plus aimable douceur. Dès l'âge de treize ans Jean a fait de jolies copies d'après Durer.

Portraits de Jean.

1. Rodolphe II. empereur d'Allemagne, sans inscription. in-12.
2. Philippe-Guillaume, prince d'Orange; figure jusqu'aux genoux en cuirasse. in-4to.
3. Eléonore de Bourbon, princesse d'Orange. in-4to.
4. Jacques I. roi d'Angleterre, avec la reine sa femme. in-4to.
5. Philippe II. roi d'Espagne. in-4to.
6. Catherine de Médicis, femme de Henri II. 1601. in-4to.
7. Henri III. roi de France. in-4to.
8. La comtesse de Verneuil; in-4to. faisant pendant avec le portrait de Henri IV. gravé par Goltzius.

Pièces de Jean, de son invention.

1. Regard du Christ et de la Vierge. in-16.
2. La Résurrection. *Insanus miles.* in-8.
3. Les Jésuites martyrs; avec une explication. in-4to.
4. Le cœur pénitent, allégorie, avec des inscriptions hollandoises; 1587. in-4to.
5. La Madeleine, à mi-corps, assise à l'entrée d'une grotte, lisant devant un crucifix. *J. Wier. inventor et fecit;* gravure d'un beau fini. in-4to.
6. La Rédemption du genre humain, allégorie. p. in-fol.
7. Les quatre Elémens. *Quidquid in immenso voluit natura — clausit in aere. Wierix;* 1601. in-fol.

Pièces de Jean, d'après divers maîtres.

1. Le petit satyre; pièce gravée d'après Albert Durer, par J. Wierix à l'âge de douze ans. in-12.

2. Adam recevant d'Eve le fruit défendu. Sur une tablette accrochée à un rameau on lit : *Albert Durer inventor. Johannes Wierx fec. aet. 16.* in-fol.

3. St. Hubert à la chasse, prosterné devant le cerf au crucifix ; belle copie, avec le chiffre d'Albert, en contre-partie de l'original. gr. in-fol.

4. St. Jérôme en méditation, vu du même côté que l'original ; belle copie faite à l'âge de treize ans. in-fol.

5. Mariage de Ste. Catherine ; d'après Denis Calvart. in-4to.

6. Le Sacrifice d'Abraham ; d'après M. de Vos. in-fol.

7. Elie, ravi dans le ciel sur un char de feu, jette son manteau à Elisée son serviteur. in-fol.

8. Un Christ mort, descendu de la croix ; d'après Otto-Vaenius. p. in-fol.

9. Un autre Christ mort ; d'après Bernardin Passeri. in-fol.

10. Le Jugement dernier de Michel-Ange, du Vatican ; belle copie d'après Martin Rota. in-fol.

II. HIERONYME, ou JERÔME WIERIX, dessinateur et graveur au burin, né à Amsterdam, vers 1551. Jérôme étoit le second frère de Jean, dont il imita parfaitement le style : même propreté pour le travail, mais aussi même sécheresse pour le goût. C'étoit le plus laborieux des trois frères, et à l'exemple de son aîné il marquoit ses pièces des lettres initiales de son nom, ou d'un chiffre.

JER. WIERIX.

Portraits de Jérôme.

1. L'empereur Charles-Magne; figure en pied, décorée des ornemens impériaux. in-8.
2. Henri de Bourbon, roi de Navarre. in-16.
3. Elisabeth, reine d'Angleterre. in-16.
4. Sigismond III. roi de Pologne. in-16.
5. Alexandre Farnese, duc de Parme. in-16.
6. François Draeck, illustre Anglois. in-16.
7. Jean Coropi Becani, docteur en médecine; 1580. figure jusqu'aux genoux, tenant une tête de mort. p. in-fol.
8. D. Corstian. G. Oberschie Delphens. *H. Hond. exc.* p. in-fol.

Pièces de Jérôme, de son invention.

1. Sainte Françoise. in-12.
2. Sainte Cécile. in-4to.
3. Saint Antoine, tenté par le diable. in-12.
4. Saint Bruno, fondateur des Chartreux. in-8.
5. Saint Charles Borromée. in-8.
6. Saint Antoine, avec St. François, à qui la Vierge remet l'enfant Jésus. in-12.
7. La Vierge, avec l'enfant couché sur son sein. in-12.
8. La Vierge, avec l'enfant Jésus sur un croissant, dans une gloire. in-12.
9. La Vierge dans sa gloire, ou l'immaculée conception. in-4to.
10. Lucrèce se donnant la mort. in-4to.
11—14. Les quatre Monarchies du monde, en 4 feuilles. in-4to.
15. Un Christ en croix, suspendu à une vigne et entouré de quatre Saints. *Laudemus viros* — p. in-4to.
16. Un Christ en croix, dans une gloire et entouré d'une vigne; on voit le crucifix appuyé sur la grappe que portent les deux Israélites de la Bible. in-8.

JER. WIERIX.

Pièces de Jérôme, d'après divers maîtres.

1. Le corps de Jésus, porté sur les genoux de la Vierge; d'après Jean Mabuse. in-fol.
2. Jésus fait venir à lui les enfans; d'après Crispin van de Broeck. p. in-fol.
3. Un Christ en croix, au bas le roi David, St. Paul et St. Jean-Baptiste; d'après le même. in-fol.
4. Sainte famille, où Ste. Catherine baise le pied de l'enfant Jésus; d'après Denis Calvart. p. in-fol.
5. La mort de la Vierge; d'après Otto-Vaenius. *Una est columba mea.* p. in-fol. en t.
6. Jésus à table chez Simon le Pharisien; d'après le même. in-fol.
7. La Mort et le Diable, voulant abattre un arbre dont un Saint et la Vierge demandent à Jésus la conservation; d'après H. van Balen. in-8.
8. Le globe du monde, près de se renverser, soutenu par Jésus et la Vierge; d'après le même. in-8.
9. Le chemin du ciel et celui de l'enfer; d'après le même. in-4to.
10. Jésus baffoué et couronné d'épines; d'après G. Mostaert. in-fol.
11. Jésus exspiré sur la croix, adoré par deux anges dans les nues, et au bas la Vierge d'un côté et St. Jean de l'autre, avec la Madeleine agenouillée qui embrasse la croix. *Pompeus Aquilanus inv. Hieronymus Wierx sc.* in-fol. La plus belle estampe du graveur pour la pureté du burin.
12. Enoch, transporté dans le ciel; d'après M. de Vos. in-fol.
13. Le juste au lit de la mort, assisté par la Religion et entouré par les vertus théologales; d'après Amb. Franck. gr. in-fol. en t.

14. Le

14. Le Baptême de Notre-Seigneur, par St. Jean; d'après H. Hondius. in-fol. en t. Belle pièce.
15. Les Visions de Daniel; d'après van Haecht. in-4to. en t.
16. Danaé, et Jupiter en pluie d'or; d'après le même.
17. La Résurrection du Christ; d'après M. Lucas Romanus. gr. in-fol. Pièce capitale.

ANTOINE WIERIX, dessinateur et graveur au burin, né à Amsterdam, vers 1552. Nous ne ferons pas de remarques particulières sur cet artiste. Il a gravé dans le même goût que ses frères; nous avons de sa main un grand nombre de portraits et de sujets de dévotion, qui se distinguent par la finesse de l'exécution.

Portraits d'Antoine.

1. Le pape Clément VII. *Ant. Wiercx.* in-16.
2. Philippe Emanuel de Lorraine, duc de Mercœur. in-16.
3. Isabelle d'Autriche, fille de Philippe II. roi d'Espagne. in-16.
4. Marguerite, femme de Philippe III. roi d'Espagne. in-16.
5. Robert Bellarmin, cardinal. in-12.
6. Albert d'Autriche, archevêque de Tolède, gouverneur des Pays-Bas; sous une arcade ornée. in-4to.

Pièces d'Antoine, de son invention.

1. Sainte Thérese, Vierge. in-8.
2. Saint Sébastien. *Hier. Wiercx inv. Ant. Wiercx fec.* p. in-fol.

V.   K

3. St. Dominique, recevant le rosaire de la Vierge. in-12.
4. La Vierge Marie, *speciosa facta*. in-12.
5. La Vierge et l'Enfant, qui met un anneau au doigt de Ste. Catherine amenée par un ange. in-12.
6. Les Litanies de la Vierge, en 8 feuilles, y compris le titre. in-8.
7. La Vierge et l'Enfant, auquel le père éternel fait montrer par des anges les instrumens de la passion. in-12.
8. Les Ames purifiées; avec des vers françois et latins. in-8.
9. Un Christ, entouré de la représentation des souffrances de plusieurs Martyrs. in-4to.
10. Emblêmes des récompenses et des peines éternelles. in-8.
11. St. Jérôme en prières, accompagné de deux anges; 1584. in-4to. Une des plus belles pièces d'Antoine.

Pièces d'Antoine, d'après divers maîtres.

1. Le Sacrifice d'Abraham; d'après M. de Vos. in-fol. en t.
2. L'Adoration des Rois; d'après le même. in-fol. en t.
3—6. L'Histoire du Prophète Jonas; d'après le même; 4 feuilles. p. in-4to.
7. La Résignation, figurée par une femme tenant un crucifix, et attachée à un rocher, avec un ange dans les airs, qui lui apporte une couronne de laurier; d'après Jac. de Backer. in-fol.
8. Repos en Egypte, où St. Joseph debout tient une grappe de raisin; d'après Cam. Procacino; pièce in-fol. d'une belle exécution et d'une gravure plus large.
9. La mort de St. François; d'après le même, et exécutée de même. in-fol.

20—78. La Vie de Jésus-Christ, suivie de la Mort et de l'Assomption de la Vierge, avec des explications, fore mant 69 pièces. p. in-fol. par les trois frères Wierix.

L'œuvre de ces maîtres est très-considérable; celui de l'abbé de Marolles étoit de 1170 morceaux, et celui de Pierre Mariette étoit composé de plus de 800 petits sujets et portraits.

Voyez aussi leur article dans le catalogue raisonné du cabinet d'estampes de Brandes, Ecole des Pays-Bas.

I. ABRAHAM DE BRUYN, ou BRUN, peintre et graveur au burin, né à Anvers, vers 1540. Il s'étoit établi à Cologne, mais c'est à Anvers qu'il a eu le plus longtems son domicile. Contemporain des Wierix, il a entièrement gravé dans le goût de ces maîtres; d'après le format de ses estampes, il peut être rangé dans la classe des petits maîtres de son pays. Son dessin est incorrect, et les extrémités de ses figures sont souvent defectueuses. Malgré ces défauts, les ouvrages de cet artiste sont toujours recherchés, à cause de la propreté de sa gravure et d'une certaine sûreté de la main. Ce qu'on estime le plus de lui, ce sont ses portraits

148 AB. DE BRUYN.

et ses arabesques pour les damasquineurs. marquoit ordinairement ses estampes de so chiffre ℬ. A⅁B.

Portraits.

1. Philippe-Louis, Electeur Palatin.
2. Anne, femme de Philippe-Louis.
3. Albert-Fréderic, duc de Prusse.
4. Eharie-Eléonore, femme d'Albert-Fréderic.
5. Guillaume, duc de Juliers.
6. Marie, femme de Guillaume.
7. Jean Sambucus, Médecin; gravé en bois.
8. *Carolus nonus Francorum Rex.* Avec son chiffre in-fol.
9. *Anna Austriaca, Caroli V. filia.* pièce semblable.

Sujets divers.

1. Le Buisson ardent; pièce marquée P. B. avec son chiffre. in-4to.
2—5. Les quatre Évangélistes; 4 pièces in-8. 1578.
6. Jésus parlant à la Samaritaine. A. de B. fec. in-8. en t.
7. Figure d'un Philosophe, avec un papier à la main, et avec son chiffre. in-8.
8—14. Les sept Planètes; 7 petites pièces. 1569.
15—19. Les cinq sens de nature; 5 petites pièces.
20. *Imperii ac Sacerdotii ornatus, diversarum gentium vestitus. Excudebat Ab. Brun.* 1577. in-fol. en t.
21. *Diversarum gentium armatura equestris;* 1577 de même.
22—70. *Omnium fere gentium imagines* etc. *Sculpsit Ab. Bruynus;* 1587. en 49 planches. in-4to.

71—146. Figures de cavaliers à cheval. *Ab. de Bruyn fec.* 1575. 76 pièces in-8.

147. Petites Frises, représentant des chasses avec des chiens et des oiseaux, datées de 1565, et ses deux chiffres. Jolies pièces.

148—159. Suite d'Animaux; 12 pièces in-4to. *Ab. Bruyn fec. et exc.* 1583.

160. Suite d'Arabesques, à l'usage des damasquineurs; petites pièces.

161. Pyrame et Thisbé; d'après Fr. Floris. p. in-4to.

162. La Résurrection du Lazare; d'après Crispin van den Broek. p. in-4to.

II. NICOLAS DE BRUYN, dessinateur et graveur au burin, naquit à Anvers, vers 1570, et travailla longtems à Amsterdam. Fils d'Abraham, il eut son père pour maître, et il ne tarda pas à le surpasser. Autant que le père se plaisoit à traiter de petits sujets, autant le fils donnoit dans les grandes compositions. Cet artiste laborieux a exécuté, soit d'après lui même, soit d'après d'autres maîtres, un grand nombre de planches, remplies d'une quantité de figures et d'un immense travail: mais pour la plupart elles manquent d'effet, à cause de la dispersion des objets et de la sécheresse de sa manière. Il n'avoit aucune idée du clair-obscur, et d'ailleurs son dessin tient du gothique. Par quelques sujets historiques qu'il a gravés d'après Lucas de Leyde, il paroît avoir pris ce maître pour modèle, mais il n'a pas tout-à-fait atteint son but. Nicolas avoit deux manières de graver, l'une avec des traits d'une extrême finesse; l'autre avec des tailles larges, mais sans harmonie. Malgré les défauts qu'on lui reproche, on estime avec raison plusieurs de ses pièces. Ses compositions sont remarquables par la vérité des têtes; même souvent ses figures, ainsi que leurs ajustemens, ne manquent pas d'une certaine grace. D'ordinaire il marquoit ses estampes, d'autres fois il employoit ce chiffre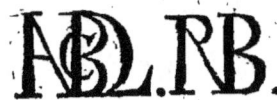

Estampes de sa composition.

1. Adam et Eve dans le Paradis terrestre; 1600. gr. in-fol. en t.
2. Adam et Eve sous l'arbre du fruit défendu; 1631. gr. in-fol.
3. La vie des Israélites avec les filles de Madian. gr. in-fol.
4. La grande fête des Juifs après six ans de travail. gr. in-fol. en t. 1617.
5. Le roi Balac parlant au prophète Balaam; sur un fond de paysage. gr. p. en t.
6. Le prophète Jérémie, avec un lion, sur un fond de paysage. gr. in-fol. 1603.

7. La Vision d'Ezéchiel sur la Résurrection des morts; 1606. gr. pièce en t.
8. David vainqueur de Goliath; grand paysage. 1609. en t.
9. Abigail allant à la rencontre de David; grand paysage. 1608. en t.
10. La reine de Saba visitant le roi Salomon. gr. pièce en t. 1621.
11. Salomon idolâtre pour complaire à ses femmes. gr. pièce en t. 1606.
12. Le songe du roi Nabuchodonosor. gr. pièce en t.
13. Daniel dans la fosse aux lions. gr. in-fol. 1618.
14. Susanne accusée par les vieillards. gr. in-fol.
15. Susanne justifiée. gr. in-fol.
16. Les deux vieillards lapidés. gr. in-fol. 1629.
17. La Nativité de Jésus-Christ annoncée aux bergers; avec son chiffre. 1621. gr. in-fol. en t.
18. La grande Adoration des Rois, *N. de Bruyn sc.* tr. gr. pièce en t. *Quod Abrahæ etc.*
19. Repos dans la fuite en Egypte; avec son chiffre, dans un paysage. 1621. gr. in-fol.
20. Le grand Massacre des Innocens. tr. gr. pièce. 1644.
21. St. Jean-Baptiste assis, prêchant dans le désert. gr. in-fol. en t.
22. Jésus-Christ prêchant sur la montagne. gr. in-fol. en t.
23. Le Centenier implorant le secours du Sauveur. gr. in-fol. en t.
24. L'Entrée de Jésus-Christ dans Jérusalem. gr. pièce en t.
25. Jésus-Christ présenté au peuple, et mené au Calvaire. tr. gr. pièce en t. 1632.
26. Le grand Crucifiement avec les deux larrons. gr. pièce en t.

27. La Résurrection. gr. in-fol. 1631.
28. La Prédication de St. Paul. gr. in-fol. en t. 1621.
29. St. Hubert appercevant le crucifix entre les bois d'un cerf. gr. in-fol. 1614.
30. Orphée attirant les animaux par le charme de ses accords. gr. in-fol.
31. Famille de paysans avec leurs enfans, et dans le lointain des personnes qui dansent. gr. pièce en t.
32. Grand paysage avec des lions, des tigres et des cerfs. gr. in-fol. en t.
33. Nombreuse compagnie habillée à l'Espagnole, dans une forêt. gr. pièce en t. 1634.
34. Suite de 6 pièces d'orfèvrerie, sujets de fables. Amsterdam, 1584. in-8.
35. Livre d'Animaux quadrupèdes : *Animalium quadrupedum etc.* 1621. 12 pièces.
36. Livre d'Oiseaux : *Volatilium varii generis etc.* 13 pièces en t. *C. J. Visscher exc.*
37. Livre de Poissons ; 13 pièces en t.

Pièces d'après différens maîtres.

1. St. Jean prêchant dans le désert; d'après Lucas de Leyde. gr. in-fol. en t.
2. Miracle opéré au tombeau de St. Jacques, Apôtre d'Espagne; d'après le même. 1600. gr. in-fol.
3. L'âge d'or. *Aurea Saturno* — D'après Abr. Bloemaert. tr. gr. in-fol. en t.

Pièce capitale du peintre et du graveur.

4. Le sacrifice d'Abraham, dans un riche paysage; d'après Giles Coninxlo. tr. gr. in-fol. en t.
5. Les Prédictions du prophète Osée; beau paysage; d'après le même. tr. gr. in-fol. en t. Belle.

6. Le Jugement de Midas; d'après le même. tr. gr. in-fol. en t.

7. Riche paysage où l'on voit se promener des personnes de distinction de l'un et l'autre sexe; d'après le même. tr. gr. in-fol.

8. Foire de village, avec des divertissemens de paysans; d'après Dav. Vinckenbooms. tr. gr. in-fol.

9. Riche paysage, qui offre d'un côté un bois où l'on se divertit, et de l'autre un grand château environné d'eaux où l'on se promène en bateaux; d'après le même; gravé en 1601. tr. gr. in-fol. en t.

10. Belle vue de jardin, avec un château et d'autres bâtimens, où il y a des danses et toutes sortes de divertissemens; d'après le même. tr. gr. in-fol. en t.

11. Grand paysage, où se voit une chasse au cerf, et une compagnie galante qui s'y promène; d'après Jean Breughel. tr. gr. in-fol.

12. Grand paysage, où se voit Moïse défendant les filles de Jéthro; d'après Hans Bol. tr. gr. in-fol. en t.

13. Les quatre Saisons; d'après M. de Vos. 4 pièces, p. in-fol. en t.

14. Sainte Cécile, accompagnée de quatre Saints, dont les noms sont marqués au-dessus de leurs têtes; copie avec des changemens; d'après Raphael. p. in-fol.

15. Un Chevalier à cheval, précédé par le Temps, aussi à cheval, et suivi par le Diable à pied; pièce imitée d'Alb. Durer. 1618. gr. in-fol.

I. HANS, ou JEAN SADELER, dessinateur et graveur au burin, naquit à Bruxelles en 1550, et mourut à Venise en 1610. La famille des Sadelers a singulièrement bien mérité de l'art de la gravure, par les nouveaux agrémens qu'elle a su lui donner. Jean, le chef de cette famille, étoit damasquineur comme son père, et exécutoit toutes sortes d'ornemens sur des ouvrages de fer et d'acier. A l'âge de vingt ans il essaya de graver au burin, et s'étant rendu à Anvers, il y publia quelques estampes d'après Crispin van de Broeck, qui le firent connoître. Encouragé par ce premier succès il se livra entièrement à son goût pour la gravure. Il voyagea dans les principales villes d'Allemagne et d'Italie; il travailla successivement à Cologne, à Francfort, à Munich, à Véronne, à Venise, à Rome etc. Son voyage en Italie ne contribua pas peu à lui faire réformer sa première manière, qui tenoit un peu de la sécheresse des maîtres dont nous venons de parler. A l'exemple de Corneille Cort, il opéra dès-lors avec un instrument plus large, ce qu'il a fait voir par les estampes qu'il a gravées d'après Théodore Bernard et quelques autres maîtres. Jean Sadeler a gravé avec un égal succès le portrait, l'histoire et le paysage. Il a laissé un fils, Juste Sadeler, qui a travaillé avec succès dans la manière de son père, sans toutefois l'atteindre.

J. SADELER.

Portraits.

1. Jean Sadeler, graveur, natif de Bruxelles, *Corn. Waumans sc.* petit, in-4to.
2. Orlandus Lassus, maître de chapelle de Guillaume, duc de Bavière. — *Hic ille Orlandus Lassum recreat orbem, Discordemq. sua copulat harmonia. Joh. Sadeler fec.* in-8.
3. Sigismond Feyerabend, fameux imprimeur de Francfort sur le Meyn; 1587. Buste, sans le nom du graveur. in-4to.
4. George Houfnagel, peintre d'Anvers. *Joan. Sadelerus, Amicus Amico et posteritati.* Pièce précieuse. p. in-4to.
5. *La serenissima Madama Maria de Medici, Reginæ christianiss. di Francia e di Navarra. Sadeler excudit Venetiis.* ovale in-4to.
6. Charles, prince héréditaire de Suède, duc de Sundermanie. in-4to.
7. Christophe, baron de Teuffenpach. *J. ab. Ach. pinx.* in-4to.
8. Herdesianus, vu des trois quarts, fameux jurisconsulte, au bas 12 vers latins de Melissus, à mi-corps avec une main; 1581. in-fol.
9. Martin Luther, en buste, vu de profil, dans un cadre d'arabesques, au bas quatre vers latins. *J. Sadeler fecit.* in-fol.
10. Othon-Henri, comte de Schwarzenberg, conseiller intime de Guillaume, duc de Bavière; figure jusqu'aux genoux, assise à une table. gr. in-fol.
11. Clemens VIII. *Pont. Max.* Portrait historié, en ovale. in-fol.
12. St. Jean Capistranus, de l'ordre de St. François. p. in-fol.

J. Sadeler.

Différentes suites.

1. La Création du monde, en une suite de 8 feuilles, commençant par la création du soleil et de la lune, et finissant par l'exil hors du paradis d'Adam et d'Eve; d'après Crispin van de Broeck. in-fol. en t.

2. Histoire d'Adam et d'Eve, ainsi que de Caïn et d'Abel, en 6 feuilles; d'après Michel Coxie. in-fol. en t.

3. Sujets de la Bible, du livre de la Genèse, suite numérotée en 16 feuilles, chacune avec quatre vers latins; d'après Martin de Vos. in-fol. en t.

4. La vie de Jésus-Christ, en une suite nombreuse du nouveau Testament; d'après le même. p. in-fol.

5. Les Hermites, autre suite très-nombreuse, gravée conjointement par les deux frères; d'après le même. p. in fol. en t.

Cette suite est recherchée pour la variété des paysages.

6. Les douze mois de l'année, avec les travaux de la campagne pour chaque mois, en 12 beaux paysages; d'après P. Steevens, ou Stephani. in-fol. en t.

7. Les quatre heures du jour, caractérisées par des Divinités sur des nuages; d'après Théod. Bernard. p. in-fol. en t.

8. Les quatre saisons, en quatre paysages; d'après H. Bol. gravées en 1580. au bas des vers latins. in-fol. en t.

Divers sujets, d'après différens maîtres.

1. La Vierge, en demi-figure, avec l'enfant Jésus endormi, et un Ange; d'après le Carrache. p. in-4to.

2. Le Festin du mauvais Riche, et le pauvre Lazare; d'après le Bassan. in-fol. en t.

3. Le Festin de Jésus chez Marthe et Marie ; d'après le même. in-fol. en t.

Ces deux pièces, jointes à une troisième de R. Sadeler, les Pélerins d'Emmaüs, sont connues sous le nom des Cuisines de Sadeler.

4. L'Apparition de l'Ange aux Bergers, effet de nuit ; d'après le même. in-fol. en t.
5. L'Enfant dans la crèche ; d'après le même. p. in-fol.
6. La Nativité, avec l'Adoration des bergers ; d'après le même. in-fol. en t.
7. Le même sujet, différemment traité ; d'après le même. in-fol. en t.
8. La Nativité, grande composition ; d'après Polidore de Caravage. gr. in-fol. en t.

Le même sujet a été gravé par Corn. Cort.

9. St. Jérôme en prière dans une grotte, devant lui l'image de la Vierge ; d'après Giles Mostaert. in-fol.
10. La Madeleine en méditation dans une grotte ; d'après le même. in-fol. Deux pièces d'une belle exécution.
11. La famille patriarchale d'Enoch, dans un beau paysage ; d'après le même. in-fol. en t.
12. St. Roch et son chien, avec deux pélerins, figures presque nues, dans un paysage agreste ; d'après le même. in-fol.
13. Jésus appelle auprès de lui les petits enfans ; d'après Jodocus de Winghe. gr. in-fol.
14. Bacchus assis sur une tonne, surmontée d'un pressoir, au bas l'Amour et la Musique ; d'après le même. gr. in-fol.
15. L'Enfant prodigue. *Vinum et mulieres apostare*

faciunt Sapientes — — d'après le même. gr. in-fol. en t.

16. Paul logé à Corinthe chez Aquila, le faiseur de tentes; d'après le même. gr. in-fol. en t.
17. L'Annouciation; d'après Pietro Candido. in-4to.
18. Jésus à table avec les pélerins d'Emmaüs, figures jusqu'aux genoux; d'après le même. in-4to.
19. Les trois Maries au sépulcre; d'après le même. gr. in-4to.
20. Ste. Marie, l'Egyptienne, à mi-corps; d'après le même. in-4to.
21. La sainte Cène; d'après le même. in-fol. en t.
22. La Vierge assise sous un grand baldaquin, ayant l'enfant Jésus sur ses genoux, adoré par St. Laurent et St. Etienne; d'après le même. in-fol. en t.
23. Le Martyre de Ste. Ursule et des onze mille Vierges; d'après le même. gr. in-fol.
24. La Nativité du Sauveur; d'après Hans von Achen. gr. in-4to.
25. La mort du Sauveur; d'après le même. gr. in-4to.
26. La Vierge, ayant sur ses genoux le petit Jésus, auquel la Madeleine baise le pied, derrière eux St. Joseph; d'après le même. in-4to.
27. La Vierge assise sur un trône, l'Enfant sur ses genoux; les deux SS. Jeans sont placés chacun d'un côté, et deux Anges encensent l'Enfant; d'après le même. in-fol. en t.
28. Repos dans la fuite en Egypte; d'après Christophe Schwarz. *Monachii.* in-fol.
29. Le Christ crucifié, la Vierge et St. Jean au pied de la croix; d'après le même. gr. in-fol.
30. Les sept Chûtes du Sauveur, ou la Passion; d'après le même. 7 pièces gr. in-fol.
31. Le Jugement dernier. *Pinxit pro sereniss. Principe*

J. SADELER.

Renata sereniss. Ducis Guilielmi V. Conjuge Ch. Schwarz cessitud. suæ Chalcog. Joan. Sadeler fecit. gr. in-fol.

Pièce capitale du peintre et du graveur.

32. Une Courtisane assise auprès d'une fontaine, jouant du luth, tâche d'attirer à elle un jeune homme altéré, qu'un Sage détourne en lui montrant plus loin un ruisseau; d'après le même. in-fol.

33. La Madeleine pénitente, dans une grotte; d'après Fréderic Sustris. p. in-fol.

34. Jésus ressuscité, apparoît à la Madeleine, en jardinier; d'après le même. in-fol.

35. Le Père éternel ordonnant à un Ange d'annoncer ses mystères à la Vierge, occupée à coudre dans sa chambre; d'après le même. in-4to.

36. Ste. famille, où se voient des Anges qui s'empressent de porter des matériaux pour l'église des Jésuites à Munich; composition bizarre, d'après le même. in-fol.

37. Hercule entre la Vertu et la Volupté, avec Jupiter dans les nues, entouré des Dieux; d'après le même. gr. in-fol.

38. Le bon Pasteur, paysage de H. Bol. in-fol. en t.

39. Le Pasteur mercenaire, paysage du même. in-fol. en t.

40. Les quatre Saisons, dans de jolis paysages; d'après le même; 4 pièces in-fol. en t.

41. Paysage où l'on voit trois hérons voler dans les airs; d'après Paul Bril. in-fol. en t.

42. Paysage où l'on voit un petit bateau, et un homme près d'un escalier percé dans un rocher; d'après le même. in-fol. en t.

43. Paysage où se voit un bateau sur une rivière, avec deux rameurs; d'après le même. in-fol. en t.

44. Paysage montagneux, où se voit un ancien bâtiment sur un rocher; d'après le même. in-fol. en t.
45. Les hommes surpris dans leurs dissolutions par le Déluge; d'après Th. Bernard. gr. in-fol. en t.
46. Les hommes surpris dans leurs déréglement par l'arrivée du Jugement dernier; d'après le même.

Ces deux pièces qui font pendans, sont des estampes capitales de Jean.

47. Le Fils de Dieu, assis à la droite du Père sur les nues, avec le St. Esprit, entourés des Anges du ciel; au bas l'Archange Michel, les balances hautes, et environné des Puissances célestes; d'après un tableau d'Antoine-Marie Viani, peint à Munich, et gravé par J. Sadeler. gr. in-fol. estampe belle et rare.
48. Représentation de la ville de Venise et du Bucentaure. 1619. gr. in-fol. en t.

II. RAPHAEL SADELER, dessinateur et graveur au burin, né à Bruxelles en 1555, et mort à Venise en 1616. Frère de Jean, de cinq ans plus jeune, il suivit en tout la destinée de son aîné. Comme lui il avoit quitté la profession de damasquineur, pour embrasser l'art de la gravure, et il n'eut point d'autre maître que son frère, qui de plus lui tint lieu de père. Les deux frères travaillèrent souvent de compagnie et firent ensemble le voyage d'Allemagne et d'Italie. Artistes très-laborieux, ils exécutèrent

un

R. SADELER.

un grand nombre d'estampes, dont la quantité fait quelque tort à la qualité. Le goût de gravure de Raphael Sadeler, dans ses bons ouvrages, offre de la propreté sans sécheresse. Il entendoit très-bien la figure humaine, et les extrémités sont généralement marquées avec précision. L'application à la gravure lui ayant affoibli les yeux, il quitta le burin pour prendre le pinceau; mais sa vue s'étant rétablie, il reprit son premier instrument. Cet artiste a beaucoup travaillé d'après les peintres allemands, tels que Jean von Achen, Matthias Kager etc. Comme son aîné il a laissé un fils, Raphael Sadeler, qui a hérité des talens de son père.

Portraits.

1. Raphael Sadeler, graveur, natif de Bruxelles, avec une inscription historique en françois. *Corn. Waumans sc.* p. in-4to.
2. *B. Felix, Capucinus de Cantalicio. D. XXII. Maii MDCCXII. Canonizatus.* in-12.
3. *Paulus V. Pont. Max.* petit in-fol.
4. St. Charles Borromée, cardinal. p. in-fol.
5. Ernest, archevêque de Cologne. in-fol.
6. Léopold d'Autriche, évêque de Salzbourg et de Passau; d'après H. Kessel. in-4to.
7. Léopold, archiduc d'Autriche, évêque de Ratisbonne. in-fol.
8. Jean Dietmar, abbé de Furstenberg. in-fol.

V.   L

9. Hypolyte, Guarinonius, Med. Doct. in-4to.
10. Philippe de Monte, directeur de la musique de l'empereur Rodolphe II. in-8.
11. Ferdinand, archiduc d'Autriche. ovale in-4to.
12. Charles-Emanuel, duc de Savoye à cheval, terrassan l'Envie et la Rebellion; d'après Jean Carrara. gr in-fol.

Sujets divers, d'après différens maîtres

1—4. Quatre jolis sujets de la vie de la Vierge: 1) L Salutation angélique. 2) La Visitation. 3) Les Epou sailles. 4) Le Ménage de la Vierge. in-12.
5—32. Vingt-huit feuilles, contenant la Vie et la Passion de Notre-Seigneur; suite complette. in-12.
33. La Madeleine au sépulcre, avec St. Jean et St. Pierre, d'après Jod. de Winghe. in-4to.
34. La Vie voluptueuse de Sardanapale au milieu de ses femmes; d'après le même. in-4to.
35. Loth ivre, caressant une de ses filles, tandis que l'autre lui verse à boire; dans un beau paysage, d'après le même. gr. in-fol.
36. Sainte famille, composée de la Vierge avec l'Enfant, de Ste. Elisabeth qui amène le petit St. Jean, de St. Joseph qui lit, d'un ange debout, et de deux demi-figures; d'après Hans von Achen (ab Ach.), gravée en 1589. in-fol. en t.
37. Jésus-Christ porté au tombeau; d'après le même. ovale in-fol.
38. Corps de Jésus-Christ dans le sépulcre, pleuré par deux anges, dont l'un lui baise la main; d'après le même. p. in-fol. en t.
39. La Résurrection, avec le titre: *Christi de morte triumphus*; peinte à Munich, par Hans von Achen,

et gravée par R. Sadeler le jeune, 1614. pièce ceintrée in-fol.

Ces trois morceaux sont très-estimés.

40. La Madeleine dans une grotte, en demi-figure, tenant de la main droite une petite croix, et lisant dans un livre posé sur une tête de mort; d'après le même. p. in-4to.
41. L'Amour caressant la Muse de la peinture et de la musique; d'après le même. in-4to.
42. Le jugement de Pâris; grande composition, d'après le même. *Raph. Sadeler sc.* in-fol. en t.
43. La Nativité du Sauveur; d'après Matth. Kager. in-4to.
44. Ste. Cunégonde, soutenant son innocence par l'épreuve de lames tranchantes; d'après le même. in-fol.
45. Ste. Elisabeth servant les pauvres; d'après le même. in-fol.

Ces deux morceaux sont la grande suite des Saints et Saintes de Bavière.

46. La Vierge assise sur une tribune, tenant sur ses genoux l'Enfant qui soulève le voile de sa mère, à côté St. Joseph, et au bas deux Anges, dont l'un présente des fruits, et l'autre une tige de lys; jolie pièce. petit in-fol.
47. La Vierge, demi-figure, l'Enfant à son côté, posé sur un coussin, et un bouquet de roses à la main, à ses pieds un panier de fruits. *P. Candidus inv.* in-4to.
48. La Vierge couronnée et assise, avec l'enfant Jésus sur ses genoux; d'après le même; gravée en 1593. in-fol.
49. St. François debout sur une hauteur, et dans le lointain son compagnon prosterné devant un crucifix.

R. Sadeler.

Remigius Bozzno, Capucinus invent. Petrus Candidus fig. R. Sadeler sc. in-fol.

50. L'Immaculée Conception de la Vierge, *F. Remigius de Bozulo Capuzinus inventor. P. Candidus figuravit* 1615. in-fol.

51. La Vierge, assise sous un baldaquin où on lit au fond: *Alma via regia etc.* présente l'enfant Jésus au grand-prêtre: elle est accompagnée de plusieurs autres figures. *P. Candido pinx. R. Sadeler sc.* 1591. in-fol. en t.

52. La Résurrection du Lazare; d'après J. Rotenhamer. In-fol.

53. Le Mariage de Ste. Catherine, dans un beau paysage; d'après Henri Goltzius. in-fol. en t.

54. L'Eternel apparoît à Caïn, après le meurtre d'Abel; d'après M. de Vos. p. in-fol.

55. Le Christ mort, servi par les trois Maries, St. Jean, et deux Anges tenant des flambeaux; d'après J. Stradan. p. in-fol. en t.

56. Vénus, Bacchus et Cérès, avec l'inscription: *Sine Cerere et Baccho friget Venus. Gil. Coignet inv.* p. in-fol. en t.

57. Incertitude de l'heure de la mort, par l'exemple d'une dame qui en fut la victime pendant un grand repas; d'après J. Stradanus. p. in-fol. en t.

58. Le Christ en croix, St. Jean d'un côté et les deux Maries de l'autre; d'après Palme le jeune. in-fol.

59. La Vierge, en demi-figure, allaitant l'enfant Jésus; d'après le Carrache; jolie pièce dans une guirlande de fleurs. p. in-4to.

60. Sainte famille, où la Vierge tient sur son giron l'Enfant, qui a un genou sur le berceau. De l'autre côté le petit St. Jean lui présente une petite croix. Derrière lui se voit St. Joseph avec deux petits garçons,

sur un fond de paysage montagneux; d'après Raphael, sans son nom, ni celui du graveur, avec l'inscription: *Qui non accipit panem.* pièce in-fol.

61. L'Annonciation, composition poëtique; d'après Fréderic Zuccaro; belle pièce ceintrée. in-fol. en t.

Corn. Cort a gravé le même sujet d'un plus grand format.

62. L'Adoration des Rois; d'après le Bassan, gravée en 1598. in-fol.
63. Jésus à table avec les Pélerins d'Emmaüs; d'après le même. in-fol. en t.

Une des Cuisines des Sadelers.

54. Une femme qui vient de traire une vache, donne du lait à boire à un petit garçon; pièce nommée la petite Laitière; d'après le même. in-fol. en t.
65.—69. Les quatre Saisons, avec les travaux et les amusemens propres à chacune; d'après le même; 4 feuilles gravées par Raphael et Jean. in-fol. en t.
70. Les quatre Saisons, en 4 paysages; d'après Jean Stradan. in-fol. en t.
71. Six paysages agrestes, ornés de roches, de bois et d'eaux; d'après P. Stevens ou Stéphani. in-4to. en t.
72. Deux paysages agrestes, à l'un on voit un âne chargé, à l'autre la mort aux aguets; d'après Matth. Bril. in-fol. en t.
73. Quatre paysages, avec l'histoire du Samaritain charitable; d'après P. Bril. in-fol. en t.
74—78. Quatre paysages; d'après le même. in-fol. en t. Savoir: 1) Plusieurs bâteaux sur une rivière. 2) Pays montagneux, où se voit un pont de bois avec deux voyageurs. 3) Bras de mer où le Sauveur marche

sur les eaux. 4) Campagne montagneuse où l'on voit deux hommes à cheval, qui courent au galop.

79—84. Quatre paysages; d'après le même. in-fol. en t. Savoir: 1) Campagne où se voit un arc-en-ciel. 2) Canal avec un bateau à voiles et quatre figures sur le devant. 3) Contrée où l'on voit deux figures, dont l'une est assise sur un rocher. 4) Pays montagneux, où se voit sur une hauteur un vieux château ruiné.

85. Représentation emblématique, en une suite de six feuilles, marquées chacune en haut d'une inscription: *Amor*, *Nuptiae*, *Labor*, *Honor*, *Arma et Venatio*; d'après Martin de Vos; pièces gravées en 1591.

86. Suite de quatre pièces allégoriques des quatre tempéramens de l'homme, caractérisés par des figures poétiques, sur des fonds de paysages analogues. *M. de Vos inventor. Raphael Sadler sc. et exc. Antverpiae.* in-fol. en t.

87. Suites des Saints et Saintes de Bavière, connues sous le titre de *Bavaria sancta*, et de *Bavaria pia*; gravées par Raphael Sadeler, et par son fils du même nom; d'après Matthias Kager. in-fol. Ont été publiées par Sadeler le jeune, pendant les années 1624 et 1628.

88—96. La bataille de Prague, composée de 8 planches in-fol. Pièce extrêmement rare, marquée Raphael Sadeler.

III. EGIDIUS, ou GILES SADELER, peintre, dessinateur, graveur au burin et à la pointe, naquit à Anvers en 1570, et mourut à Prague en 1629. Giles, neveu et disciple de Jean et de Raphael Sadeler, s'étoit aussi appliqué pendant quelque tems à la peinture. Attaché l'affection à ses oncles, il fit avec eux le voyage d'Allemagne, et puis celui d'Italie, où il grava un bon nombre d'estampes d'après plusieurs maîtres de ce pays. De-là il fut appelé à Prague par l'empereur Rodolphe II, qui lui fit une pension. De même les empereurs Matthias et Ferdinand II. continuent de le combler de faveur. Ce fut à Prague, alors la résidence des empereurs, que Giles grava le plus grand nombre de ses estampes. Il surpassa ses oncles par la beauté de son burin, et par un goût de gravure plus analogue à ses originaux. Il gravoit du burin le plus fin, quand le sujet paroissoit l'exiger; mais il a gravé du burin le plus large de certains portraits et de certains morceaux d'histoire. On le loue d'avoir donné de la force à ses estampes, sans pousser au noir aucune partie. Aussi jouit-il de son vivant de toute sa réputation: il fut appellé par ses contemporains le phénix de la gravure. On pourroit aussi louer la correction de son dessin, s'il n'avoit pas gravé d'après Spranger. Les figures mythologiques, dans les estampes d'après ce maître, sont tellement contournées, qu'elles ont l'air de charge. Une autre partie qu'il a pour ainsi dire créée et conduite à sa perfection, c'est la gravure du portrait. Quant au paysage, c'est encore lui qui a le plus excellé dans ce genre. L'éloge suivant de Watelet à ce sujet, est applicable à tous les membres de cette famille. „On est étonné, dit-il, du succès avec lequel les Sadeler ont gravé le paysage au burin pur: les vieux troncs d'arbres y sont exprimés avec la facilité du pinceau; si leur feuillé ne peut avoir l'agréable badinage de l'eau-forte, il en a la légéreté; les eaux tombantes en cascades, les roches brisées et menaçantes, les sombres enfoncemens des forêts ne sauroient être mieux rendus par aucun des procédés de l'art; les plantes qui ornent les devants de ces estampes, ont le port, la forme et la souplesse de la nature; les fabriques vues dans le lointain, sont traitées avec goût; on n'est tenté de regretter l'eau-forte que pour les terrasses." —

Portraits.

1. Egidius Sadeler. *Se ipse pinx.* P. de Jode sc. p. in-4to.
2. Burckhard de Berlíching, conseiller privé de l'empereur Rodolphe II. p. in-4to.

3. Christophe Guarinonius Fontanus, premier médecin de l'empereur Rodolphe II. in-4to. Rare.
4. Jean-George Gœdelmann, fameux jurisconsulte. in-4to.
5. Joachim Huber, conseiller aulique. in-4to.
6. Jacob Chimarrhæus, grand aumônier de l'empereur. 1601. in-4to.
7. Le cardinal de Dietrichstéin, évêque d'Olmutz. 1604. in-4to.
8. Otto de Starschedel, conseiller de l'électeur de Saxe. in-4to.
9. Guillaume Angelli, ministre plénipotentiaire du roi Henri IV. auprès de l'empereur Rodolphe II. in-fol.
10. Jean-Matthieu Warenfels, conseiller aulique impérial. *Pragæ* 1614. in-fol.
11. Adam, baron de Trautmansdorf. in-fol.
12. Siegfried de Kolonitsch. in-fol.
13. Ferdinand de Kolonitsch. in-fol.
14. Les trois ambassadeurs du Sophi de Perse, auprès de l'empereur Rodolphe II., trois portraits, savoir: Mechti Kuli Beg-Sinal Chaen et Cuchein Ollibeg. in-fol.
15. Torquatus Tassus, *Poetarum Princeps. Aegidius Sadeler fec.* 1617. in-4to. Rare.
16. Octavius Strada, Antiquarius. in-4to. Rare.
17. Pierre Breughel, le vieux, peintre à Bruxelles. 1606. in-fol.
18. Martin de Vos, peintre d'Anvers, dans une bordure historiée.
19. Sigismond Bathori, prince de Transilvanie, dans une bordure historiée. in-fol.
20. Michel, voivode de Walachie, dans son costume; ovale. in-fol.
21. Charles de Longueval, comte de Buquoi, dans une bordure historiée. in-fol.
22. Buste de l'empereur Matthias, entouré d'un grand

G. SADELER.

nombre de figures allégoriques et d'inscriptions. gr. in-fol.

23. Portrait de l'empereur Matthias, représenté debout jusqu'aux genoux. *Matthias dei gratia.* 1616. gr. in-fol.

24. Portrait de l'impératrice Anne, debout, femme de Matthias. *Anna Romanorum Imperatrix.* 1616. Pendant.

25. L'empereur Rodolphe II., à cheval; dans le lointain une bataille. *Ad. de Vries inv.* tr. gr. in-fol.

26. L'empereur Ferdinand II., à cheval, avec beaucoup de figures emblématiques et d'inscriptions. *Divum Cæsarum Ferdinandum II.* 1629. tr. gr. pièce en 2 feuilles jointes ensemble.

27. Allégorie sur le mariage de l'empereur Ferdinand II. et d'Eléonore de Mantoue. in-fol.

28. Sujet allégorique sur la protection accordée aux beaux-arts, par l'empereur Rodolphe II. Belle pièce sans le nom de l'artiste. gr. in-fol.

Pièces diverses de sa composition.

1. Suite de douze pièces, représentant des anges avec les instrumens de la Passion. petit in-4to.

2. Suite de quatre pièces, représentant les quatre Docteurs de l'église, sans nom de peintre, qu'on croit être P. Candido. in-4to.

3. Suite de cinquante-deux pièces de Vues romaines, portant pour titre: *Vestigi delle Antichita di Roma etc.* in-fol. en t.

4. Joli paysage, orné de ruines et de figurines. in-8. Rare.

5. L'Embrasement de Troie. *Aeg. Sadeler fecit, aqua forti.* in-4to.

6. Bel édifice où se voient les quatre Saisons, repré-

sentées par des figures en pied dans des niches; gravé en 1607. in-fol. en t.

7. Une mère, ou une charité, avec trois enfans, dont il y en a un qui tette. in-fol.

8. Narcisse amoureux de lui-même, se mirant dans une fontaine. gr. in-fol.

9. Pan et Syrinx, s'apprêtant pour se baigner. p. in-fol.

10. Saint Sébastien mourant, avec un ange qui lui tire les flèches du corps. *Aeg. Sadeler inventor et sculpsit.* gr. in-fol.

11. Saint Dominique reçoit l'institution de son ordre, des Apôtres St. Pierre et St. Paul. gr. in-fol.

12. La Flagellation de Jésus. gr. in-fol.

13. Le Christ en croix, et la Madeleine au pied. gr. in-fol.

14. La salle de Prague, grande composition et grande pièce, en 2 feuilles en t.

Estampe capitale, dont les premières épreuves sont avant l'adresse de Marc Sadeler.

Divers sujets, d'après différens maîtres.

1. La Vierge assise sur un siège, pressant l'enfant Jésus contre son sein; d'après un tableau rond de la galerie de Florence, peint par Raphael.

Ce sujet, connu sous la dénomination de la *Madonna della Segiola*, a été souvent gravé. in-fol.

2. L'Apparition de l'ange aux bergers; d'après le Bassan. in-fol.

3. St. Christophe portant l'enfant Jésus; d'après le même. in-fol.

4. Le Massacre des Innocens; d'après le Tintoret. gr. in-fol. en t.

5. La Vocation de St. Pierre; d'après Fréderic Baroche. gr. in-fol.
6. Jésus-Christ porté au tombeau; d'après le même. Belle pièce ceintrée. gr. in-fol.
7. La Flagellation; d'après Joseph d'Arpinas. gr. in-fol.
8. Le Martyre de St. Sébastien; d'après Palme le jeune. gr. in-fol.
9. Le mauvais Riche en enfer, et le pauvre Lazare dans le ciel; d'après le même. gr. in-fol. en t.
10. Angélique et Médor, écrivant leurs noms sur l'écorce d'un arbre; d'après Carlo Caliari, dit Veronese. gr. in-fol. en t.
11. L'Esclavonne, jeune femme richement parée, et une main appuyée sur un maure. Le tableau peint par le Titien, se voyoit autre fois au palais royal. in-fol.
12. Estampe allégorique sur la mort de l'épouse de Spranger, avec le médaillon du mari et de la femme, au bas on lit: *Privates lacrymas. B. Spranger pinx. Aeg. Sadeler sc.* 1600. gr. in-fol.
13. Les trois Maries allant au sépulcre; d'après B. Spranger. 1600. gr. in-fol.
14. Les Arts et les Sciences, triomphans de l'Ignorance et de la Barbarie; d'après le même. gr. in-fol.
15. Hercule filant auprès d'Omphale. gr. in-fol.
16. Femme nue, ou Vénus qui se peigne, et Cupidon auprès d'elle tirant une flèche en l'air. p. in-fol.
17. L'Annonciation à la Vierge; d'après P. de Witt, dit Pietre Candido. gr. in-fol.
18. La Récompense. *Praemium.* Figure debout sur un globe aîlé dans les airs. Au bas on lit: *Dat Deus omne bonum etc.* sans le nom du peintre. gr. in-fol.
19. Obélisque avec les armoiries du comte de Mansfeld, en haut l'inscription: *Sub umbra alarum aquilæ. D. Hartmann inv.* gr. in-fol.

20. Deux anges en bustes, 2 pièces d'après Alb. Durer. *Aeg. Sadeler sc.* 1598. p. in-fol.

21. Deux belles têtes de jeunesse, l'une le regard baissé, l'autre levé; d'après le même. in-fol.

22. La Vierge tenant l'Enfant, assise dans un riche paysage, où l'on voit sur le devant toutes sortes d'animaux, entr'autres deux hiboux; dans le lointain l'Annonciation aux bergers; d'après le même. in-fol. Pièce délicatement gravée.

23. Le Christ portant sa croix; d'après le même. in-fol.

24. Judith mettant la tête d'Holofernes dans un sac; d'après Hans von Aachen. in-fol.

25. L'Adoration des bergers et des anges à la Nativité du Christ; d'après le même. in-fol.

26. La Vierge Marie tenant sur ses genoux l'enfant Jésus qui caresse le petit St. Jean; d'après le même. petit in-fol.

27. Minerve introduit la peinture dans le chœur des Muses, grande composition, dans le goût de Spranger. *Joh. ab Ach. pinx. Gil. Sadeler sc. Monachii.* gr. in-fol.

28—32. Quatre sujets concernant la Vierge, savoir: 1) L'Annonciation. 2) La Visitation. 3) La Circoncision. 4) L'Assomption; d'après Joh. Speccard. in-fol.

Paysages.

1—15. Jean Breughel, dit de Velours, suite de quinze pièces in-fol. en t. 1) St. Jérôme à genoux devant un crucifix. 2) Repos dans la fuite en Egypte. 3) Le jeune Tobie avec l'Ange. 4) Le Sauveur tenté par le diable dans le désert. 5) St. François stigmatisé. 6) Vue de mer, où l'on pêche et où l'on vend du poisson. 7) Vue d'un golfe avec quantité de monde sur le rivage. 8) Le Coche public et un carosse en marche. 9) Un moulin-à-vent, et une ville au bord d'une rivière. 10) Vue d'un ménage de Bohémiens. 11) Vue d'un pont de pierre et d'un pont de bois, avec deux pèlerins. 12) Deux voyageurs, dont l'un se repose. 13) Paysage sans figures, au milieu un grouppe de grands arbres. 14) Paysage, où deux piétons montent, et où un troisième descend une montagne. 15) Marine, où se voit un bac chargé d'un chariot.

Paul Bril, paysages divers, in-fol. en t.

16. Paysage montagneux, où se voit un repos sur la fuite en Egypte.
17. Paysage montagneux, où se voit un hermite dans sa grotte, lisant dans un livre.
18. Paysage montagneux, où se voit un pont de pierre et un pont de bois.
19. Paysage montagneux, orné de bestiaux et de fabriques.
20. Suite de six paysages montagneux d'Italie, ornés de figures, de bestiaux, de fabriques etc. *Egidius Sadeler excudit. C. Privil. S. C. M.*
21. Suite de six beaux paysages, enrichis de belles figures et de magnifiques fabriques, représentant les douze mois de l'année, deux mois sur chaque feuille, avec les travaux et les amusemens propres à chaque mois. *Egid. Sadeler sc. 1616.* gr. in-fol. en t. Pièces capitales.

Roelant Savry, paysages divers.

22. Suite de six paysages montagneux de Bohème, avec des moulins, des fabriques, des eaux et des bois. petit in-4to. en t.
23. Suite de six paysages bouchés de Bohème, avec des voyageurs, des chûtes d'eaux, des figures et toutes sortes de fabriques. petit in-fol.
24—30. Suite de six paysages bouchés, savoir: 1) Une

treille sous laquelle des villageois se divertissent. 2) Une grande ferme au bord d'un canal. 3) Une chasse aux cerfs. 4) Mineurs au haut d'une montagne. 5) Chevrier couché près d'une cascade. 6) Chasseur qui tire des lapins. in-fol. en t.

30—35. Suite de cinq beaux paysages des montagnes du Tyrol, savoir : 1) Un dessinateur assis au pied d'un haut rocher couronné d'arbres, et vis-à-vis un long pont de bois qui communique d'une roche à l'autre. 2) Deux figures, un homme avec une hallebarde sur l'épaule et à côté de lui une femme, marchent de compagnie vers les montagnes, sur le plan du milieu une chûte d'eau au pied d'un mur de rochers. 3) Sur la droite un cabaret où des paysans se divertissent, à gauche au haut d'un rocher, des fabriques, et sur tous les plans des voyageurs qui cheminent de tous sens. 4) Sur la droite des sapins et des chênes brisés, à gauche deux chasseurs avec deux chiens, dont un poursuit un lièvre, au milieu sur une éminence de grandes fabriques. 5) Des voyageurs dans les gorges des montagnes, et au milieu la vue perspective d'une ville maritime, le fond offre un grand échappé de lumière. in-fol. en t.

36. Deux paysages bouchés du Tyrol, l'un avec des voyageurs dans les gorges des montagnes, l'autre avec des mineurs vers la gauche et un pont rustique vers la droite. gr. in-fol. en t.

Pierre Stevens ou Stéphani.

37. Suite de riches paysages, représentant les quatre Saisons, avec les travaux et les occupations propres à chacune; 4 feuilles. gr. in-fol. en t.

38—46. Suite complette de riches paysages, ornés de figures et de fabriques, avec des fleuves, des barques, des moulins etc. *Egid. Sadeler fec. et exc.* 8 feuilles gr. in-fol. en t.

47—59. Suite de riches paysages, représentant les douze mois de l'année, avec les travaux et les amusemens de chaque mois. Sans le nom du graveur, qui est G. Sadeler. 12 feuilles. in-fol. en t.

On croit Philippe Sadeler, fils de Giles, graveur comme son père, mais artiste d'un degré bien inférieur. A l'exemple de ses cousins, Juste et Raphael, il a gravé des portraits, des paysages, et quantité de sujets de dévotion. Pour Marc Sadeler, on ne croit pas qu'il ait rien gravé. Il n'a été que l'éditeur de la plûpart des ouvrages de Giles Sadeler, gravés à Prague.

Assuerus Londersel, peintre et graveur en bois, dont les circonstances de la vie sont assez peu connues. Il passe pour Hollandois, et natif d'Amsterdam, vers 1550. D'ailleurs on ne le croit dans aucune relation avec Jean van Londersel, dont il sera fait mention ci-après. Quoi qu'il en soit, on trouve des paysages peints par Ahasuérus Londersel d'Amsterdam. On a de ce maître différentes jolies tailles de bois, imprimées à Anvers chez Sylvius en 1576, et

As. LONDERSEL. CH. DE MALLERY. 177

et 1599. Nous avons encore de lui différens sujets de même exécution, imprimés dans le seizième siècle. Il ne tient pas à Papillon 1) d'embrouiller encore davantage l'article de ce maître. D'un seul artiste il en fait deux, Ahasvere von Londersel, et Ahasvere de Landfeld: et d'une même ville, il en fait aussi deux. „De son tems, dit-il, Ahas-
„vere von Londersel travailloit à de
„belles gravures en bois: on en voit d'impri-
„mées à Antorf, vers l'an 1576, et à Anvers
„en 1599. Or Anvers se nomme en allemand
„Antorf."

Le même Papillon cite une estampe en bois, représentant une Ste. Cène; petit in-fol. avec le monogramme de ce Londersel en cette façon

ÆL.AV.

CHARLES DE MALLERY, dessinateur, graveur au burin, et marchand d'estampes, né à Anvers, vers 1576. Cet artiste très-laborieux, a gravé un grand nombre de sujets de dévotion, de

---

1) Traité de la gravure en bois, Tome I. p. 252.

frontispices, d'ornemens de livres et d'animaux, tant d'après son dessin que d'après celui d'autres maîtres. L'abbé de Marolles possédoit son œuvre en 342 pièces. S'il n'est pas l'élève des frères Wierix, il paroît les avoir beaucoup étudiés : même goût pour l'extrême fini, même patience dans l'exécution. Il est à croire que de son tems il jouissoit d'une certaine considération parmi les artistes, car nous avons son portrait peint deux fois par van Dyck, et gravé par Vorsterman et par Morin.

1. Le jeune Christ, dans un paysage avec deux anges, *C. de Mallery fec.* in-12.
2. L'Adoration des Rois. *Id. fec.* in-12.
3. La femme Cananéenne. *Id. fec. Th. Galle exc.* in-12.
4. Crucifix tenu par un homme entouré de figures allégoriques, qui tentent vainement de lui faire quitter prise. in-12.
5. St. François. *Hac iter est* — in-12.
6. St. Jacinthe, fondateur polonois. in-12.
7. St. Stanislas Kostka, Jésuite. in-8.
8. Sainte famille, en demi-figures, avec la Madeleine. in-4to. en t.
9. Les premiers Pères de la société de Jésus. in-12.
10. Différentes têtes du Christ, de la Vierge, des Apôtres, des Saints, avec une grande variété de sujets de dévotion, tant de son dessin, que de celui d'Antoine Salaert et d'autres maîtres.
11. Une partie des planches représentant les grandes chasses de Stradan, gravées en société avec les Collaert, les Galles et autres. in-4to. en t.

P. BRIL.

12. L'Histoire du ver à soie, sous le titre : *Vermis sericus*; d'après Stradan, en 6 feuilles. in-4to. en t.
13. Diverses planches de chevaux, pour un livre intitulé : *De la cavalerie française*, daté de 1602.
14. Buste de St. Autoine, dans un cadre historié; d'après Stradan. in-4to.
15. La fable du meûnier, de son fils et de l'âne, allant à la foire. *Amb. Franc, ou Vrank inv. C. de Mallery sc.* 4 pièces gr. in-4to. en t. Suite recherchée.

PAUL BRIL, peintre et graveur à l'eau-forte, naquit à Anvers en 1556, et mourut à Rome en 1626. Paul eut pour maître un peintre médiocre, et peignit d'abord des clavecins; mais sur la réputation dont son frère aîné jouissoit en Italie, il se rendit à Rome et travailla sous lui. Le disciple surpassa bientôt le maître. Son frère étant venu à mourir, il eut la pension que le Pape accordoit à cet artiste dont il continua les travaux. Il travailloit à l'huile et à fresque, et peignoit avec un succès égal le paysage idéal et le paysage topographique, tels que les six tableaux où il peignit les six principaux monastères du domaine du Pape. Le plus considérable de tous ses ouvrages se voit dans le sallon nouveau du Pape, de 68 pieds de long. Le paysage en est d'une grande beauté. Il réussissoit dans ses grandes et petites compositions. On aime dans ses ouvrages la touche légère dont il terminoit et caractérisoit les masses des arbres; mais on lui reproche d'avoir fait ses tableaux un peu trop verds. Van Dyck a peint son portrait, et P. de Jode l'a gravé. Paul Bril a gravé lui-même d'après ses dessins plusieurs belles eaux-fortes, telles que :

1. Quatre paysages qui se trouvent dans la suite des pièces gravées par Nieulandt. gr. in-fol. en t.
2. Deux autres paysages, marqués : *Paulus Bril inv. et fec. Vicenzo Cenoi formis Romæ.* in-fol. en t.
3. Vue des côtes de la Campanie, avec des fabriques et des roches. *P. Bril fec.* 1590. in-fol. en t.
4. Autre vue de la Campanie, ornée de même; pendant.

Sandrart cite de lui une grande estampe, ornée de ruines et de figures, à l'imitation du Campo Vaccino, ancien marché de Rome.

D'habiles artistes ont gravé d'après ce maître, entr'autres les Sadelers, C. Galle, Hollar, Vorsterman, Hondius, Madeleine de Passe etc.

Henri Goltz, ou Goltzius, peintre, dessinateur, graveur au burin et en clair-obscur, naquit à Mulbrecht, dans le Duché de Juliers,

H. GOLTZIUS.

en 1558, et mourut à Harlem en 1617. Il apprit les élémens de la peinture de son père, bon peintre sur verre, et ceux de la gravure de Théodore Coornhaert, un des hommes le plus bizarre de son siècle. Mais Goltzius ne doit ses talens qu'à son génie. Ses commencemens ne firent rien augurer d'extraordinaire de lui. Malade de corps et d'esprit, il vouloit se distraire par des voyages; ce remède lui réussit tellement, qu'à peine fut-il éloigné de son pays, qu'il se sentit parfaitement rétabli. Après avoir voyagé avec fruit en Allemagne et en Italie, il revint dans sa patrie et s'établit à Harlem, où il épousa une veuve, la mère de Jacques Matham. Goltzius n'a guère peint, mais il a beaucoup gravé. Son burin est ferme et agréable. D'ailleurs sa manière manque souvent d'intelligence, ses traits ne rendent pas toujours la justesse des contours, ni l'expression des figures, ni l'effet du clair-obscur des tableaux. On trouve quelquefois dans ses estampes une certaine élégance dans les formes, mais le plus souvent le goût national l'emporte; d'autres fois il réussit dans le dessin et dans l'ordonnance, mais il manque dans la distribution des jours et des ombres. Malgré ces défauts les estampes de ce maître, qui ont singulièrement le mérite d'un maniement facile et savant, seront toujours recherchées des vrais connoisseurs. On peut se faire une idée générale du génie de cet artiste, par les six morceaux appellés les chef-d'œuvres de Goltzius. L'artiste les grava pour faire voir, qu'outre la manière large qui lui étoit propre, il savoit encore imiter parfaitement le travail fini d'autres maîtres, comme d'Albert Durer et de Lucas de Leyde. Les estampes de Goltzius feront toujours le charme des artistes et des amateurs. Son œuvre, composé de près de 500 pièces, est très-intéressant, soit par le nombre des morceaux de son invention et de sa gravure, soit par celui des pièces de tant d'habiles élèves qu'il a formés, comme les Matham, les Muller, Saenredam, Swanenburg, de Ghein etc. qui ont tous travaillé d'émulation d'après leur maître. On fait mention d'un Conrad, d'un Jacob et d'un Jules Goltzius, et on les dit ses fils ou ses neveux; les estampes qu'on a de leurs mains, n'attestent pas de grands talens.

H. GOLTZIUS.

Portraits.

1. Henri Goltzius. *H. Goltzius Sculptor et Pictor, aet. LIX. obiit. An. MDCXVII. Jac. Matham Goltzii Privignus.* 1617. in-fol.
2. Gerbrand Adriaanssz Brederods, en buste et dans un ovale formé de deux tiges de laurier ; p. in-8. pièce rare, d'un travail très-léger.
3. Henri IV. roi de France ; 1592. en ovale p. in-8. Très-rare.
4. Fréderic II. roi de Dannemark ; 1588. en ovale in-8.
5. Guillaume, prince d'Orange, dans un ovale, en cuirasse et jusqu'aux genoux, avec une bordure de grotesques et quatre emblêmes. *H. Goltzius fec.* in-fol.
6. Charlotte de Bourbon, princesse d'Orange ; pièce ornée de même et faisant pendant avec la précédente. Ces deux portraits, avec les accessoires, sont gravés avec une extrême finesse.
7. *Theodorus Cornhertius ad vivum depictus et acri incisus, ab H. Goltzius.* in-fol. Rare.
8. Hans Bol. *Joannes Bollius, Mechliniensis pictor;* dans un cadre d'ornemens. in-fol.
9. Jean Stradan, peintre de Bruges. in-4to.
10. Philippe Galle, graveur d'Anvers. 1582. in-4to.
11. Pierre Forét, ou Forestus, savant médecin hollandois. 1586. in-8.
12. Juste-Lipse, fameux critique. *Moribus antiquis.* 1587. in-8.
13. Jean Zurenus, à mi-corps, un livre entre les mains, peint par M. Hemskerk, et gravé par Goltzius. p. in-4to.
14. Monsieur de la Faille, avec des accessoires. — *Leges tueri.* — *Harm. Adolf's exc.* in-4to.
15. Madame de la Faille, jeune femme, et une tête de mort. 1589. in-4to. Ces deux portraits, représentés

jusqu'aux genoux, sont gravés avec une extrême finesse.

16. Christophe Plantin, savant imprimeur. in-4to.
17. Françoise d'Egmont, dans toute sa parure, à mi-corps, la main droite appuyée sur une tête de mort; en ovale p. in-4to.
18. Robert, comte de Leycestre, général dans les provinces unies. 1586. en ovale in-16. Belle et rare.
19. Portrait de S. Sovius, sans son nom, avec cette inscription: *Bene agere et nil timere.* 1583. in-12. Rare.
20. Portrait d'un homme à mi-corps, mesurant un globe terrestre, et l'inscription: *L'homme propose et Dieu dispose.* 1595. On croit que c'est le portrait de Petri, astronome d'Amsterdam. in-12.
21. Portrait d'une femme assise dans un fauteuil en face d'un château. C'est Catherine Dekker à sa maison de campagne près d'Harlem. in-12.
22. Buste d'un homme avec un chapeau rond. in-4to.
23. Buste d'une femme en chapeau, et se grattant la tête. in-12. gravé seulement au trait.
24. Femme à mi-corps, affublée d'un drap, la tête couverte d'un voile. 1606. in-4to. légérement gravée avec de petites tailles.
25. Buste d'un homme, avec un chapeau découpé; gravé légérement. in-4to.

Pièces diverses de sa composition.

1. Juda et Thamar, pièce sans marque en rond, in-4to. Une des premières gravures de Goltz.
2—8. Suite de six pièces capitales, connues sous le nom de chefs-d'œuvres de Goltzius, savoir: 1) L'Annonciation, dans le goût de Raphael. 2) La Visitation, dans le goût du Parmesan. 3) L'Annonciation,

H. GOLTZIUS.

dans la manière du Bassan. 4) La Circoncision, dans la manière de Durer. 5) L'Adoration des Rois, dans la manière de L. de Leyde. 6) Sainte famille, dans la manière du Baroche. gr. in-fol.

Le portrait du graveur se trouve au N. 4.

9. La Nativité, pièce qui n'est pas achevée. *Jac. Matham exc.* 1615. gr. in-fol. De la plus grande rareté.
10. L'Adoration des Rois. in-4to. Rare.
11. Le Massacre des Innocens. *C. Visscher excud.* tr. gr. in-fol. Pièce de la plus grande rareté, la planche n'étant pas finie.
12. Repos en Egypte. *H. Goltzius fec.* 1589. in-4to.
13. La Samaritaine. *H. Goltzius sc. et exc.* 1589.
14. La Passion, en 12 feuilles. *H. Goltz. fec.* 1597. in-4to. Dans le goût de L. de Leyde.
15. Le Christ, et treize portraits d'Apôtres, avec des inscriptions latines du Credo, en 14 feuilles. *H. Goltz. fec.* 1598. in-8.
16—29. Les Apôtres, à mi-corps, figures presque grandes comme nature, avec les inscriptions du Credo, et le nom de chaque Apôtre. *C. de Visscher excudit.* 13 grandes pièces in-fol. sans le nom de Goltzius, à qui on attribue la gravure, qui est dans un grand style et avec des tailles serrées.
30. L'Adoration des Rois, composition singulière. p. in-fol. Belle et rare.
31. L'enfant Jésus assis sur un coussin, et entouré d'une gloire d'anges, avec un globe à la main. *H. Goltz. fec.* 1597. in-4to.
32. St. Antoine tenté par une diablesse. in-4to.
33. Une Sainte, tenant dans la main droite un livre. *Matham exc.* in-4to. Pièce très-rare, attendu que plusieurs parties ne sont gravées qu'au trait.

34. Les Métamorphoses d'Ovide, dans une suite de 52 morceaux. *J. C. de Visscher excudit.*

On croit que Goltzius s'est beaucoup fait aider par ses élèves dans les gravures de cette suite. in fol. en t.

35. Les Héros de l'ancienne Race romaine, savoir: 1) Les Horaces et les Curiaces. 2) Horatius Coclès. 3) M. Scaevola. 4) Curtius. 5) Torquatus. 6) Corvinus. 7) Manlius. 8) Calphurnius. En tout 10 feuilles, en y joignant les deux planches allégoriques, dont l'une sert d'introduction, et l'autre de conclusion. *H. Goltz.* 1586. in-fol.

Cette suite, gravée avec une grande fierté de burin, offre de beaux lointains.

36. Vénus nue, appuyée contre un arbre, tient une grappe de raisin, tandis que Cupidon lui présente une poignée d'épis, avec cette inscription: *Sine Cerere et Baccho, friget Venus.* Pièce en rond, de 3 p. 5 l. de diamètre, d'une exécution si fine et si précieuse, qu'elle forme un contraste parfait avec les pièces précédentes.

37—40. Suite de trois pièces en ovales, représentant 1) Bacchus. 2) Vénus et Cérès, dédiée a Corneille de Harlem par Goltzius. p. in-fol.

41—44. Les trois Déesses, 1) Pallas. 2) Junon. 3) Vénus, allant concourir pour le prix de la beauté, en trois feuilles. 1596. in-fol. en ovales et avec des accessoires.

45. Vénus couchée sur un lit, dans un pavillon et un cartouche en ovale, avec un Amour à chaque coin, figurant les quatre élémens. in-fol. en t. jolie pièce.

H. GOLTZIUS.

46. Mars et Vénus, surpris à la vue des Dieux assemblés. 1585. gr. in-fol.

47—50. Les Amours des Dieux : 1) Jupiter et Junon. 2) Neptune et Amphitrite. 3) Pluton et Proserpine. 3 feuilles. in-fol.

51. Apollon dans les nues, avec une inscription autour de sa tête. 1588. in-fol.

52. Pigmalion et sa statue. *Sculpsit — — marita est.* 1593. *Jo. Janssonius exc.* in-fol.

53. Mercure endormant Argus ; dans un ovale in-16. Très-rare.

54. Les neuf Muses, en 9 feuilles, chacune avec le nom de la Muse, et quatre vers; sur la première une dédicace à Jean Sadeler. 1592. p. in-fol.

55. Les trois Graces sur les nues, se posant des couronnes de laurier sur la tête. in-fol.

56. Les trois Parques en fonction, trois figures nues, grands ronds in-fol.

57. *Apollo Pythius. Statua antiqua Romæ in palatio Pontificis Belleveder etc.* Avec le portrait du dessinateur de la statue à mi-corps. gr. in-fol.

58. *Hercules* ΑΛΕΞΙΚΑΚΟΣ *Inscriptus Roman. Commodus Imperator. Statua antiqua Romæ, in palatio Pontificis Belleveder etc.* Avec quatre vers latins. gr. in-fol.

59. *Hercules Victor. Statua antiqua Romæ, in palatio Cardinalis Farnesii etc.* Avec quatre vers latins, et au bas deux figures modernes d'hommes. *Herman Adolf exc. post obitum G.* 1617. gr. in-fol.

Ces trois pièces qui forment une suite, sont de la plus grande beauté, attendu qu'ici la force de l'exécution est à sa place.

60. Hercule armé de sa massue, avec quelques-uns de ses travaux, dans le lointain. 1589. tr. gr. in-fol.

Dans cet Hercule l'artiste paroît s'être attaché de rendre l'idéal de la plus grande force humaine, mais il l'a fait dans un style tout-à-fait barbare.

61. Apollon, jouant du violon au milieu des Muses, emporte les suffrages de Tmolus, refusés par le roi Midas. 1590. tr. gr. in-fol. en t.

62—69. Les sept Vertus cardinales, savoir : 1) *Fides.* 2) *Spes.* 3) *Charitas.* 4) *Justitia.* 5) *Prudentia.* 6) *Fortitudo.* 7) *Temperantia.* 7 feuilles, in-4to.

70—73. Les trois Vertus de l'homme : 1) *Diligentia.* 2) *Patientia.* 3) *Scientia ;* figurées par trois femmes drapées, assises sous des ornemens d'architecture. 3 belles pièces in-fol.

74—78. Les Vertus humaines, figurées par huit femmes nues qui s'embrassent, dans de beaux paysages, savoir : 1) *Fortitudo et Patientia.* 2) *Fiducia et Spes.* 3) *Justitia et Prudentia.* 4) *Concordia et Pax.* 4 belles pièces. p. in-fol. en t.

79. *Labor et Diligentia,* deux figures nues qui s'embrassent, un homme et une femme. 1582. in-4to. Rare.

80. Un enfant nud, appuyé sur une tête de mort, et faisant des bulles de savon. Emblême de la vanité humaine. gr. in-4to.

81. Emblême de la Prudence chrétienne, figuré par une femme assise, richement drapée. *Astu serpentes, et simplicitate columbas;* dans un rond in-16. Rare et d'une gravure précieuse.

82. Un aveugle conduit un aveugle, dans un paysage, et dans un rond. in-12. Rare et précieuse.

H. GOLTZIUS.

83. Le chariot de guerre, avec des vers et des explications en françois et en hollandois; composition immense. *Henricus Goltzius fecit. Joan. Galle excud.* in-fol. en t. Très-rare.
84. Jeune fille qui refuse les offres d'un riche vieillard, pour suivre un jeune amant. p. in-fol. en t. Rare.
85. Jeune homme qui refuse les offres d'une riche vieille, pour suivre une jeune fille. in-fol. Rare.
86. Le chien de Goltzius. L'on prétend que le jeune homme qui monte dessus, est le fils du peintre Théodore Frisius à Venise, auquel l'artiste a dédié son estampe; une de ses pièces capitales. gr. in-fol.
87. Coridon et Silvie, assis au pied d'un arbre; pastorale. tr. gr. in-fol. Belle gravure, et pièce rare.
88. Un homme vêtu en Espagnol, marchant dans un paysage, et tenant dans sa main deux fleurs, dont l'une s'éparpille, avec ces mots écrits autour: *Sic transit gloria mundi.* p. in-fol.
89. Un officier armé de sa hallebarde, dans le lointain une bataille. 1582. p. in-fol.
90. Un officier en marche, tenant horizontalement son esponton, dans le lointain la vue de la ville de Prague. Ao. 1587.
91. Grand paysage montagneux, sur le devant deux pasteurs avec un troupeau de chèvres, sur le plan du milieu des fabriques, et, au haut des airs, Dédale et Icare. *Matham exc.* gr. in-fol. Belle eau-forte de Goltzius.

Gravures en bois et en clair-obscur, ou en camaïeu.

1. Paysage dont le milieu est orné d'une maison rustique, avec un puits où une femme tire de l'eau, et un homme qui revient des champs. in-4to. en t.

2. Paysage agreste, avec un énorme rocher au bord d'une mer agitée, et un hermite prosterné. in-4to. en t.
3. Pastorale, sur le devant un berger et une bergère, assis au pied d'une colline, à droite des maisons rustiques, et au milieu deux beaux arbres. in-4to. en t.
4. Un guerrier à mi-corps, le casque en tête et la lance élevée au poing. *H. Goltzius fec.*, p. in-fol.
5. Hercule assommant le géant Cacus à coups de massue. Taille de bois. gr. in-fol.
6. La même pièce, exécutée en clair-obscur; sans la marque de Goltzius.
7—13. Suite de 7 figures nues, représentant différentes Divinités, savoir: 1) Jupiter debout sur le globe du monde. 2) Neptune monté sur un Dauphin. 3) Pluton vu par le dos, à l'entrée des enfers. 4) Thétis sur son char en pleine mer. 5) Flore ou l'Abondance couronnée de fleurs. 6) La Nuit sur son char, traîné par des chauve-souris. 7) L'Eternité, marquée par une figure qui tient d'une main un sceptre, et qui écrit de l'autre sur le livre du destin. Dans un rond à droite, la nature lance ses productions, et dans un autre rond à gauche se voit le symbole de l'éternité, le serpent qui forme le cercle, en se mordant la queue.

Ces pièces en ovales, gr. in-fol. sont d'une savante exécution et d'un grand effet.

Pièces diverses, d'après des maîtres italiens.

1. St. Joachim, d'après un tableau de Raphael dans l'église des Augustins à Rome. 1592. in-fol.
2. Triomphe de Galatée sur la mer, et dans un char

traîné par des dauphins et des dieux marins; d'après le tableau de Raphael de la Farnesine. gr. in-fol.

3—11. Huit divinités dans des niches; d'après Polidore, savoir : 1) Saturne. 2) Neptune. 3) Pluton. 4) Vulcain. 5) Le Soleil, ou Apollon. 6) Jupiter. 7) Bacchus. 8) Mercure. 8 feuilles d'après les peintures du Quirinal. in-fol.

12. Deux Sibylles, d'après des statues antiques à Rome; d'après le même. in-4to.

13. La Cène, grande composition de P. Véronese, sans son nom. *H. Goltzius sculptor et exc.* Ao. 1585.

14. Les Noces de Cana, composition ceintrée; d'après J. Salviati. *Jac. Matham exc.* tr. gr. pièce en 2 feuilles en t.

15. St. Jérôme en méditation dans le désert; d'après Palme le jeune. gr. in-fol.

Pièces diverses, d'après des maîtres des Pays-Bas.

1. La chûte de nos premiers parens; d'après Barth. Spranger. 1585. in-4to.

2. Le Christ mort, soutenu par un ange, pour être mis dans le tombeau; d'après le même. gr. in-fol.

3. Le grand Banquet des Dieux aux Noces de l'Amour et de Psyché; d'après le même, en 3 feuilles; très-grande pièce en t.

4. Les Noces d'Antenor, pièce connue sous le nom du Bal vénitien; d'après Théodore Bernard. *H. Goltzius sculptor.* Ao. 1584. tr. gr. pièce en deux planches en t.

5. Le Dragon qui dévore les compagnons de Cadmus; d'après Corneille Cornelis, ou de Harlem. 1588. in-fol. en t.

6. Ulysse venant de terrasser Irus en présence des amants de Pénélope ; d'après le même. gr. in-fol.

7—10. Les quatre Elémens, représentés par les figures en l'air de Tantale, d'Icare, d'Ixion et de Phaëton ; 4 grandes pièces en rond, nommées les Culbuteurs ; d'après le même.

11. St. Paul dans l'île Mélite, mordu par une vipère ; d'après J. Stradan. in-fol. en t.

12. Loth, conduit par deux anges, sort de Sodome avec sa famille ; d'après Ant. Blocklant. 1582. gr. in-fol. en t.

13. Les quatre Evangélistes au sépulcre du Christ ; d'après le même. 1583. gr. in-fol.

CHRISTOPHE VAN SICHEM, dessinateur, graveur au burin et en bois, né vers 1580 en Hollande, et florissant à Amsterdam vers les commencement du dernier siècle. Parmi les nombreux élèves de Goltzius, Christophe s'est distingué par ses tailles de bois, d'une exécution vigoureuse. Il a beaucoup gravé au burin. Le mérite de la plupart de ses gravures dans ce genre, consiste dans une certaine propreté. L'ouvrage le plus considérable qu'on connoisse de lui est celui qui porte pour titre : *Iconica Hæresiarcharum* etc. consistant en un grand nombre de portraits, in-4to. représentant les principaux Réformateurs de l'église, d'après ses

ses dessins, publié à Amsterdam en 1609. On connoit encore de lui une suite de portraits, in-folio, des comtes de Hollande et de Zéelande, aussi de son dessin.

En général on estime davantage ses tailles de bois, sur-tout celles qu'il a gravées d'après son maître, H. Goltzius. La coupe de ses tailles est des plus hardies, et souvent avec peu de travaux il a su produire de grands effets. Selon M. de Heinecke, il y a eu trois graveurs du nom de Sichem, notre Christophe, Corneille et Charles; mais il n'y a guères eu que le premier qui se soit distingué. Les François, à commencer par Marolles et Florent le comte, ont singulièrement embrouillé l'article de ce maître. De van Sichem, il ont fait Vichem. Basan, induit en erreur par Papillon, parle d'un Charles-Simon Vichem, graveur qui n'a jamais existé, et qui selon lui a vécu plus de cent ans. ,, Jamais artiste, dit-il, n'a manié ,, le burin avec autant de liberté. On croit ,, qu'il a gravé plus de 6000 planches, nombre ,, extraordinaire pour un seul homme." — Basan auroit dû nous citer du moins un seul morceau de cet habile homme. Ce qui peut aussi avoir donné lieu à toute cette confusion, c'est son chiffre, formé d'un C. d'un V. et d'un S, joints ensemble et figuré ainsi :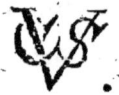

Dans la spécification suivante des estampes de Christophe, je me bornerai à ne rapporter ici que celles que j'ai sous les yeux.

En cuivre.

1. *Joannes Calvinus Nouioduni*, en buste et vu de profil, tenant un livre à la main, dans un cadre historié. *C. Sichem sc. exc.* in-4to.
2. *David Georgius Delphis, in Batavia, perniciosissimæ sectæ auctor. Durch Christoph von Sichem, Formschneider und Kupferstecher. 1606.* C'est-à-dire : Par Christophe de Sichem, tailleur de moules et graveur en cuivre. in-4to.
3. *Rob. Dudleus, Leycestriæ Comes. C. van Sichem sc. et exc.* in-4to.
4. *Francis. Valesius, Dux Alencon. Id. sculp. et exc.* in-4to.
5. L'empereur Charles-Quint en pied, dans le costume impérial, avec l'inscription : *Carolus quintus Imperator Cæsar Augustus. Ch. v. Sichem sculp. et exc.* in-4to.
6. La reine Elisabeth en pied, dans le costume royal, avec l'inscription : *Elisabeta D. G. Angliæ. Fran. Hibern. et Virginiæ Regina. Chr. v. Sichem fecit.* in-4to.

Ces deux portraits sont aussi attribués par quelques-uns à Charles van Sichem.

CH. VAN SICHEM. L. DE VADDER.

En bois.

1. Suite de douze sujets historiques. *Chris. van Sichem fecit.* in-12. Rares.
2. Esther devant le roi Assuérus; d'après L. de Leyde. gr. in-4to.
3. L'Adoration des bergers; d'après Abrah. Bloemaert. in-4to.
4. La Circoncision; d'après H. Goltzius. *C. Sichem fecit.* 1629. in-4to.
5. Judith, avec la tête d'Holofernes, qu'elle met dans un sac, tenu par sa servante; d'après le même. in-4to.
6. Sainte Cécile touchant l'orgue, accompagnée de quatre autres figures, dont deux chantent; d'après le même. in-fol.
7. Buste d'un homme vigoureux, avec un chapeau découpé, orné de plumes; d'après le même. 1607. in-fol.
8. Buste d'un prince africain, coiffé d'une espèce de casque orné de plumes et d'un gros diamant. *J. Matham inv.* 1613. in-fol.
9—12. Suite de quatre feuilles, représentant Judith, David, Samson, Sisera. *H. Goltzius inv. C. Sichem sculp.* in-fol.
13—16. Suite de quatre morceaux, représentant les quatre Evangélistes en bustes, dans des cadres d'arabesques, chacun avec ses attributs, et au bas un précis historique de leur vie et de leur mort en hollandois, avec cette adresse: *Tot Amsterdam by Christoffel van Sichem: Figuer-Snyder in de seylende Windiwaghen.* 4 pièces in-fol. d'une très-savante exécution.

LOUIS DE VADDER, peintre et graveur à l'eauforte, né à Bruxelles vers 1560. Grand paysagiste. Louis eut soin d'observer souvent dans les campagnes le soleil à son lever, écartant les vapeurs et les brouillards, et développant insensiblement les lointains. Ses tableaux sont d'une grande vérité. Il a su donner la vapeur de l'air à ses ciels dans ses ouvrages. Ses arbres sont de bon goût, bien touchés, et agréablement refléchis dans les eaux dont il embellissoit ses paysages.

Ce peintre a gravé d'une pointe très-spirituelle plusieurs petits paysages, dans le goût de ceux de van Uden.

1. Paysage avec la vue d'un village. *L. de Vadder fecit.* in-8. en t.
2. Le même paysage, orné de quelques figures, dont la principale est un homme à cheval, ayant un faucon sur le poing, et un chasseur à côté. *Id. fec. F. van den Wyngaerde exc.* Même dimension.
3. Paysage avec un orage, pièce marquée, *L. de Vadder pinx. et fecit*, et doublement marquée: *Vorstermans fec. F. v. d. Wyngaerde exc.* p. in-fol. en t.

On présume que le peintre pourroit bien avoir eu part à la gravure.

W. Hollar et Arn. de Jode, ont gravé chacun un paysage d'après ce peintre.

Jac. de Ghein.

I. Jacques de Ghein, ou Gheyn, le vieux, peintre, dessinateur et graveur au burin, naquit à Anvers en 1565, et mourut en 1615. Il apprit les élémens de la peinture de son père, habile peintre sur verre, et les principes de la gravure à l'école de Goltzius. De Ghein s'est principalement voué à ce dernier art, dans lequel il s'est très-distingué. Son burin, joint à beaucoup de propreté et de douceur, décèle de la facilité et de la fermeté. Cependant il n'a pas toujours su se garantir d'une certaine sécheresse, souvent reprochée aux graveurs flamands de son tems. Le nombre de ses estampes passe celui de 170. Quant à ses ouvrages de peinture, on montre de lui, à l'église des Dominiquins de Bruges, un tableau qui représente Ste. Hélène avec la croix. Ce tableau, peint en 1611, renferme de bonnes choses; mais en général on le trouve un peu sec. Il peignoit en outre de belles fleurs et de jolies petites figures en miniature.

De Ghein avoit coutume de marquer ses planches des lettres initiales de son nom I. G. *fecit*, ou de son chiffre, formé de ces lettres:

JAC. DE GHEIN.

Portraits.

1. Tycho-Brahé, célèbre astronome danois. in-8.
2. Abraham Gokevius, fameux antiquaire à Amsterdam. in-8.
3. Hugo Grotius, célèbre philosophe hollandois. in-8.
4. Philippe de Marnix, fameux disciple de Jean Calvin. in-8.
5. Côme de Médicis, nommé le père du peuple; en rond. in-4to.
6. Sigismond Malatesta, fameux capitaine du quinzième siècle; en rond. in-4to.
7. Joannes Basilowitsch, Autokrator Russiæ; en rond. in-4to.

Pièces de sa composition.

1. La Vanité, figure de femme, assise à sa toilette. in-4to.
2. La Madeleine, jusqu'aux genoux, petite pièce en ovale.
3—4. Deux jolies petites médailles, Mars et Vénus.
5. Jeune femme qui se fait dire la bonne aventure par une Bohèmienne. *N. le Clerk exc.* in-fol.
6. La statue du Laocoon. *H. Hondius sc.* gr. in-fol.
7. Un beau Lion couché, sur un fond de paysage. *J. de Ghein fec. C. de Visscher exc.* grand ovale, in-fol. en t. Très-rare.
8—17. Les Masques. *J. de Ghein inv. fec. et excud.* Suite fameuse et très-rare, en 10 feuilles, petit in-fol.
18—29. Les douze premiers Empereurs romains, en 12 feuilles; suite complette et très-estimée, en rond. in-4to.
30—31. Le Sabbat, ou le Rendez-vous des Sorciers et des Sorcières. *N. le Clerk exc.* tr. gr. in-fol. en 2 planches.

32. Jésus-Christ crucifié sur le Golgotha, riche tableau, composé par Jac. de Ghein, et gravé par B. Dolendo. gr. in-fol.

Divers sujets, d'après différens maîtres.

1. La Passion de Jésus-Christ, suite de 14 feuilles avec le titre, gravée par J. de Ghein et Z. Dolendo, son élève. D'après C. van Mander. in-8.
2—13. Les douze Tribus d'Israël, savoir: 1) Ruben. 2) Levi. 3) Syméon. 4) Juda. 5) Zabulon. 6) Issachar. 7) Dan. 8) Gades. 9) Aser. 10) Nephthali. 11) Joseph. 12) Benjamin; représentés en 12 figures à mi-corps, chacune avec ses attributs; d'après Karl van Mandere. p. in-4to. d'une belle exécution.
14—15. Deux sujets emblématiques, sur la folie de ceux qui consument leurs biens dans les plaisirs; d'après le même. 2 grandes pièces en t.
16. La Confusion des langues oblige les hommes à se séparer et à quitter la construction de la tour de Babel; d'après le même. gr. in-fol. en t.
17. L'Adoration de la Trinité. *Ant. Schenkel, Medicus, inventor C. van Mander pinx. J. de Ghein sc.* in-fol.
18. La dispute d'Apollon et de Pan, ou le jugement de Midas; d'après le même. gr. in-fol. en t.
19—20. L'Enfant prodigue, livré à la volupté; riche composition de Karl van Mander, belle estampe de Ghein. gr. in-fol. en 2 planches.
21. Jésus-Christ crucifié entre les deux Larrons; grande composition; d'après Crispin van den Broeck. gr. in-fol.
22. Eris jettant la pomme de discorde dans l'assemblée des Dieux; d'après le même. gr. in-fol. en t.
23—26. Les quatre Evangélistes, en méditation à leurs

pupitres, avec des inscriptions latines; d'après H. Goltzius; 4 pièces en rond. in-4to.

27. L'empire de Neptune. *Guil. Telcho inv. H. Goltzius exc.* 1587. *J. de Ghein sc.* pièce en rond. in-fol.

28—39. Suite de soldats de la garde de l'empereur Rodolphe II. déssinés d'après nature par Henri Goltz, et gravés par Jacques de Ghein; 12 pièces, très-recherchées, d'une gravure fine et précieuse. p. in-fol.

40. L'Annonciation, où la Vierge est assise au pied de son lit; d'après Abr. Bloemaert. in-fol.

41. Repos dans la fuite en Egypte; d'après le même; pièce en rond. in-fol.

42. Jésus instruisant le peuple Juif; d'après le même; pièce gravée en 1592. gr. in-fol.

43. Le miracle des cinq pains, sur un fond de paysage, en ovale; d'après le même; gravé en 1592. in-fol.

44. Daniel dans la fosse aux lions; d'après Th. Bernard. in-fol. en t.

45. Diane qui change Actéon en cerf; d'après le même. gr. in-fol. en t.

46. Poliphème avec Acis et Galatée; d'après Corneille de Harlem. gr. in-fol. en t.

II. JACQUES DE GHEIN, le jeune, dessinateur et graveur à l'eau-forte et au burin, né à Anvers vers 1610. On le dit de la même famille que le précédent, d'ailleurs on ignore s'il étoit son fils ou son neveu. En Italie où il s'étoit rendu, il travailla d'après Ant. Tempesta; on peut même supposer qu'il fut son élève, attendu qu'il y a beaucoup de ressemblance de sa pointe avec celle de ce maître. Il ne paroît pas avoir rien gravé d'important avant l'année 1650. L'ouvrage le plus considérable que nous ayons de lui, est la vie de Charles-Quint, en huit planches, dont il grava une partie, et Coryn Boël l'autre. Il marquoit ses pièces: *J. de Ghein junior fecit.*

Nous ne rapporterons que les deux morceaux suivans de la suite.

1. Le roi François premier, combattant à la bataille de Pavie. *Ant. Tempesta pinx. Jac. de Ghein fecit.* gr. in-fol.
2. L'empereur Charles-Quint à cheval, accompagné de ses généraux, reçoit l'électeur de Saxe après la bataille de Muhlberg. De même.

III. GUILLAUME DE GEYN, dessinateur et graveur, natif des Pays-Bas vers 1610. On le croit parent des deux graveurs précédens, du moins étoit-il leur contemporain. Guillaume a travaillé à Paris pour le fond de Jean le Blon. Je connois de lui les quatre Saisons, figurées par des Dames en pied, dans le costume françois, sous Louis XIII. Le Printems et l'Eté sont de Geyn: l'Automne et l'Hiver, de Jérémie Falk. J'ai aussi sous les yeux les deux portraits suivans, gravés dans le goût d'Abr. Bosse.

5. Louis XIV, à l'âge d'environ douze ans, monté sur un grand cheval, partant pour la chasse. *G. de Geyn fecit. Le Blond excud.* gr. in-fol.

6. Le duc Bernard de Weymar, représenté à cheval. *Guil. de Geyn fecit.* gr. in-fol.

GISBERT, ou GILBERT VAN VEEN, ou VENIUS, dessinateur et graveur au burin, naquit à Leyde vers 1566, et mourut à Anvers en 1628. Gilbert étoit le frère puîné d'Octave van Veen, plus connu sous le nom d'Ottovenius, maître de Rubens. Il a gravé au burin pur, dans un style assez ressemblant à celui de Corneille Cort. Il est même assez probable qu'il accompagna son frère en Italie, à en juger par plusieurs estampes gravées d'après des maîtres italiens. En 1612 il s'établit à Anvers, où il publia différens ouvrages d'après son frère Otto. Les têtes de ses figures ont de l'expression, et les autres extrêmités sont rendues dans un style qui lui fait honneur. On estime ses portraits, tels que les suivans :

1. Ernest, duc de Bavière, dans un médaillon soutenu par la Renommée. in-fol.

2. Jean de Bologne, marqué G. V. et gravé à Venise en 1589. in-fol.
3. Le portrait d'Alexandre Farnese, orné de figures allégoriques; d'après Otto Vaenius, par Gisb. Venius. in-fol.
4. Les emblémes d'Horace, inventés par Ottovenius, et publiés in-4to. par Gisb. Venius, à Anvers, 1612.
5. Les emblémes de l'amour divin et de l'amour profane; de même.
6. La vie de St. Thomas d'Aquin, dans une suite de plusieurs planches.
7. Les quatre Saisons, avec le titre: *Quatuor anni Tempora. Raphael del Colle del.* faussement attribuées à Raphael d'Urbin. *Gisbert Venius sculp.* 1589. in-fol. en t.
8—12. La Promesse et le Mariage d'Isaac et de Rebecca; d'après Balth. Perucci, frise de 5 feuilles in-fol. à coller ensemble, sur l'une le portrait du peintre en médaillon. Pièce rare et capitale.
13. La Visitation d'Elisabeth, d'après un tableau du Baroche, dans l'église de Ste. Marie in Vallicello, marquée Gisb. Veen. in-fol.
14. Jésus-Christ crucifié, au bas la Ste. Vierge et St. Jean l'Evangéliste; d'après le Baroche, avec l'inscription: *Si autem in luce ambulamus.* gr. in-fol.

BARTHELEMI DOLENDO, dessinateur et graveur au burin, né à Leyde vers 1566. et présumé élève de Goltzius. Il a gravé, d'un burin très-fin, plusieurs pièces, tant de sa composition, que d'après d'autres maîtres. On y desireroit plus de correction dans le dessin.

204 - B. DOLENDO. ZACH. DOLENDO.

Il s'est servi fréquemment de son chiffre, composé d'un B et d'un D joints ensemble, ainsi figuré

1. Le prophète Jonas jetté dans la mer, et englouti par la baleine, avec une inscription et le chiffre de l'artiste; pièce en rond de 2 p. 11 l. de diamètre.
2. Jonas couché à l'ombre des courges ; pièce toute semblable.
3. Fête de villageois hollandois ; pièce in-4to. en t.
4. Adam et Eve recevant le fruit défendu ; d'après Carl van Mander ; pièce in-4to.
5. Jésus en Jardinier apparoît à la Madeleine, en demi-figures ; *B. Dolendo inv. et fecit.* in-fol.
6. Sainte famille ; d'après Michel Coxie. p. in-fol.
7. Saint Jean prêchant dans le désert ; sans nom de peintre. p. in-fol. en t.
8. Pyrame et Thisbé ; d'après Crispin van den Broeck. in-4to.
9. Jupiter et Cérès, allégorie ; d'après Barth. Spranger. gr. in-fol.
10. L'Assomption, où se voit la Vierge prosternée sur les nues et entourée d'Anges: au bas les Apôtres dans l'admiration. gr. in-fol.

ZACHARIE DOLENDO, dessinateur et graveur au burin, naquit à Leyde vers 1567. Contemporain, et sans doute parent du précédent, il apprit les élémens de son art de Jacques de Ghein. Le goût de gravure de Zacharie tient de celui de Barthelemi, mais il lui est supérieur pour la correction du dessin, et il n'est pas inférieur à son maître. Il grava plusieurs pièces d'après les compositions de ce dernier. Nous avons de sa main plusieurs portraits qui ne le cèdent en rien à ceux des Wierix. Pour marquer ses pièces il s'est servi souvent de son chiffre, composé d'un Z et d'un D, dans la forme suivante :

1. Guillaume, prince d'Orange, en demi-figure, dans son armure. *Z. Dolendo f.* 1581. ovale in-8.
2. Andromède nue, enchaînée sur un rocher, de sa composition ; jolie pièce in-4to.
3. La Vierge avec l'enfant Jésus, assise sur un trône, et couronnée par deux anges ; d'après Jac. de Ghein. in-4to.
5. Jésus-Christ crucifié entre les deux Larrons ; d'après le même. gr. in-fol.
6. Adam et Eve s'embrassant, et Eve recevant la pomme du serpent ; d'après Spranger. in-4to.
7. St. Martin partageant son manteau entre deux pauvres ; d'après le même. in-4to.
8. La Continence de Scipion ; d'après Ab. Bloemaert. pièce en rond. in-4to.
9. Suite de Dieux et de Déesses ; d'après les originaux de H. Goltzius.

ABRAHAM BLOEMAERT, peintre et graveur à l'eau forte et en clair-obscur, naquit à Gorcum en 1569, et mourut à Utrecht en 1647. Il apprit les principes du dessin de son père, architecte, ingénieur et sculpteur. Ensuite il fréquenta les écoles de Franc Floris, de Jérôme Frank et de quelques autres peintres. Mais Blœmaert ne dut ses succès qu'à ses grandes dispositions pour la peinture. Il se forma le goût en copiant de bons tableaux. Par-là, s'écartant de la manière de Goltzius et de ses maîtres, il s'en forma une plus gracieuse. Il peignit l'histoire, le paysage, les animaux, les coquillages; il eut moins de goût pour le portrait qui exige une attention scrupuleuse à imiter le modèle. Ses ouvrages en général se ressentent de cette impatience; on voit qu'il ne consultoit la nature ni pour le nud, ni pour la draperie. La beauté brillante de son coloris lui fait pardonner l'incorrection de son dessin. On estime singulièrement sa manière de traiter le paysage.

Blœmaert s'est aussi distingué dans la gravure, tant à l'eau-forte qu'en clair-obscur. Il a gravé d'une pointe facile plusieurs pièces, dans lesquelles il imitoit les dessins à la plume. Mais les plus recherchées de ses estampes sont celles qu'il a exécutées en clair-obscur. Dans ces dernières on voit que, s'écartant des procédés usités, il gravoit le trait à l'eau-forte sur cuivre, et les rentrées avec des tailles sur des planches de bois. Son œuvre est considérable. Communément on le porte à environ 600 morceaux, en comptant ses propres gravures, celles de ses fils, ainsi que celles des Muller, des Bolswert, des Passes, Matham, Saenredam, Swanenbourg etc.

Blœmaert a eu quatre fils, tous quatre artistes. Henri qui fut l'aîné et qui mourut le premier, peignit le portrait avec quelque succès. Fréderic et Corneille se sont appliqués à la gravure avec des succès différens. Adrien, quatrième fils d'Abraham, peignit l'histoire et le portrait. Il se forma en Italie, passa de-là à Vienne, puis à Saltzbourg, où il fut tué en duel. Heinecke rapporte de ce maître un grand nombre de portraits, dont il croit plusieurs gravés par Adrien, étant sans noms de graveurs.

Eaux-fortes de Blœmaert.

1. St. Jean, avec son agneau. p. in-4to.
2. La Madeleine pénitente; d'après Callot. in-4to.

3. St. Pierre pénitent ; sans nom. in-4to.
4. Sainte famille, la Vierge donnant le sein à l'Enfant. *J. Starterus exc.* 1593. p. in-fol. en t.
5. Junon, ou l'Orgueil personnifié. p. in-4to.
6—9. Quatre paysages, avec baraques, figures et animaux. in-4to. en t.

Clair-obscur de Blœmaert.

1—2. Deux pièces, Moïse et Aaron, deux figures assises. in-fol.
3. La Vierge, avec l'Enfant emmailloté. in-4to.
4. Marie, Joseph et le petit Jésus. in-4to.
5—6. Deux bustes, celui de St. Joseph, et celui de la Vierge. p. in-4to.
7. L'Apôtre St. Simon avec sa scie ; d'après le Parmesan. in-4to.
8. La Madeleine assise devant un crucifix. in-8.
9. St. Jérôme lisant dans un livre. *A. Blo.* in-8.
10. Autre St. Jérôme, marqué F. P. ; d'après le Parmesan.
11. Un enfant nud ; d'après le Titien, sans marque. in-8.
12. Une femme voilée, vêtue d'une longue tunique ; d'après le Parmesan. in-8.
13. Un Eléphant ; pièce anonyme, artistement colorée, et attribuée à Abraham. gr. in-fol.

FREDERIC BLOEMAERT, dessinateur et graveur, naquit à Utrecht vers 1600. Cet artiste fut le second fils d'Abraham, et jouit comme ses frères des instructions paternelles. Frédéric a presque toujours travaillé d'après les dessins de de son père; il en imitoit le style, et dans ses gravures à l'eau-forte et dans celles en clair-obscur. L'ouvrage le plus considérable que nous ayons de lui, c'est un livre à dessiner, composé de 173 feuilles d'après ses dessins et ceux de son père. Frédéric a gravé aussi plusieurs planches entièrement au burin, et cela avec succès; mais l'outil de son frère Corneille a fait du tort au sien.

Les pièces suivantes sont de sa composition ou de celle de son père.

1—12. Les archevêques et évêques d'Utrecht, en 12 pièces, de figures en pied, dont 2 sont gravées par Corneille, et 10 par Frédéric, savoir: 1) S. Wilibrat. 2) S. Boniface. 3) S. Grégoire. 4) S. Frédéric. 5) Radbold. 6) Svitherd. 7) Albert. 8) S. Adulphe. 9) S. Lebvin. 10) S. Marcelin. 11) S. Werenfried. 12) S. Engelmond. gr. in-fol.

13. Thomas à Kempis, figure assise. in-fol.

14. St. François dans un hermitage. p. in-fol.

15. Le corps de Léandre, jetté au bord de la mer. p. in-fol. en 1.

16—31. Recueil de plusieurs figures, tant d'hommes que de femmes. *F. B. fec.* 16 pièces. in-4to.

32—61. Recueil de plusieurs gueux et gueuses. Sur le titre est un mendiant estropié, avec l'inscription: *Nudus inops mutilus F. B. fec.* 30 pièces. in-4to.

62—66. Les cinq Sens de nature. 5 pièces. p. in-4to. en 1.

67. Les quatre Saisons, caractérisées par des figures. in-4to.

68—87. Suite de 20 paysages numérotés, à l'exception de cinq. Sur le titre on voit une femme qui montre un oiseau. *F. B. filius fecit et exc.* in-4to. en t.

88. Paysage appellé en Hollande: *Het Duive Huis*, le Colombier. *Gens vaga per Pagos.* in-4to.

89—102. Recueil de plusieurs animaux et d'oiseaux. *Verscheyde Besten en Vogeln*; par F. Bloemaert. 14 pièces. in-4to.

103—106. Suite de 4 pièces, nommées le combat des coqs. *De Hanabyters.* p. in-4to.

CORNEILLE BLOEMAERT, peintre, dessinateur et graveur au burin, naquit à Utrecht en 1603, et mourut à Rome en 1680. Corneille, le troisième fils d'Abraham, apprit de son père les élémens du dessin et de la peinture. Il se livra quelque tems à celle-ci, mais il la quitta entièrement pour s'appliquer à la gravure. Son maître dans cet art, qu'il surpassa bientôt, fut Crispin de Passe. Il grava d'abord d'après les compositions de son père. Ensuite il vint à Paris vers 1630, et s'y distingua par ses estampes d'après les tableaux pour le recueil du Temple des Muses. De-là il se rendit à Rome où il fixa son séjour. Comme Bloemaert est un des artistes qui fait aussi époque dans l'histoire de la gravure, nous entrerons dans quelques détails à son article, discuté en maître par Watelet. „ Corneille se signala par la beauté de son burin, par le talent encore inconnu de ménager une dégradation insensible de la lumière aux ombres, et par la variété de tons, suivant la différence des plans: mais il ne varia pas avec le même art ses travaux, suivant la diversité des objets. Son grain, tendant toujours au carré, a du repos et de la transparence; il a du mérite quand il est bien placé, mais il ne peut pas convenir à tout. On peut aussi lui reprocher une mollesse générale, causée par le défaut de touche: ce défaut se remarque sur-tout dans ses draperies, et il y est encore augmenté par sa constance à ne point quitter l'ordre des tailles qu'il a une fois établies, tandis qu'il faut les abandonner brusquement, quand l'ordre des plis l'exige. Les plis longs et étroits doivent être traités par des tailles prises dans le sens de leur longueur: ce procédé qui donne à la gravure une grande fermeté, ne se trouve point dans les ouvrages de Bloemaert; il cherchoit ce qu'on appelle le flou, qui est toujours voisin de la mollesse. Cette même mollesse se remarque aussi dans son trait, qui tend plutôt à la ligne circulaire, qu'au méplat. Ce défaut le rendoit plus propre à traiter les figures de femmes, que celles d'hommes. Il a beaucoup gravé d'après Pietre de Cortove, et sa manière étoit d'accord avec celle de ce maître. Il seroit injuste de refuser une grande estime à ses ouvrages; mais il seroit dangereux de les imiter sans intelligence. On doit préférer sans doute l'art d'Augustin Carrache pour la préparation des travaux: mais Blœmaert est le premier graveur au burin, qui ait su finir une estampe. C'est dire assez, qu'avant lui on avoit bien su graver un dessin, mais qu'il est le premier qui ait bien su graver un tableau. Quoique sa gravure fut généralement un peu froide, il la réchauffoit par le ton, quand il gravoit d'après de vigoureux coloristes. On en peut voir entr'autres un exemple dans son estampe de St. Pierre ressuscitant Tabite, d'après le Guerchin."

La manière de Blœmaert trouva beaucoup d'approbation à Paris. Aussi c'est à cet artiste que les François doivent ce beau burin qui caractérise leur école de gravure. De sorte que plusieurs habiles graveurs, tels que Karl Audran, Etienne Baudet, Etienne Picart, Guillaume Vallet, et sur-tout François de Poilly, peuvent être considérés ou comme des élèves ou comme des imitateurs de Blœmaert.

Pièces de sa composition.

1. Franciscus Bonisignus, secrétaire du prince Léopold; ovale, marqué C. B. in-fol.
2. Jean-Baptiste Toretti, Florentin. *Romæ.* in-fol.
3. P. Grebberus, P. Harlem. consec. *C. Blo. sc.* in-fol.
4. Joan Doens, Scotus. Theol. in-fol.
5. Jacques Faverau, conseiller au parlement de Paris, portrait anonyme, peint par Diepenbeck, et gravé par Blœmaert; ovale avec ornemens. in-4to.
6. Moïse tiré des eaux du Nil. in-fol. en t.
7. La Vierge, avec l'enfant Jésus qui s'attache à son cou. in-fol.
8. Grande Thèse, où il y a trois Papes dans des niches, dédiée à Aléxandre VII. gr. in-fol.
9. Frontispice, où l'on présente à St. Ignace une carte géographique. in-fol.

Pièces diverses, d'après Ab. Blœmaert.

1. *Bartholomæus Aribertus, liber Baro Malgrati. Petrus Martir del.* in-4to.
2. Athanase Kircher, savant Jésuite de Fulde. in-4to.
3. Le cardinal François Peretti de Montalte. in-fol.
4. Le Tombeau du D. Nomi, religieux. in-fol.

5. La Vierge, avec l'enfant Jésus endormi. in-4to.
6. L'enfant Jésus assis dans une gloire. in-4to.
7. L'Assomption de la Vierge, belle composition. in-fol.
8. St. Jérôme dans le désert. in-4to.
9. Les quatre pères de l'église, disputant sur le St. Sacrement. gr. in-fol.
10. St. François à genoux, et l'enfant Jésus dans les airs. in-fol.
11. St. Ignace devant le Sauveur portant sa croix; d'après le tableau d'Abraham de Bois-le-Duc; pièce distinguée. in-fol.
12. L'Avarice, vieille femme qui compte de l'argent à la lumière d'une chandelle. in-4to.
13. La Libéralité, jeune femme qui présente à boire à un enfant. in-4to.
14. Vieille femme, à mi-corps, les mains posées sur une chaufferette; pièce appellée en Hollande: *Het Vroutie met de Stof.* in-4to.
15. Le Fou du Mardi gras, demi-figure, jouant du Rommelpot; pièce connue aussi sous le nom de Broyeur de moutarde. in-fol.
16—19. Suite connue sous le nom: Le Repos des Voyageurs; 4 pièces, parmi lesquelles est le petit garçon avec le chat. in-4to.
20—21. Deux paysages, à l'un se voit une paysanne assise sous un arbre, le bras droit passé dans l'anse d'un panier, à l'autre une paysanne dans la même attitude; pièces rares et jolies. in-4to. en t.
22—34. Les douze mois de l'année, 13 pièces avec le titre qui représente le Zodiaque. in-4to. en t.
35. Un chat, tenant un rat sous ses pattes; belle pièce qu'on a souvent copiée. in-4to.
36. Le grand Hibou, portant des lunettes et assis sur un livre, ayant devant lui une chandelle. in-4to.
37. La chasteté de Joseph; d'après Blanchart. p. in-fol.

C. BLOEMAERT.

Divers sujets, d'après des maîtres italiens.

1. La Vierge, avec l'enfant Jésus, assise sur un trône entre St. Roch et St. Sébastien; d'après le Baroche. in-fol.
2. Sainte famille; d'après le Parmesan. in-fol.
3. La Vierge adorant l'enfant Jésus endormi; d'après le Guide. p. In-fol. en rond.
4. La Vierge tenant l'enfant Jésus dans ses bras; d'après le Titien. Ovale in-fol.
5. L'Annonciation, avec l'inscription: *Spiritus sanctus superveniet;* d'après Lanfranc. in-fol.
6. La Résurrection du Christ; d'après Paul Veronese. gr. in-fol.
7. La sainte famille, où se voit St. Joseph avec des lunettes; d'après le Carrache. gr. in-fol.
8. Jésus-Christ en croix, au bas la Vierge évanouie, entourée des Stes. femmes; d'après le même. in-fol.
9. Ste. Marguerite, à l'église de Ste. Catherine de Funari à Rome; d'après le même. in-fol.
10. St. Luc peignant la Vierge et l'enfant Jésus; d'après Raphael. in-fol.
11. L'Adoration des bergers, grande composition; d'après le même. gr. in-fol. en t.
12. St. Jean dans le désert — *Videns Joanes Jesum venientem;* d'après Ciro Feri, *Lucatelli del.* in-fol.
13. Jésus à table avec ses disciples; d'après le même. in-fol.
14. La Résurrection, sans inscription, pour le Missel du Pape Alexandre VII; d'après le même. in-fol.
15. St. Paul prêchant à Athènes; d'après le même. in-fol.
16. St. François à genoux devant la Vierge, avec l'enfant Jésus et St. Joseph. *Romæ* 1684. d'après le même. in-fol.

17. St. Antoine de Padoue, prosterné devant l'enfant Jésus; d'après le même. gr. in-fol.
18. Thésée, prêt à entrer dans le labyrinthe, reçoit le peloton des mains d'Ariane; d'après le même. gr. in-fol.
19. St. Pierre ressuscitant Tabite; d'après le Guerchin; estampe regardée comme le chef-d'œuvre de Bloemaert. gr. in-fol. en t.
20. La Nativité de Notre-Seigneur; d'après Pietre de Cortone. in-fol.
21. Sainte Martine à genoux, tenant la palme du martyre, avec la Vierge assise, et l'enfant Jésus debout, présentant une fleur de lys à la Sainte; d'après le même. gr. in-fol.
22. Deucalion et Pirrha rétablissant le genre humain; d'après le même, ovale. in-4to.
23. Le génie de la Poésie, distribuant des couronnes; d'après le même, pièce en rond. in-fol.
24. Sujet emblématique pour une Thèse, avec trois vieillards, tenant chacun un livre avec des boules, et l'inscription: *Senes Seni placent;* d'après un dessin de Cortone. gr. in-fol.
25. Siège et prise de la ville de Péra, par Alexandre. *Pennas habent Alexandri Milites;* d'après le même; gr. pièce de 2 planches en travers. Estampe capitale.
26—31. Six pièces historiques, gravées par Bloemaert pour l'ouvrage qui porte pour titre: *Heroicæ Virtutis imagines, quas Eques Berettinus Corton. pinxit Florentiæ in Aedibus Magni Ducis Hetruriæ, in tribus Cameris, Jovis, Martis et Veneris, cura et sumptibus J. J. de Rubens* 1691. *Romæ.* 25 pièces en tout, gravées par Blondeau, de la Haye, F. Spirre, L. Visscher, P. Baillu, A. Clouvet, C. Lauwers, Gherhardini.

JAC. MATHAM.

I. JACQUES MATHAM, le père, dessinateur et graveur au burin, né à Harlem en 1571, et mort dans sa patrie en 1631. Il apprit le dessin et la gravure de son beau-père, Henri Goltzius, et y fit de grands progrès. Matham passa quelques années en Italie, où il grava nombre de pièces d'après les plus grands maîtres de ce pays. De retour dans sa patrie il continua de graver d'après les plus habiles peintres des Pays-Bas. A l'exemple de son beau-père, il manioit le burin avec une grande liberté de main; on eût désiré quelquefois plus de force ou plus de couleur dans ses estampes.

Portraits de Jacques Matham.

1. Buste de Philippe Winghius, avec l'inscription: *Henricus Goltzius Amicitiæ ergo delineabat Romæ.* in-8.
2. T'leest al van den Velde; buste dans un cadre historié, avec l'inscription: *La voix se perd, l'écriture demeure.* in-4to.
3. Nicolas Bulius, Med. Reip. Horn. etc. in-4to.
4. Portrait d'Abraham Bloemaert; d'après Paul Morelson. in-fol.
5. Michel Angelus, Buonarolus. in-fol.
6. Philippe-Guillaume, prince d'Orange; figure jusqu'aux genoux; d'après M. Mirevelt. gr. in-fol.
7. Henri de Nassau, prince d'Orange. 1610. gr. in-fol.

JAC. MATHAM.

Pièces diverses, d'après des maîtres italiens.

8. La statue de Moïse, figure assise, de Michel-Ange. in-fol.

9. La statue du Christ, au fond un mur; du même. in-fol.

10. Une sainte famille, où la Vierge, accompagnée de Ste. Anne, porte l'enfant Jésus sur son bras; d'après le tableau de Raphael, dont la république de Hollande avoit fait présent à Charles II. roi d'Angleterre. gr. in-fol.

Matham a gravé deux fois ce sujet.

11. Le Parnasse, avec Apollon, les Muses et les Poëtes; d'après le tableau de Raphael au Vatican. gr. in-fol. en t.

12. Sainte famille, avec Ste. Catherine; d'après le Titien. 1592. in-fol. en t.

13. L'Alliance de Vénus, de Cérès et de Bacchus; d'après le même.

14. La Visitation de la Vierge, riche composition; d'après F. Salviati. gr. in-fol. en t.

15. Le Lavement des pieds. *Lavatio Pedum.* D'après Taddée Zuccaro. *Robb. Baudous exc.* 1616. in-fol. en t. et ceintré.

16. Le Christ en prière sur la montagne des olives; d'après le même. *J. Janson exc.* in-fol. en t. à six angles.

17. La Nativité, grande composition; d'après le même. tr. gr. in-fol.

18. L'Assomption de la Vierge, grande composition; d'après le même. gr. in-fol.

19. L'Adoration des Rois, grande composition; d'après Fréd. Zuccaro. gr. in-fol.

Jac. Matham.

20. Jésus guérissant les malades, grande composition; d'après le même. gr. in-fol.
21. La Résurrection du fils de la veuve de Naïm; d'après le même. gr. in-fol. pièce ceintrée.
22. La Visitation, grande composition; d'après P. Veronese. gr. in-fol. pièce ceintrée.

Pièces diverses, d'après Goltzius.

1. La chûte de nos premiers parens. *J. C. Visscher exc.* in-fol. en t.
2. Sainte famille, à laquelle Ste. Elisabeth, accompagnée de la sienne, fait visite. in-fol.
3. Un Christ en croix, au bas la Vierge et St. Jean, deux anges reçoivent le sang qui coule de ses plaies. in-fol.
4. Jésus apparoît à la Madeleine, sous la figure d'un Jardinier: ou le *Noli me tangere*. 1602. p. in-fol.
5. Jésus à table avec les disciples d'Emmaüs. in-fol. en t.
6. St. Luc peignant le portrait de la Vierge. gr. in-fol.
7. Vénus ordonnant à Cupidon de lancer ses traits sur Pluton. 1590. in-4to.
8—11. Les amours des Dieux, savoir: 1) Jupiter et Europe. 2) Phébus et Leucothoé. 3) Mars et Vénus. 4) Hercule et Déjanire; en quatre feuilles. p. in-fol.
12. Andromède délivrée par Persée. 1597. in-fol.
13—16. Les quatre Saisons, 4 feuilles en rond. 1589. 8 p. 2 lignes de diamètre.
17. Les trois Vertus chrétiennes: La Foi, la Charité et l'Espérance. 1590. in-fol.
18—24. Les sept Vertus cardinales, en 7 feuilles. in-4to.
25—31. Les sept Vices et les sept Péchés mortels, en 7 feuilles. in-fol.
32—34. Le tableau de Cébes, ou le Type de la vie humaine, immense composition, avec 27 vers latins. 1592.

de 3 feuilles collées ensemble; h. 24 p. 3 l. l. 45 p:
10 l. Très-rare et pièce capitale dans la gravure.

Pièces diverses, d'après d'autres maîtres hollandois et allemands.

1. Agar renvoyée par Abraham, sur un fond de paysage; d'après Ab. Blœmaert. 1602. in-fol.
2. L'Annonciation, en demi-figures; d'après le même. in-fol.
3. L'Adoration des bergers; d'après le même. in-fol. en t.
4. La Parabole du Semeur, dans un paysage, appellé le grand Semeur; d'après le même. gr. in-fol. en t.
5. La Vierge dans une gloire, la tête entourée de sept étoiles; d'après le même. 1607. in-fol.
6. Sainte Véronique, avec le St. Suaire et deux anges; d'après le même. gr. in-fol.
7. Saint Etienne à genoux; d'après le même. in-fol.
8. Les amours de Jupiter et de Danaé; d'après le même. in-fol.
9. Les amours de Cupidon et de Psiché; d'après le même. in-fol.
10. Samson endormi sur les genoux de Dalila, pendant qu'on lui coupe les cheveux; d'après Rubens. gr. in-fol. en t.
11. Jésus mort, pleuré par les saintes femmes; d'après Jer. Franck. in-fol.
12. Le grand Crucifiement; d'après Albert Durer; pièce appelée le grand Calvaire à l'accolade. gr. in-fol. Rare.
13. Vénus endormie, surprise par des satyres; d'après Rottenhamer. in-4to.
14—18. Suite de cinq pièces très-rares; d'après Pieter

van Aertsen, dit Langepier, en françois Pierre le Long, par Jac. Matham, in-fol. en t. 1) Le marchand de volaille, et la marchande de fruits et de légumes au marché. 2) Six femmes et un homme au marché, entouré de provisions de fruits et de légumes. 3) La cuisine du mauvais Riche, parabole tirée de la bible. 4) La cuisine de l'auberge d'Emmaüs, et au fond Jésus à table avec ses deux disciples. 5) Le Tourneur de roti.

Ces cinq pièces sont très-difficiles à rencontrer belles d'épreuves.

II. THEODORE MATHAM, le fils, peintre et graveur au burin, né à Harlem vers 1600. Il apprit les principes de son art de Jacques Matham son père. Après avoir travaillé dans sa patrie, il passa en Italie, et se perfectionna pour la gravure à l'école de Corneille Blœmaert. Pendant son séjour à Rome, il grava, conjointement avec Blœmaert, Persyn, Natalis et d'autres artistes des Pays-Bas, les statues du palais Justiniani. Ses gravures sont faites au burin, mais on voit qu'il s'est souvent aidé de la pointe. La plupart de ses ouvrages consistent en portraits, exécutés dans une manière qui font honneur à l'artiste. En fait d'ouvrage de peinture, on voit au château royal de la Veneria près de Turin, quatre portraits à cheval, peints dans la grande salle par Théodore.

Portraits.

1. Michel le Blon, agent de la reine et couronne de Suède à Londres; d'après van Dyck. p. in-fol.
2. Joost van de Vondel, poëte hollandois, d'après Sandrart. p. in-fol.
3. Jodocus Larenus, ministre réformé à Flessingue. in-fol.
4. Vopiscus Fortunatus Plempius, Amstelred. Medicinæ Doctor. *J. Backer pinx.* in-fol.
5. D. Gerardus Vossius, Canonicus Cantuariensis. *Sandrart pinx. C. Dankerts exc.* in-fol.
6. Caspar Barlæus, Doctor in Medicina. *Id. pinx.* in-fol.
7—10. Quatre beaux portraits, d'après Jean Spilberg. gr. in-fol. 1) Philippe-Guillaume, comte palatin du Rhin. 2) Wolfgang-Guillaume, comté palatin du Rhin. 3) Catherine de etc. 4) Etienne Vacht, doyen de Sarten; d'apres Jean Spilberg. in-fol.
11. Claude Saumaise; d'après Dubordien. in-fol.
12. Henricus Regius, Philosophus et Medicinæ Doctor. *H. Blœmaert pinx.* in-fol.
13. D. Leonardus Marius Gœzanus, Professor Coloniensis. *N. Moyart pinx.* gr. in-fol.

Sujets divers.

1. La Vierge avec l'enfant Jésus, et le petit St. Jean qui lui présente un oiseau; d'après le Bassan, du cabinet de Rheinst. in-fol.
2. Sainte famille, grande composition; d'après Joach. Sandrart. gr. in-fol. en t.
3. Sainte Begga, fille de Pipin, duc de Brabant. *H. van Eyck pinx. Th. Matham exc.* in-fol.

4. Actéon changé en cerf, et dévoré par ses propres chiens. *Th. Matham fec.* p. in-fol.
5. Titre allégorique du Virgile de Joost van Vondel. 1660. *Id. fec.* in-4to.
6. Le corps du Christ descendu de la croix, pleuré par St. Jean, par Joseph d'Arimathie et les saintes femmes. *Gerard Leydanus pinx. Th. Matham sc.* tr. gr. in-fol.

Ce morceau est le chef-d'œuvre du graveur.

III. ADRIEN MATHAM, dessinateur et graveur au burin, né à Harlem vers 1600. Adrien paroît avoir été de la même famille que les artistes précédens et contemporain de Théodore. Son genre paroît avoir été le grotesque. Il a aussi gravé une partie des planches pour un grand volume in-fol. intitulé: Académie de l'Espée, ouvrage publié à Anvers par Girard Thibault en 1628.

1. L'Age d'or, avec huit vers latins. *H. Goltzius inv. Ad. Matham sc.* 1620. *Jac. Matham exc.* gr. in-fol. en t.
2. Un vieillard embrassant une femme, à laquelle il présente une bourse; d'après le même. Les têtes sont grosses comme demi-nature. gr. in-fol.
3. Deux gueux représentant un vieillard et une vieille; celui-là avec une jambe de bois joue de la vielle, celle-ci avec un papier à la main chante; d'après Ad. van der Venne. in-fol.
4. Combat de six figures grotesques, avec des instrumens

de cuisine. Au haut de l'estampe on lit sur une bande-role : *Tis Jammerlyck*. D'après le même. in-fol.
5. Pieter Bor Christiaensz, Historie-Schriver. *F. Hals pinx.* p. in-fol.
6. D. Sibrandus Sixtius Oistervirius, *Nic. Moyart pinx.* p. in fol.

HERMAN MULLER, dessinateur et graveur au burin, né à ce qu'on croit à Amsterdam, et long-tems établi à Anvers, où il a beaucoup travaillé pour le fond de Jérôme Cock, conjointement avec Corneille Cort, avant qu'il passât en Italie. Il n'est guères vraisemblable qu'Herman ait jamais fréquenté l'école de Goltzius, mais il l'est beaucoup, qu'il ait été un des élèves de Cock. Sa manière de graver a de la ressem-blance avec celle de Cort, et ses estampes ont leur mérite. On croit assez généralement qu'il étoit parent de Jean Muller, mais on ignore absolument à quel degré. D'ailleurs son style n'a rien de la hardiesse de celui de Jean, qui décèle celui de Goltzius. Le nombre de ses estampes est assez considérable, et elles ne sont pas communes. Il a travaillé à diffé-rentes suites conjointement avec les Galles, les Sadelers etc. d'après Jean Stradan, Martin de Vos, etc.

1. Les

1. Les trois Parques qui filent les destinées; d'après Corn. de Harlem. in-fol. –
2. Cléopatre se donnant la mort; d'après le même. *H. Muller exc.* p. in-fol. en t.
3. Lucrèce prête à se donner la mort; d'après Corneille Kettel. in-4to.
4–8. Les Vertus cardinales; d'après Martin de Hemskerck. 4 pièces in-fol. en t.
9. Les dix Commandemens de Dieu, expliqués par des histoires de la bible. *M. Hemskerck in Cock exc. H. Muller fecit.*
10–16. La Création, ou l'œuvre des six jours; d'après H. Goltzius, 7 pièces, marquées *H. Muller sculp. Goltzius exc.* en rond 9 p. 9 l. de diamètre.

JEAN MULLER, dessinateur et graveur au burin, natif de Hollande, et né selon quelques-uns, à Amsterdam vers 1570. Nous n'avons pas plus de notices sur la vie de cet artiste, que nous n'en avons eues sur celle du précédent. Il passe pour constant que Jean fut de la famille d'Herman, et il est hors de doute qu'il fut disciple de Goltzius, à en juger par ses productions. L'article suivant, en grande partie tiré du Dictionnaire des Arts de Watelet, fait connoître toutes ses qualités artistiques. „Jean Muller est peut-être le graveur qui a manié le burin avec le plus de hardiesse. Il méritera toujours d'être étudié par les artistes qui aspirent à se distinguer dans cette partie ; mais il faudra qu'ils tempèrent par le goût l'excès d'audace qu'il est capable d'inspirer. Jamais on ne posséda mieux le métier de la gravure ; il est impossible de couper le cuivre avec plus d'aisance, et très-difficile d'employer moins de travaux pour rendre les différens objets. — Avec cette savante économie, on ne peut lui reprocher ni monotonie dans l'effet général, ni uniformité dans la manœuvre : tous ses plans sont artistement variés de travail et de ton. Il étoit savant dessinateur, et n'auroit pu, sans cette qualité, parvenir au procédé dont il faisoit usage : mais on lui reproche de la manière dans les extrémités, et il a beaucoup gravé d'après Barthélemi Spranger, peintre fort maniéré, et d'après Adrien de Vries, sculpteur très-outré. — Cet artiste a beaucoup travaillé, et ses ouvrages sont fort recherchés. On estime singulièrement ses portraits, ainsi que les morceaux de sa composition, qui sont traités dans un style plus adouci et plus vrai. Il paroît qu'il a beaucoup gravé pour le fonds de son parent : plusieurs de ses pièces sont marquées *H. Muller exc.*

Jean Muller.
Portraits.

1. Bartholomæus Spranger S. Cæsar. M. Pictor celeberrimus. *Joah. ab Ach pinx. Joah. Muller sc.* 1597. in-fol.
2. Everhardus Reidanus, Comitis Guilhelmi Nassovy Consiliarius. 1602. p. in-fol.
3. Maurice, prince d'Orange. *H. Muller exc.* in-fol.
4. Jean Neyen d'Anvers, une main appuyée sur une tête de mort. *M. Mirevelt pinx.* in-fol.
5. Ambroise Spinola, fameux général; d'après le même. gr. in-fol.
6. Christiern IV. roi de Dannemark. *P. Isachs pinx.* gr. in-fol.
7. Albert, archiduc d'Autriche; d'après Rubens. *J. Muller sc.* 1615. gr. in-fol.
8. Isabelle, infante d'Espagne; d'après le même; par le même. Pendant.

Pièces de sa composition.

1. Le baptême de Jésus dans le Jourdain, célébré dans le Ciel. in-fol.
2. Un *Ecce Homo*, entouré d'anges; pièce gr. in-fol. ceintrée.
3. Le festin de Balthasar. gr. in-fol. en t.
4. L'Adoration des Rois. *H. Muller exc.* gr. in-fol. en t.

Ces deux pièces sont capitales et très-recherchées des connoisseurs.

5. Chilon, Philosophus Spartanus. *Joan. Muller fecit. Herm. Muller exc.* 1593. gr. in-fol.
6. Harpocrates Philosophus, Silentii Deus. *Id. fec. Id. exc.* Ao. 1596. gr. in-fol.

Ces deux têtes, plus grandes que nature,

offrent ce que la gravure en cuivre a livré de plus vigoureux.

Pièces d'après d'autres maîtres.

1. Agar dans le désert, confortée par un ange ; d'après B. Spranger. in-4to. en t.
2. Loth et ses filles ; d'après le même. *H. Muller exc.* gr. in-fol. presque carré.
3. La Nativité, avec 8 vers latins ; d'après le même. *J. Muller sc.* 1606. gr. in-fol.
4. Sainte famille, avec deux anges qui font un concert ; d'après le même. *H. Muller exc.* in-fol.
5. Un jeune héros, conduit par Hercule et Scipion au temple de la gloire ; d'après le même. in-4to.
6. Vénus assise, trois Nymphes lui apportent des fruits, et un satyre des colombes ; d'après le même. in-fol.
7. Jeune Faune qui s'est blessé le pied, pansé par un satyre. in-4to.
8. Vénus et Mercure, avec 4 vers latins ; d'après le même. in-fol.
9. Cérès, Bacchus et Vénus près du feu, avec cette inscription : *Sine Cerere et Baccho friget Venus.* gr. in-fol.

Sujet traité par différens artistes.

10. Persée, armé par Minerve et par Mercure pour aller délivrer Andromède ; d'après le même, pièce gravée en 1604. tr. gr. in-fol. Chef-d'œuvre de gravure.
11. Bellone, avec une dédicace à l'archiduc Matthias ; d'après le même. gr. p. en 2 feuilles. 1600.
12. Cupidon contemple Psyché, endormie sur son lit ; d'après le même. *H. Muller exc.* gr. in-fol. en t.
13. La Résurrection du Lazare ; d'après Ab. Bloemaert. gr. in-fol. en t. Une des pièces capitales de Muller.

14. Caïn tuant son frère Abel; d'après Corneille de Harlem. gr. in-fol. en t.
15. Ulysse venant de terrasser Irus en présence des amans de Pénélope; d'après le même. gr. in-fol.
16. Arion monté sur un dauphin; d'après le même. *Herman Muller exc.* tr. gr. in-fol.
17. La Fortune debout sur une boule, distribue inégalement ses dons; d'après le même, grande composition, gravée vigoureusement par Muller en 1590. gr. p. en 2 feuilles en t.
18. Le martyre de St. Sébastien; d'après Jean von Achen. gr. in-fol. Belle pièce.
19. L'Enlevement des Sabines, 3 feuilles; d'après les figures en cire d'Adrien de Fries. *H. Muller et C. Dankerts excud.* gr. in-fol.
20. Mercure et Pandore, en groupe; d'après l'ouvrage en bronze d'Adrien de Fries. A Prague. *H. Muller exc.* gr. in-fol.

PAUL MOREELSE, ou MOREELSEN, peintre, architecte, et graveur en clair-obscur, naquit à Utrecht en 1571, et mourut en la même ville en 1638. Il fut élève de Michel Mirevelt, excellent peintre de portraits, et le disciple égala le maître. Il fut à Rome pour apprendre à peindre l'histoire, mais son talent pour le portrait fut si décidé, et l'employa tant, qu'à peine il put y suffire. Cependant on a de lui quelques tableaux historiques qui prouvent qu'il étoit capable de faire autre chose. Il étoit bon architecte. La porte de Ste. Catherine de la ville d'Utrecht en est une preuve: ce morceau d'architecture est d'une belle composition.

Moreelsen a gravé quelques estampes en clair-obscur, fort rares aujourd'hui: il les signoit de son nom, ou les marquoit de son chiffre *M*.

J'ai sous les yeux les deux morceaux suivans:

1. Cupidon, au milieu de deux jeunes femmes, dans le costume antique, les mène par les mains en dansant. *P. Moreelse.* 1612. in-fol. en t.
2. Lucrèce, s'étant poignardée, tombe à la renverse du haut d'un siége, à la vue d'une vieille toute effrayée. *P. Moreelse.* 1612. in-fol.

Les principaux graveurs de Moreelsen ont été Swanenburg, Saenredam, Matham, Crispin et Simon de Pas.

JEAN SAENREDAM, dessinateur et graveur au burin, Hollandois, né à Leyde vers 1570. Il apprit les élémens de son art de Henri Goltzius et de Jacques de Gheyn. D'ailleurs on a peu de notices sur cet artiste, mais ses ouvrages constatent suffisamment son mérite. On a de

J. SAENREDAM. 231

lui un grand nombre d'estampes, tant de sa composition, que d'après différens maîtres, qui ne plaisent pas moins par la douceur et la beauté du burin, que par l'agrément et l'intelligence de l'exécution. Souvent il fait désirer un dessin plus correct et un style moins maniéré, ainsi que plus d'effet; critique qui tombe en grande partie sur les maîtres d'après lesquels il a travaillé. Les estampes de sa composition sont généralement plus pures de dessin, et de-là plus recherchées que les morceaux d'après d'autres maîtres.

Portraits.

1. Jean Saenredam, gravé par P. Holsteyn. in-4to.
2. Carl van Mander; d'après Goltzius. in-4to.
3. Jean Césarée, peintre et philosophe. in-fol. Rare.
4. Jean de la Chambre, maître à écrire; d'après Hals. in-fol.
5. Pierre Hogebert Hornanus, poëte et médecin, avec des figures allégoriques; d'après C. v. Mander. in-fol.

Sujets de sa composition.

1. Susanne et les deux vieillards. petit ovale.
2. Débora debout au pied d'un rocher. in-fol.
3. Hercule sollicité, d'un côté par Minerve, et de l'autre par Vénus qui a une souricière à ses pieds. in-fol. pièce carrée.
4. Lycurgue donnant ses loix aux Lacédémoniens, et leur

montrant les avantages de l'éducation, par l'exemple de deux chiens. 1596. p. in-fol. en t.

5. Les Vierges sages et les Vierges folles, en 5 feuilles, chacune avec neuf vers latins. 1606. difficiles à trouver belles d'épreuves, à cause de la finesse du travail. in-fol. en t. Pièces capitales.

6. Etat de prospérité des sept provinces unies, sous le gouvernement de la maison d'Orange, sous l'emblème d'une procession, conduite par la Concorde, et accompagnée par les autres Vertus politiques. *J. Saenredam fecit.* 1600. gr. in-fol. en t.

7. Etat de prospérité des sept provinces unies, sous la protection de la Confédération belgique, figuré par une chasse où se voit sous un arbre l'infante Isabelle. *Id. fec.* 1602. gr. in-fol. en t.

Ces deux pièces sont rares.

8. Le grand Cachelot, ou la Baleine échouée, avec 32 vers latins. *Saenredam sc.* 1602. gr. in-fol. en t.

Belle et très-rare, les épreuves avec l'adresse de J. Jansonius sont postérieures.

9. Le petit Cachelot. *Saenredam sc. H. Goltzius exc.* gr. in-4to. en t.

Sujets d'après différens maîtres.

1. La Chûte de nos premiers parens; d'après H. Goltzius. *R. Baudous exc.* in-4to.

2. Loth et ses filles; d'après le même. 1597. *R. de Baudous exc.* p. in-fol. en t.

3. Judith avec la tête d'Holoferne; d'après le même. in-fol.

4. Susanne surprise par les vieillards; d'après le même. Pendant.

5—10. Les six femmes pénitentes du nouveau testament,

J. SAENREDAM.

savoir : 1) Marie Madeleine. 2) La Samaritaine. 3) La Cananéenne. 4) La femme adultère. 5) L'hémorroïsse. 6) La paralitique : six feuilles, chacune avec deux vers latins ; d'après le même. in-4to.

11—13. Suite de trois pièces, chacune avec quatre vers latins, savoir : 1) Cérès adorée par les laboureurs. 2) Vénus adorée par les amoureux. 3) Bacchus adoré par les buveurs ; d'après le même. *J. Saenredam sc.* 1596. gr. in-fol. Belles et rares.

14. Cérès, Vénus et Bacchus unis. *Bacche meœ vires —* D'après le même. *Id. sc.* 1600. in-fol.

15. Vénus et Cupidon ; d'après le même. *R. Baudous exc.* in-4to.

16. Diane et ses Nymphes, suite de 3 feuilles, chacune de deux figures. *J. Janson exc.*

17. Diane découvrant la grossesse de Calisto. p. in-fol. en t.

18. Andromède délivrée par Persée ; d'après le même. 1601. p. in-fol.

19—23. Les cinq sens, en 5 feuilles ; d'après le même. in-4to.

24—30. Les sept Planètes, 7 feuilles ; d'après le même. 1599.

31—33. Les trois Mariages, en 3 feuilles, savoir: 1) Le Mariage par passion. 2) Le Mariage par intérêt. 3) Le Mariage par véritable amour ; d'après le même. *J. C. Visscher exc.* in-4to.

34. Un peintre faisant le portrait d'une femme nue, agenouillée devant un miroir : pièce appelée le Peintre ; d'après le même. *R. Baudous exc.* 1616. p. in-fol.

35—40. La vie d'Adam et d'Eve ; d'après Ab. Bloemaert, en 6 feuilles. p. in-fol.

41—44. L'Histoire du prophète Elie ; d'après le même, suite appelée les quatre prophètes, 4 feuilles. p. in-fol.

45. Le prophète Elisée chez la veuve de Sarepta; d'après le même. *J. Saenredam sc.* 1604. gr. in-fol.
46. L'Annonciation aux bergers de la naissance du Christ; d'après le même. 1599. gr. in-fol.
47. L'Enfant prodigue, dans un paysage; d'après le même. 1618. in-fol. en t.
48. Vertumne et Pomone dans un jardin; d'après le même. 1605. gr. in-fol.
49. Paysage, où se voit l'enlèvement de Ganymède; d'après le même. gr. in-fol. en t.
50. Mars et Vénus, avec quatre vers latins. *P. Isaacx pinx. J. Saenredam sc.* 1604. in-4to. en t.
51. Judith mettant la tête d'Holofernes dans un sac, tenu par sa servante; dans le lointain, les dispositions du siége de Béthulie, avec du canon; d'après L. de Leyde. in-fol.
52. Débora enfonçant un grand clou dans la tête de Sisara; d'après le même. in-fol.
53. David portant en triomphe au bout d'un sabre la tête de Goliath; d'après le même. in-fol.
54. Rencontre d'Eliéser et de Rébecca; d'après Carl van Mander. gr. in-fol.
55. La fille d'Hérodiade, dansant à la fête du roi Hérode; d'après le même. gr. in-fol. en t.
56. La Nativité, grande composition; d'après le même. tr. gr. in-fol. en t.
57. Paul et Barnabé refusent le sacrifice des habitans de Lystre, grande composition; d'après C. v. Mander. gr. in-fol.
58. Adam et Eve dans le paradis terrestre; d'après Corneille de Harlem. in-fol.
59. Susanne tentée par les vieillards; d'après le même. in-fol. en t.
60. St. Jean-Baptiste prêchant dans le désert; d'après le même. in-fol.

J. SAENREDAM. 235

61. Pâris et Oenone, assis dans un paysage, gravant leurs noms sur l'écorce d'un arbre; d'après le même. in-fol. en t.

62. Angélique et Medor, assis dans un paysage, gravant leurs noms sur l'écorce d'un hêtre; d'après le même.

63. Vertumne et Pomone; d'après le même. 1605. in-fol.

64. L'Antre de Platon, fameuse parabole, qui montre que la plupart des hommes préfèrent les ténèbres à la lumière, avec douze vers latins, et l'inscription: *Lux venit in mundum et dilexerunt homines magis tenebras quam lucem. C. C. Harlemensis inv. J. Saenredam sculpsit. H. Hondius excudit.* 1604.

Ce morceau, qui est le chef-d'œuvre du peintre et du graveur, est en grande réputation. gr. in-fol. en t.

65. Un général blessé, emporté par ses soldats; pièce connue sous l'ancienne dénomination de Scipion blessé, retiré du combat. Comme le costume des figures est grec et non romain, on rencontre plus juste aujourd'hui en appelant ce morceau: Epaminondas mourant, porté par ses compagnons d'armes. *Polidore de Caravage pinx. Romæ.* Gravé d'après un dessin de Goltzius par Saenredam. in-fol. en t.

66. Le dictateur Camille, accouru à Rome pour rompre la paix que les Romains avoient achetée de Brennus, chef des Gaulois. Il arrive au moment qu'on pèse l'or, et que le fier Brennus va mettre son épée dans la balance. Les caractères des Romains et des Gaulois sont bien contrastés. *Polidore de Caravage pinx. Romæ.* Gravé pareillement d'après un dessin de Goltzius, par Saenredam. in-fol. en t.

67—74. L'histoire de l'infortunée Niobé, avec ses enfans

tués par les flèches d'Apollon et de Diane, dans une suite consécutive de huit feuilles in-folio, dédiées au duc d'Aqueparte, par Goltzius qui en a fait les dessins, et 24 vers latins; sujet exécuté en grisaille, dans la cour du palais Buffalo à Rome, par Polidore de Caravage. Cette suite de huit feuilles, forme une frise de 9 pieds 9 pouces, collées ensemble. *J. Saenredam sc.* 1594. *H. Goltzius excud.* Rare.

75—79. Le même sujet, gravé d'une pointe très-spirituelle, en cinq petits morceaux d'inégale grandeur, par J. B. Galestruzzi.

80. Jésus porté au tombeau. *Michel-Ange de Caravage pinx. J. Saenredam sc.*

81. Le repas du Sauveur chez Lévi, le publicain, en 5 feuilles, à coller ensemble, avec 6 vers latins; d'après le tableau de P. Veronese, à l'église de St. Jean et de St. Paul. tr. gr. in-fol. Le plus rare des banquets de Veronese.

PIERRE SERWOUTERS, graveur au burin, né à Anvers, vers 1574, et florissant dans la même ville au commencement du dernier siècle. Il étoit contemporain de J. Londerseel, et a gravé des paysages dans le même goût.

1—10. Suite de dix sujets de chasse; d'après D. Vinkenbooms. petit in-fol. de forme longuette.

11. La chûte de nos premiers parens, avec des vers hollandois et françois; d'après le même. 1611. gr. in-fol. en t.

12. Samson tuant un lion; d'après le même. in-fol. en t.

13. David étouffant un ours; d'après le même. in-fol. en t.

14. Assemblée de gueux. *De Beedelears Herbarye*; d'après le même.

Serwouters a gravé plusieurs planches pour l'académie de l'épée de Thibault. in-folio, publié à Anvers en 1628.

JEAN LONDERSEEL, dessinateur et graveur au burin, né à Bruges vers 1580, et travaillant dans les Pays-Bas vers les commencemens du dernier siècle. Il a gravé un grand nombre de paysages, dans le goût de Nic. de Bruyn, duquel on croit qu'il fut disciple. Ses estampes ne sont pas destituées de mérite; aussi sont-elles recherchées par bien des amateurs. L'abbé de Marolles possédoit son œuvre en 92 pièces.

Londerseel marquoit ses estampes de diverses manières, avec les lettres initiales de son nom, ou J. Lond. ou J. Londer. fec. Les deux pièces suivantes, sans nom de peintre, paroissent être de son invention.

1. Les trois Vertus théologales, la Foi, la Charité et l'Espérance, caractérisées par des figures allégoriques, assises, dans un paysage avec des lointains. gr. in-fol. en t.
2. Les cinq Sens, caractérisés par des figures emblématiques assises, dans un paysage avec des lointains. gr. in-fol. en t.

3. Paysage fourré, sur le devant deux chasseurs; d'après Jac. Savary. in-fol. en t.

4. Paysage avec la fable d'Apollon et de Daphné; d'après le même. in-fol. en t.

5. Paysage où se voit le prophète désobéissant dévoré par un lion; d'après Gilés Hondecoter. gr. in-fol. en t.

6. Paysage où se voit Tobie voyageant avec l'ange; d'après le même. gr. in-fol. en t.

7. Paysage, avec Jacob, gardant les troupeaux de Laban; d'après le même. gr. in-fol. en t.

8. St. Jean-Baptiste dans le désert. *Vox ego sum* — D'après G. Hondecoter. gr. in-fol.

9. Le bon Samaritain, paysage; d'après Giles Coninxloo. gr. in-fol. en t.

10. L'Aveugle guéri, paysage; d'après le même. gr. in-fol. en t.

11. L'Hémorroïsse, ou la femme malade d'un flux de sang, paysage; d'après le même. gr. in-fol. en t.

12. Le sacrifice d'Abraham, paysage; d'après le même. gr. in-fol. en t.

13. Juda et Thamar, paysage; d'après David Vinckenbooms. gr. in-fol. en t.

14. Saül installé premier roi des Hébreux, paysage; d'après le même. gr. in-fol. en t.

15. Le prophète Ahias prédit à Jéroboam le partage du royaume, paysage; d'après le même. gr. in-fol. en t.

16. Susanne tentée par les vieillards, dans un riche Jardin; d'après le même. gr. in-fol. en t.

17. Jésus tenté par le diable dans le désert; d'après le même. gr. in-fol. en t.

18. Jésus en prières sur la montagne des olives; d'après le même. gr. in-fol. en t.

19. Les saintes femmes allant au sépulcre pour embaumer le Christ; d'après le même. gr. in-fol. en t.
20. Diane et Actéon, dans un paysage; d'après le même. gr. in-fol. en t.
21. Les plaisirs de l'été, beau paysage; d'après David Vinckenbooms, gravé en 1608. gr. in-fol. en t.
22. La vue perspective de l'intérieur de l'église de St. Jean de Latran à Rome; d'après Hendrick Arts, peintre qui n'est connu que par cette estampe de Londerseel.

Jean Bara, ou Barra, peintre, dessinateur et graveur au burin, se qualifiant aussi quelquefois de *sculptor*, ainsi que de *Vitrearum imaginum pictor*, naquit en Hollande vers 1572. Ses estampes portent la date de 1598 à 1632. Il semble s'être formé le goût d'après les Sadeler; mais n'ayant pas eu leur génie, il n'en a guères saisi que la partie mécanique. La plupart de ses pièces sont froides et sentent le métal. Horace Walpole nous apprend qu'il travailla à Londres en 1624.

Paysages.

1. Le prince Maurice de Nassau-Orange.
2. Christian II. électeur de Saxe, *Bara fecit et exc.* 1604. in-4to.
3. Joachim, comte d'Ortembourg. in-4to.
4. Lodowick Duke of Richmond and Lenox. 1624.

Cl. Clock.
Sujets divers.

1. Paysage où l'on voit dans les airs Phaëton demandant à Apollon la conduite de son char. *J. Bara inv. et sc.* in-fol. en t.
2—5. Quatre paysages, dont trois représentent l'histoire de Tobie, et le quatrième, Jésus allant à Emmaüs. in-4to. en t.
6. Paysage où se voit Susanne entre les deux vieillards. *Joh. Barra fecit. Londini* 1627. in-4to. en t.
7. Susanne surprise par les deux vieillards. *H. Goltzius inv. Barra sc.* 1598. in-4to.
8. La parabole du Semeur, pièce nommée le petit Semeur. *Ab. Blœmaert inv. Jo. Barat sc.* in-4to.
9. Hérodiade, ayant reçu du bourreau la tête de St. Jean, la porte à sa mère dans un bassin; d'après Jean von Aachen, avec l'inscription: *Quid mater mali suades* etc. in-4to.

CLAAS, ou NICOLAS CLOCK, peintre et graveur, né à Leyde vers 1576. M. de Heinecke le dit disciple de Franc Floris. Son style de gravure tient de celui de Corn. Cort, sans toutefois avoir égalé son modèle. Ses ouvrages gravés ne sont pas nombreux; je ne connois de lui que les pièces suivantes:

1—4. Les quatre Elémens, en demi-figures. *Clock fecit et excudebat.* 1597. 4 pièces. in-fol. en t.
5. Le jugement de Midas. *Carle van Mander pinx. Claus Clock sc. C. Goltz exc.* Pièce datée de 1589. in-fol. en t.

GISBERT,

GIS. VAN BREEN.

GISBERT, ou CLAUS VAN BREEN, ou VAN BRECHT, dessinateur et graveur, né en Hollande vers 1576. G. Breen paroît avoir été contemporain de C. Clock. Comme lui, il a gravé au burin d'après différens maîtres des Pays-Bas. Son style de gravure, au jugement de Joseph Strutt, tient beaucoup de celui de Jacques de Gheyne, dont il a la propreté.

1. Les portraits du roi Jacques I. d'Angleterre, de la reine et du prince de Galles, sur la même planche. in-fol.
2—7. Suite de six pièces, représentant la vie de jeunes libertins, marquées *CVBreen f.* in-8.
8. Une femme avec un panier d'œufs, allant au marché, accompagnée d'un homme portant un panier de volaille; d'après C. Clock; pièce marquée de même. in-fol. en t.
9. Une femme et un homme se promenant, sont accompagnés de l'Envie; d'après le même. De même.
10. Un âne qu'on laye, récompense la peine qu'on prend, par mordre et par ruer. *C. van Mander pinx. G. v. Breen sc.* in-4to. en t.
11. Deux jeunes mariés dissippent en folles dépenses l'argent de leur dot; d'après le même. in-4to. en t.
12. Les jeunes mariés réduits à la misère par leurs folles dépenses. Pendant.
13. Concert d'hommes et de femmes, où l'on joue du violon et de la guittare; d'après Sbrassen, pièce citée par Basan.

Le même Basan cite encore un Nicolas Braen, graveur hollandois qui a travaillé dans la manière de Saenredam; mais il est assez clair qu'il fait un double emploi du même artiste; Claas, Claus et Nicolas, en hollandois, étant le même prénom. Voici les morceaux qu'il rapporte de ce dernier:

1. Samson, Sisara, Judith, et David tenant la tête de Goliath, quatre pièces en ovale de sa composition.
2. La Madeleine pénitente; d'après Jacques Matham. in-fol.
3. Le Christ conduit au Calvaire. *Il Tintoretto pinx. Nic. Braen sc. Jac. Matham exc.* in-fol.

WILHELM, OU GUILLAUME SWANEBOURG, graveur au burin, né à Leyde en 1581, et florissant en Hollande au commencement du dernier siècle. Il apprit les principes de son art de Jean Saenredam, et le disciple fait honneur au maître. Abraham Bosse, dans son Traité de la gravure, conseille aux graveurs à l'eau-forte de prendre Swanebourg pour modèle, à cause de la beauté du trait. Ses estampes prouvent qu'il avoit le maniement de son outil à sa disposition; mais il est souvent maniéré dans son dessin, et les extrémités de ses figures ne sont pas toujours exactement marquées. De ce nombre sont spécia-

GUIL. SWANEBOURG.

lement les sujets qu'il a gravés d'après Joachim Uytenvael. Il a gravé le portrait et l'histoire.

Portraits.

1. Abraham Blœmaert, peintre, dans une bordure historiée. in-4to.
2. Janus Hautenus, secretaire à Leyde. in-4to.
3. *Petrus Jeanninus, Eques. Hanc maximi viri effigiem ex vultu expressit Michael Mirevelt, pictor Delfensis, aeri incidit Wilhelmus Swanenburg, Lugduni Batavorum.* 1610. in-fol.
4. Daniel Heinsius, célèbre professeur à Leyde. 1608. in-4to.
5. Jean Heurnius, professeur en médecine à Leyde. 1607. in-fol.
6. Jean-Guillaume, duc de Cleve. in-fol.
7. Maurice, prince d'Orange-Nassau debout, avec des lointains sur trois différens plans. in-fol.
8. Ernest-Casimir, comte de Nassau. *P. Morelsen pinx. W. Swanenburg sc.* 1612. gr. in-fol.

Divers sujets, d'après différens maîtres.

1. Esaü vendant à Jacob son droit d'aînesse; d'après Paul Morelsen. gr. in-fol. en t.
2. La Résurrection du Sauveur; d'après le même, gravée en 1610. gr. in-fol.
3. Fête rustique de la vendange, à l'entrée d'un village; d'après D. Vinkenbooms. tr. gr. in-fol. en t.
4. Le jugement de Paris, avec les trois Déesses; d'après M. Mirevelt. in-fol.
5. Andromède attachée à un rocher, et Persée combattant le monstre; d'après J. Saenredam.
6. L'Adoration des bergers; d'après Abr. Blœmaert. petit in-fol. en t.

7—12. Les fameux Pécheurs ou Pénitens de la bible, en six feuilles, savoir : 1) Le roi Saül. 2) St. Pierre. 3) St. Paul. 4) Zachée. 5) Judas Iscarioth. 6) La Madeleine ; d'après le même, gravées en 1609. p. in-fol.
13. St. Jérôme dans le désert ; d'après le même. in-fol.
14. St. Pierre repentant ; d'après le même. in-fol.
15—17. Trois pièces emblématiques : 1) La Piété. 2) La Richesse. 3) La Vanité ; d'après le même. petit in-fol.
18. Loth enivré par ses filles. *P. P. Rubens pinx.*
19. Jésus-Christ à table avec les pélerins d'Emmaüs. *Id. pinx.* in-fol. presque carré.
20. Le trône de la Justice. *Thronus Justiciæ. Hoc est optimus Justiciæ tractatus electissimis quibusque exemplis judiciariis aeri incisis illustratus. Joachim Uytenwael pinx. G. Swanenburch sculp.* 1605—1606. *Ch. van Sichem et P. de Jode excud.* Suite de quatorze feuilles, y compris le titre, commençant par Jésus-Christ portant sa croix, et finissant par le jugement dernier.

CORNEILLE BOEL, dessinateur et graveur au burin, né à Anvers, vers 1576, et florissant au commencement du dernier siècle. Il ne faut pas confondre Corneille Boel avec Coryn ou Querin, dont il sera question ci-après, comme il est arrivé à Heinecke qui de deux artistes n'en fait qu'un seul. Ces deux graveurs diffèrent entièrement pour le genre de gravure. Corneille, qui a gravé au burin pur, paroît s'être formé à l'école des Sadelers, et les estampes qu'on a de lui ne sont pas destituées de mérite. Joseph Strutt, qui a rectifié l'article de cet artiste, nous apprend, qu'il a travaillé en Angleterre, mais qu'avant de passer dans ce royaume, il avoit donné une suite de petites estampes en ovales, contenant les Fables d'Ottovaenius, avec des vers latins, anglois et italiens, suite qui parut à Anvers en 1608. L'ouvrage le plus considérable de Corneille, est la suite en huit feuilles sans le titre, contenant les actions et les batailles de Charles-Quint et de François premier, gravées conjointement avec Guillaume de Gheyn, marqué Junior, d'après Ant. Tempesta. gr. in-fol. en t.

Voici les pièces citées par Strutt, et gravées en Angleterre.

1. Le Jugement dernier, qu'on croit de sa composition, pièce marquée : *Cornelius Boel fecit.* in-fol. en t.
2. Frontispice orné de figures et d'autres décorations pour la grande bible angloise, imprimée par autorité royale, belle gravure, marquée : *C. Boel fecit in Richmont.* gr. in-fol.
3. Portrait du prince Henri de Galles, dans une bordure d'ornemens, ovale. in-4to.

H. Hondius, le vieux.

I. Henri de Hondt, ou Hondius, le vieux, dessinateur et graveur au burin, né à Duffel en Brabant en 1576, et mort à la Haye en 1610. L'article des Hondius est un des plus embrouillé dans l'histoire des artistes flamands. Plusieurs biographes ne font qu'un artiste des deux Henris; mais comme leur manœuvre diffère, on s'est cru obligé d'en faire deux. Quoi qu'il en soit, selon quelques notices, Henri Hondius, surnommé le vieux, fut disciple de Jean Wierix, dont il imita le style. Le plus grand nombre de ses gravures consiste en portraits, dont on a une suite de 144 artistes, la plupart flamands. Il marquoit ses estampes d'un H. fecit, ou d'un grand et d'un petit H joints ensemble :

Portraits.

1. Corneille Cort, graveur d'Anvers, mort à Rome en 1578. *H. H. fe.* 1598. in-8.
2. Henri de Cleve, peintre d'Anvers. p. in-4to.
3. Giles Coninxloo, peintre d'Anvers. p. in-4to.
4. Hans Holbein, peintre à Bâle. p. in-4to.
5. Jean Bugenhagen, réformateur allemand, *H. Hondius fec.* 1599. p. in-4to.
6. Philippe Mélanchton, réformateur allemand. *Alb. Duror inv. H. Hondius fec.* p. in-4to.

7. Jean Wiclef, réformateur anglois. p. in-4to.
8. Jean Cnoxe, réformateur françois. p. in-4to.
9. Jean Calvin, réformateur françois. p. in-4to.
10. Jérôme Savonarole, réformateur italien. p. in-4to.

Sujets divers.

1. Le jugement de Salomon; d'après Karl van Mander. in-fol. en t.
2. La femme surprise en adultère; d'après le même, pièce datée de 1597. in-fol. en t.
3. Récréation flamande; d'après P. Breughel le drôle. in-fol. en t.
4. La manière comique établie à Meulebeck, près de Bruxelles, le jour de St. Jean, pour guérir les personnes qui tombent du haut-mal; d'après le même, dans une suite de cinq pièces.
5. *Musarum officia.* Les neuf Muses assises et debout sur le Parnasse, occupées à former un concert de musique, composition agréable, mais les airs de tête d'une expression commune; d'après Th. Zucchero. in-fol.

II. HENRI DE HONDT, ou HONDIUS, le jeune, dessinateur et graveur au burin, né à Londres vers 1580, et florissant en Hollande en 1620. Ce Hondius, selon Horace Walpole et Joseph Strutt, étoit fils de Jost ou Jodocus Hondius, natif de Gand, que les troubles civils forcèrent de quitter sa patrie, et de chercher un asyle en Angleterre. Homme savant et industrieux,

H. HONDIUS, le jeune.

il se tira d'affaires à Londres ; il y fit des instrumens de mathématiques, et grava des cartes géographiques. S'étant marié en Angleterre, il eut plusieurs enfans, et alla finir ses jours à Amsterdam en 1611. Henri son fils, qu'il avoit instruit dans la gravure, acheva plusieurs ouvrages commencés par le père. Pour ce qui est des ouvrages gravés par Jost, il publia en Angleterre les cartes pour le voyage en terre sainte, de Sir François Dracke, et deux jolis portraits, celui du même Dracke et celui de Thomas Cavendisch, fameux navigateur.

Henri Hondius, nommé le jeune, étoit le plus habile des graveurs de ce nom. Nous avons de cet artiste un nombre assez considérable de portraits, de paysages et de sujets historiques, exécutés dans un style ferme et agréable. Il marquoit ses estampes à-peu-près comme Henri Hondius le vieux, d'un grand et d'un petit h. Leur chiffre est ainsi figuré :

H. H.

Portraits.

1. Bernard, duc de Saxe-Weymar. *H. Hondius exc.* gr. in-fol.

H. Hondius, le jeune.   249

2. Grande tête de la reine Elisabeth d'Angleterre, portrait gravé à la Haye.
3. Jacques I., roi d'Angleterre, portrait daté de 1608.
4. Guillaume, prince d'Orange; d'après Alex. Cooper, daté de 1641.
5. François Dracke, chevalier anglois. in-fol.
6. Ferdinand, empereur d'Allemagne, gravé en 1634. gr. in-4to.

Sujets divers.

Plusieurs grands paysages, d'après ses dessins.

1—4. Les quatre Saisons, en 4 beaux paysages; d'après Paul Bril, gravés en 1643. in-fol. en t.
5—8. Les quatre Saisons, caractérisées par de beaux paysages et de riches fabriques; d'après P. Stéphani. 4 pièces. in-fol. en t.
9—20. Les douze mois de l'année, dans des fonds de paysages, avec les occupations et les divertissemens propres à chaque mois. *H. Hondius fec. N. Visscher exc.* 12 pièces. gr. in-fol.
21—22. Deux pièces, représentant des paysannes ivres, chacune menée par des paysans, exécutées sur des fonds de paysages; d'après P. Breughel, nommé d'enfer; gravées en 1642. p. in-fol.
23—24. Deux pièces de grotesque, l'une présente des joueurs de cornemuse, l'autre des fous avec leurs marottes; d'après le même. p. in-fol. en t.
25. Jésus allant à Emmaüs, avec deux de ses disciples; d'après Giles Mostaert, pièce in-fol. en t.
26. St. Paul jetté par un naufrage dans l'île Mélite, secoue dans le feu la vipère dont il a été mordu, sur un fond de paysage agreste, hérissé de roches; d'après le même. Pendant.

27. Le jeune Tobie, accompagné de l'ange, prenant le poisson dans les eaux du Tygre; d'après Giles de Saën, gravé en 1600. gr. in-fol. en t.

28. St. Jean-Baptiste dans le désert, prêchant devant un grand concours de peuple; d'après le même. gr. in-fol. en t.

29. Curia Hollandiæ, ou Vue de la Haye. Giles de Saen del. H. Hondius fec. 1598. gr. in-fol. en t. Rare.

On a de H. Hondius une bonne copie de l'Espiègle de Lucas de Leyde, faite de la grandeur de l'original, et datée de l'année 1644. Voyez la description de cette estampe à l'article de Lucas.

III. GUILLAUME HONDIUS, dessinateur et graveur au burin, né à la Haye vers 1600. Fils de Henri Hondius, le jeune, il apprit les principes de l'art dans la maison paternelle. Guillaume, après avoir travaillé longtems à la Haye, s'est rendu à Danzig, où il a gravé un bon nombre de portraits, tant d'après son dessin, que d'après d'autres maîtres. En général il manioit le burin avec beaucoup de goût et d'intelligence: il s'est distingué parmi les artistes qu'employoit van Dyck à graver sa grande suite de portraits. La plupart des pièces de Hondius sont signées de son nom ou de son chiffre, ainsi figuré

P. P. RUBENS.

1. Guilielmus Hondius, Calcographus Hagæ Comitis. *Ant. van Dyck pinx. Guil. Hondius sc.* p. in-fol.
2. François Franck, le jeune, peintre d'Anvers; d'après le même. p. in-fol.
3. Le prince Maurice d'Autriche, sans nom de peintre, excellente pièce, gravée en 1623. gr. in-fol.
4. Ladislas IV. roi de Pologne. *W. Hondius fecit.* 1637. gr. in-fol.
5. Théodore ab Werden-Burgio, sans nom de peintre. gr. in-fol.
6. Bernard, duc de Saxe-Weymar. *H. Hondius excud.* gr. in-fol.
7. Henri-Corneille Longkius. *I. Mytens pinx.* gr. in-fol. en ovale.
8. Jean-Casimir, roi de Pologne. *D. Schulze pinx.* in-fol.
9. Charles, prince de Pologne, évêque de Breslau. *Id. pinx.* in-fol.
10. Louise-Marie de Gonzague, reine de Pologne. *Juste d'Egmont pinx. Wilhel. Hondius, Chalcographus Regius sc.*

PIERRE PAUL RUBENS, peintre et graveur à l'eau-forte, naquit à Cologne en 1577, et mourut en 1640 à Anvers, d'où il étoit originaire. Il eut pour maîtres Tobie Verhaegt, Adam van Oort, et Octave van Veen, plus connu sous le nom d'Ottovenius. Rubens, l'esprit nourri de la lecture des anciens et des modernes, fit de profondes réflexions sur son art, et surpassa bientôt ceux qui l'avoient instruit dans la peinture. Il voyagea dans les pays de l'Europe où les arts sont florissans, et la contemplation des ouvrages des grands maîtres agrandirent encore sa manière. Rubens jouit de toute sa réputation: les rois, les princes et les villes lui témoignèrent leur estime, et s'empressèrent d'avoir de ses ouvrages. Génie créateur, il inventoit facilement, et son imagination lui fournissoit plusieurs ordonnances également belles. Ses attitudes sont variées, et ses airs de têtes sont agréables. Son pinceau est moëlleux, ses touches sont légères, ses carnations fraîches, et ses draperies jettées avec art. Il a traité supérieurement toutes les parties de la peinture, mais particulièrement l'histoire. Comme la plupart de ses ouvrages sont grands, et par conséquent faits pour être vus de loin, il a voulu y conserver le caractère des objets et la fraîcheur des carnations, en les prononçant et en les empâtant fortement. Enfin on ne peut trop admirer l'intelligence de son clair-obscur, l'éclat, la force, l'harmonie et la vérité qui règnent dans ses compositions. Ce grand astre de la peinture a pourtant ses taches: on convient qu'il manquoit souvent de correction, on lui désireroit un meilleur goût de dessin. Ses figures, quelquefois trop courtes et trop chargées de chairs, sentent le naturel du pays, et leurs emmanchemens sont souvent extraordinaires, ainsi que leurs contours. Ses têtes sont faites sur les mêmes modèles : l'antique, Raphael, et Léonard, qu'il a copiés, sont devenus entre ses mains des Rubens.

Sans nous étendre davantage sur les qualités pittoresques de ce grand artiste, déjà suffisamment connues, nous dirons encore la part qu'il a eue au perfectionnement de la gravure. C'étoit à lui qu'étoit réservée la gloire de former des graveurs coloristes. Il imprimoit le sceau du génie à toutes les parties des arts qu'il traitoit. La magnifique maison qu'il avoit bâtie à Anvers, étoit plutôt le lycée des artistes, que la demeure d'un particulier. Là il avoit rassemblé les plus excellens graveurs des Pays-Bas, et leur avoit enseigné comment avec le blanc et le noir on pouvoit rendre la couleur. Parmi ces graveurs nous nommerons de préférence Vorsterman, Bolswert et Pontius, comme ayant le plus profité de ses instructions, et le mieux rempli son attente.

P. P. Rubens.

La vie de Rubens a été écrite par plusieurs auteurs. La plus récente et celle qui ne laisse rien à désirer, est due aux soins de M. Watelet; elle se trouve insérée dans son dictionnaire des arts, à l'article *Ecole flamande*. Cette vie nous apprend à connoître l'artiste et l'homme. En ces deux qualités on ne conçoit pas comment il a pu remplir avec tant d'éclat des fonctions si diverses, celle de grand peintre et d'habile négociateur.

L'œuvre de Rubens est un des plus intéressans de tous ceux qui existent dans la gravure, soit par le nombre des pièces qui se montent à plus de mille, soit par l'excellence des graveurs, et l'importance des sujets. Le meilleur catalogue qu'on ait des estampes gravées d'après Rubens, est celui que F. Basan publia en 1767, faisant la troisième partie de son Dictionnaire des graveurs anciens et modernes. Les estampes d'après ce grand maître ont été toujours et sont encore en haute estime dans le public. A la vente de Mariette son œuvre a été vendu, en différens articles, pour la somme de 8446 livres. — Voyez aussi l'article de Rubens dans le catalogue raisonné de Brandes, Tome premier.

P. SOUTMAN.

A l'exemple de beaucoup de grands peintres, Rubens s'est amusé de graver à l'eau-forte quelques pièces de sa composition, qui sont aujourd'hui de la plus grande rareté.

1. St. François d'Assise recevant les stigmates, avec le seul nom de Rubens. in-4to.
2. La Madeleine qui s'arrache les cheveux, sans nom de graveur. in-4to.
3. Ste. Catherine, vierge et martyre. *P. P. Rubens fec.* in-fol. Belle pièce, dessinée pour être exécutée en plafond.
4. Une femme avec un panier pendu au bras, et tenant une chandelle, à laquelle un jeune garçon veut allumer la sienne. *P. P. Rubens inv. et excud.* Rubens, ayant gravé cette estampe à l'eau-forte, en fit tirer un certain nombre d'épreuves, puis la fit terminer au burin par quelques-uns de ses graveurs. in-4to.
5. Portrait d'un ministre anglois, petit buste en ovale, marqué *P. P. Rubens fecit.*

PIERRE SOUTMAN, peintre, graveur à la pointe et au burin, naquit à Harlem vers 1580, et apprit les principes de la peinture de Rubens. Soutman eut la réputation de peintre d'histoire et de portrait: il se distingua en cette double qualité aux cours de Berlin et de Varsovie. On a de lui un assez bon nombre d'estampes de sa composition et d'après divers maîtres, surtout d'après Rubens, qu'il grava dans les

P. Soutman.

Pays-Bas vers 1626—1646. Ses estampes sont fort avancées à l'eau-forte. Sa pointe, dit M. Watelet, est maigre; chacun de ses travaux a peu de mérite, si on les considère en particulier: quelquefois ils sont en désordre, quelquefois leur ordre et leur choix semblent contraires à la théorie de l'art: mais leur ensemble ragoûtant produit des estampes qui ne sont pas sans mérite, et qui ont toujours celui d'indiquer la mollesse des chairs et le coloris du maître, d'après lequel elles sont faites. Il a gravé au burin pur, avec le même avantage et les mêmes défauts: mais quelque genre de gravure qu'il ait choisi, il s'est toujours montré peintre. Le genre de gravure de Soutman a été encore perfectionné par ses meilleurs élèves, tel que P. van Sompel, Jon. Suyderhoef, J. Louys etc.

Portraits.

1. Joannes Wolfferdus de Brederod, gener. Marschalcus Belgii confœderati. *Gerard van Hondthorst pinx. P. Soutman sc.* 1647. tr. gr. in-fol.
2. Les armoiries d'Orange-Nassau, entourées de trophées et de figures allégoriques, frontispices des comtes de Flandres. *P. Soutman inv. effigiavit et exc.* gr. in-fol.
3. L'empereur Adolphe de Nassau. *Id. inv. P. van Sompel sc.* gr. in-fol.

4. L'em-

4. L'impératrice, femme de Ferdinand II., reine de Hongrie et de Bohême. *Id. inv. Id. sc.* gr. in-fol.
5. L'empereur Ferdinand III. *P. Soutman inv. Jonas Suyderhoef sc.* gr. in-fol.
6. Jean, dit l'intrépide, duc de Bourgogne, comte de Flandres. *Id. inv. Id. sc.* gr. in-fol.
7. Philippe IV. roi d'Espagne et des Indes. *Rubens pinx. Soutman effigiavit et exc. J. Louys sc.* gr. in-fol.
8. Philippe, dit le bon, duc de Bourgogne. *P. Soutman invenit. Jean Louys sc.* gr. in-fol.

Divers sujets, pour la plupart d'après Rubens.

1. La chûte des Réprouvés; d'après Rubens. *Soutman effigiavit, anno* 1642. gr. in-fol.
2. La défaite de l'armée de Sennachérib, par l'ange exterminateur; d'après le même. *Soutman effigiavit.* gr. in-fol. en t.
3. Jésus donnant les clefs à St. Pierre. *Raphaello Urbin. pinx.* Cette estampe a été gravée par Soutman, sur un dessin que Rubens avoit fait de l'original. gr. in-fol. en t.
4. La pêche miraculeuse; d'après Rubens; pièce appelée la petite Pêche. in-fol. en t.
5. La fameuse Cène du réfectoire des Dominiquains à Milan, dessinée par Rubens, d'après l'original de Léonard da Vinci, sans nom de graveur; gr. p. de 2 planches, 10 p. de haut, sur 41 p. de large.
6. Un Christ en croix. *Clamans voce magna* — D'après Rubens. *P. Soutman exc.* gr. in-fol.

C'est le plus rare de tous les Christs à trouver; belle épreuve.

V. R

L. VORSTERMAN, le vieux.

7. Le Christ au tombeau, auquel une des saintes femmes ferme les yeux; d'après Rubens. infol. en t.

Comme les premières épreuves, qui sont en petit nombre, étoient un peu foibles, Widoeck travailla la pièce, pour y mettre plus d'effet.

8. Le sacre d'un évêque; d'après Rubens. *P. Soutman fecit et exc.* p. in-fol.
9. L'Enlèvement de Proserpine; d'après le même. *Soutman fecit.* Les premières épreuves sont avant le nom du graveur. p. in-fol. en t.
10. Vénus sur les eaux. *Venus orta mari.* D'après le même. *P. Soutman del. et exc.* gr. in-fol. en t.
11. Silene ivre, soutenu par un Satyre et une Négresse; d'après le même. *P. Soutman effigiavit.* Ao. 1642.
12. Le grand Sultan, ou son Visir à cheval, accompagné de ses principaux officiers à la tête de son armée; dans le lointain on voit des chameaux et des bagages. *P. Soutman fecit.* p. in-fol.
13. Chasse aux lions et à la lionne. *P. Soutman fecit.* gr. in-fol. en t.
14. Chasse au loup. *P. Soutman sc.* gr. in-fol. en t.
15. Chasse au sanglier. *P. Soutman effigiavit.* Ao. 1642. gr. in-fol. en t.
16. Chasse au crocodile et à l'hippotame. *Soutman sc.* en 2 planches. gr. in-fol. en t.
17. Vénus nue, couchée et endormie; d'après le Titien. p. in-fol. en t.
18. St. François à genoux et appuyé sur une table devant un crucifix; d'après Michel-Ange de Caravage. in-fol.

I. LUCAS VORSTERMAN, le vieux, peintre et graveur, né à Anvers, vers 1580. Lucas fut

L. VORSTERMAN, le vieux.

d'abord l'élève de Rubens pour la peinture, mais il quitta cet art, par le conseil de son maître, pour se livrer entièrement à la gravure. Il gravoit au burin pur, mais il savoit rendre son outil pittoresque, et il exprimoit tous les objets dans leur vrai caractère. On trouve généralement dans ses estampes une manière expressive, beaucoup d'intelligence et un art admirable de rendre les étoffes, ainsi que les différentes masses de couleurs qui se trouvent dans les tableaux des grands peintres, sur-tout dans ceux de Rubens. Son estampe de l'Adoration des Rois, d'après ce dernier, est un des beaux ouvrages de l'art. On y admire la variété de manière avec laquelle est rendue la multiplicité des objets dont elle est composée. Cette variété, recherchée par tous les graveurs de Rubens, avoit été jusques là trop négligée, ou si l'on trouve quelques indications dans les graveurs précédens, il faut plutôt l'attribuer à un heureux instinct, qu'à un principe solidement établi. —

Vorsterman se rendit en Angleterre vers 1624. En arrivant à Londres, il y trouva en Robert van Voerst un rival qui pouvoit se mesurer avec lui pour le portrait, mais auquel il étoit supérieur pour le reste. Pendant un séjour de près de huit ans dans ce royaume, il travailla pour le roi Charles I et pour le comte d'Arundel. Dans cet intervalle il grava plusieurs portraits, sur-tout d'après Holbein, et différens sujets historiques, d'après d'autres maîtres, qu'on trouvera spécifiés ci-après. Il marquoit ses planches d'un L et d'un V joints ensemble;

LV.

mais d'ordinaire il signoit Lucas Vorsterman.

Portraits d'après van Dyck.

1. Antoine van Dyck, peintre d'Anvers. in-fol.
2. Peter de Jode, le vieux, graveur d'Anvers. in-fol.
3. Charles de Mallerie, graveur d'Anvers. in-fol.
4. Jacques Callot, graveur de Nancy. in-fol.
5. Théodore Galle, graveur d'Anvers. in-fol.
6. Wenceslas Coeberger, peintre de Bruxelles. in-fol.
7. Deodatus del-Mont, d'Anvers, peintre du duc de Neubourg. in-fol.
8. Pierre Steevens, amateur des beaux-arts. in-fol.
9. Jean van Mildert, statuaire à Anvers, natif d'Allemagne. in-fol.
10. Hubertus van den Eynden, statuaire d'Anvers. in-fol.
11. Lucas van Uden, peintre d'Anvers. in-fol.
12. Corneille Sachtleven, peintre hollandois. in-fol.
13. Horatius Gentilescius, peintre italien. p. in-fol.
14. Jean Livens, peintre et graveur hollandois. p. in-fol.

L. VORSTERMAN, le vieux.

15. Isabelle-Claire-Eugénie, infante d'Espagne, en Religieuse. in-fol.
16. Gaston de France, duc d'Orléans, frère du roi. in-fol.
17. Ambroise Spinola, gouverneur général des Pays-Bas. in-fol.
18. Wolfgang Guillaume, comte-palatin du Rhin, duc de Bavière. in-fol.
19. François de Moncade, comte d'Ossone. in-fol.
20. Nicolas Fabricius, de Peiresé. in-fol.
21. Alfonse Perez de Vivero, comte de Fuensaldano. in-fol.
22. Thomas Howard, comte d'Arundel. in-fol.
23. Nicolas Roccokxius, amateur d'Anvers, figure assise, jusqu'aux genoux, un des beaux portraits de Vorsterman. gr. in-fol.
24. Charles I. roi de la Grande-Bretagne. in-fol.

Portaits d'après différens maîtres.

1. Buste de Platon; d'après un marbre antique. in-4to.
2. Buste de Sénèque, le philosophe; d'après un marbre antique. in-4to.
3. Côme de Médicis, dans une bordure ronde. p. in-4to.
4. Laurent de Médicis; de même. Pendant.
5. Le pape Léon X., fils de Laurent de Médicis, la planche en octogone, dans une bordure ronde. petit in-4to.
6. Justus Lipsius, Iscanus, *sui seculi lumen.* p. in-4to.
7. Claudius Maugis, abbé de St. Nicolas; d'après Ph. de Champaigne. 1630. gr. in-4to.
8. Jean de Serres; d'après N. van der Horst. in-4to.
9. Constantin Hughens, secrétaire du prince d'Orange. *Jean Livins del.* in-fol.
10. Thomas Howard, duc de Norfolck. *Hans Holbein pinx.* in-fol.

11. Thomas Morus, tenant sa barbe d'une main, et des tablettes de l'autre. *Id. pinx.* in-fol.
12. L'empereur Charles-Quint, en buste. *Titiano pinx.* in-fol.
13. Le Connétable de Bourbon, à mi-corps. *Id. pinx.* in-fol.
14. Imperator Cæs. Carolus V. Aug. *Titiani prototypo. P. P. Rubens exc. L. Vorsterman sc.* Portrait gravé d'après une copie faite par Rubens. gr. in-fol.
15. Charles de Longueval, comte de Busquoi; d'après Rubens. Pièce belle et rare. Les premières épreuves sont avant l'œil de la Providence. tr. gr. in-fol.

Divers sujets, d'après différens maîtres.

1. Sainte famille, de quatre figures, gravée en Angleterre sur un fond noir; d'après Raphael, avec l'inscription: *Veniat dilectus meus etc.* in-fol.
2. Le Christ mis au tombeau; d'après le même, avec l'inscription: *O tristes animæ etc.* d'un tableau de Lord Arundel. 1628. p. in-fol.
3. Saint George à cheval, gravé pour Charles I.; d'après le tableau de Raphael de Lord Pembrocke. in-fol.
4. Jésus réconforté par un ange, au jardin des olives; d'après le Carrache. gr. in-fol.
5. Loth et ses filles; d'après Horace Gentilesci. in-fol. en t.
6. La Vierge, tenant l'enfant Jésus, adoré par deux pélerins; d'après Michel-Ange de Caravage. in-fol.
7. Chûte des anges rebelles; d'après le fameux tableau de Rubens, de la galerie de Dusseldorf. *L. Vorsterman sc.* 1621. tr. gr. in-fol.
8. Loth sortant de Sodome avec ses filles; d'après Rubens. 1620. in-fol. en t.

9. Job grondé par sa femme, et tourmenté par les diables; d'après le même. in-fol.
10. Susanne surprise par les vieillards; d'après le même, gravée en 1620. in-fol.
11. La Nativité, ou l'Adoration des bergers; d'après le même. 1620. gr. in-fol.
12. Le même sujet, traité différemment; d'après le même. 1620. gr. in-fol. en t.
13—14. L'Adoration des Rois; d'après le même, en 2 feuilles. 1620. gr. p. en t. Belle et rare.
15. Autre Adoration des Rois; d'après le même, gravée en 1620. gr. in-fol. Belle et rare.
16. Sainte famille, où Ste. Anne, qui est derrière la Vierge, se tient appuyée sur le berceau de l'enfant Jésus; d'après le même. in-fol.
17. Retour d'Egypte; d'après le même. 1620. in-fol.
18. Autre sainte famille, où l'enfant Jésus caresse sa mère; d'après le même. p. in-fol.
19. La Vierge et l'enfant Jésus, avec St. Jean qui joue avec un agneau; d'après le même.
20. Le denier de César; d'après le même, gravé en 1621. in-fol. en t.
21. La descente de la croix; d'après le même, gravée en 1620; le tableau étoit à la cathédrale d'Anvers. gr. pièce in-fol. Les bonnes épreuves de cette belle estampe sont avant l'adresse de C. van Merlen.
22. L'Apparition de l'ange aux saintes allant au tombeau du Sauveur; d'après le même. in-fol. en t.
23. St. François recevant les stigmates; d'après le même. gr. in-fol.
24. Le Martyre de St. Laurent; d'après le même, gravé en 1621. gr. in-fol.
25. La Madeleine foulant aux pieds ses bijoux; d'après le même. in-fol.

L. VORSTERMAN, le jeune.

26. Titre pour le livre: Histoire générale ecclésiastique, depuis la naissance de J. C. jusqu'à l'année 1624; d'après Rubens. in-fol.
27. Combat des Amazones; grande composition de Rubens, dont Vorsterman dédia l'estampe à Alathia Talboth; pièce gravée en 1623, en 6 feuilles, à coller ensemble, h. 31 p. 6 l. l. 44 pouces.
28. Jésus mort sur les genoux de la Vierge, et adoré par les anges; d'après Ant. van Dyck. gr. in-fol. en t.
29. Sainte Thérèse; d'après le même, avec une dédicace de Vorsterman à la comtesse d'Arundel. in-fol.
30. Jésus attaché à une colonne, pour être flagellé: d'après G. Seghers. gr. in-fol.
31. St. François mourant; d'après le même. gr. in-fol.
32. St. Ignace de Loyola, gravé en 1622. in-fol.
33. La fable du satyre et du paysan qui soufle le froid et le chaud; d'après Jacques Jordaens. gr. in-fol en t.
34. Chasse à l'ours; d'après F. Snyders. *L. Vorstermans fecit.* p. in-fol. en t.
35. Un concert de cinq personnes, parmi lesquelles une jeune fille joue de la guittare; d'après A. Coster. in-fol. en t.

II. LUCAS VORSTERMAN, dit le jeune, dessinateur et graveur, né à Anvers, vers 1600. Fils de Vorsterman le vieux, il apprit les élémens de son art dans la maison paternelle, mais ici l'élève ne fait pas honneur au maître. Quoique fort inférieur à son père, il a gravé quelques estampes qui sont assez recherchées, telles que les suivantes:

B. A BOLSWERT.

1. Lucas Vorsterman, le père. *Ant. van Dyck pinx. Luc. Vorsterman junior sc. et exc.* in-fol.
2. La Vierge dans un nuage, entourée d'anges; d'après le même. in-4to.
3. Un Christ couronné d'épines et tenant un roseau dans ses deux mains liées, tandis qu'un homme le couvre d'un manteau de pourpre. *Ant. van Dyck pinx. L. Vorsterman jun. sc.* in-fol.
4. La Trinité. *P. P. Rubens pinx. Luc. Vorsterman junior. F. Wyngaerde exc.* p. in-fol.
5. La fable du satyre et du paysan qui souffle le froid et le chaud; d'après Jacques Jordaens. gr. in-fol. presque carré, gravure qui a beaucoup de ressemblance avec celle du père.
6. La plus grande partie des planches qui entrent dans le traité in-folio de l'art de monter à cheval, du duc de Newcaste.
7. Divers morceaux pour la galerie de l'archiduc Léopold à Bruxelles, publiés par David Tenieres le fils.

Une partie de la collection de dessins de Nicolas Lanier, musicien de Charles I. et amateur qui a gravé lui-même à l'eau-forte. Cette suite est assez rare et présente ce que Vorsterman a fait de plus intéressant.

I. BOËCE, ou BOETIUS A BOLSWERT, graveur au burin, né vers 1580 à Bolswert, en Frise, d'un père qui se nommoit Adam. C'est par cette raison que lui et Schelte, son frère, signent quelquefois Adams, ou A. Bolswert, c'est-à-dire, fils d'Adam. Cette signature paroît avoir induit en erreur quelques-uns, qui de deux artistes en ont fait trois. On ignore de qui les deux frères ont appris les élémens de la gravure ; mais l'on sait que s'étant établis à Anvers, l'aîné y forma un commerce d'estampes, et tous deux gravèrent pour leur fonds un grand nombre de pièces de dévotion. Boëce a gravé avec le burin pur ; il imitoit avec succès le style libre et assuré de C. Bloemaert, à l'école duquel il s'étoit peut-être perfectionné. Quand il travailloit d'après Rubens, il s'écartoit de son premier style : ses planches alors sont plus chargées de couleurs, et d'un travail plus fini. Dans une couple de ses estampes d'après ce maître, il a montré qu'il n'étoit inférieur en rien à son frère Schelte.

Portraits et pièces de son invention.

1. F. Adam Sasbout, avec ces mots : *Omnia vanitas.* in-12.
2. Jean Bergman, jésuite, à genoux devant un autel, montrant une tête de mort. in-fol.
3. St. Aloïse Gonzaga, à genoux devant un crucifix ; pendant de la pièce précédente.
4. Guillaume-Louis, comte de Nassau ; d'après M. Mirevelt. gr. in-fol.

5. Corps de Guillaume de Nassau, sur un lit de parade; pièce gravée en 1618., in-fol. en t.
6—82. Les figures pour la vie de Jésus-Christ. *Het Leven, Leyden en Doodt;* 77 pièces, Anvers, 1622—1623. in-8.
83. Les planches pour le livre intitulé: Le Pélerinage, ouvrage mystique, Anvers, 1627. in-8.

Sujets divers, d'après différens maîtres.

1. L'Adoration des Bergers, d'après Abrah. Bloemaert; gravée par B. a Bolswert, en 1618. gr. in-fol. en t.
2. Repos dans la fuite en Egypte: d'après le même, sur un fond de paysage. gr. in-fol. en t.
3—26. Les Hermites, ou les saints Pères du désert: *Silva Anaghoretica*, 24 pièces. gr. in-8. d'après le même. Suite rare qui a été augmentée et souvent réimprimée.
27—52. Les saintes femmes dans le désert, ou les Hermitesses: *Sacra Eremus Asceteriarum*, 26 pièces; d'après le même, gravées par B. a Bolswert.
53—56. Suite de quatre paysages, gravés à l'eau-forte par B. a Bolswert, 1613; savoir: 1) Un homme, vu par le dos, chargé d'un sac. 2) Un berger couché à terre. 3) L'ange et le jeune Tobie. 4) Une femme assise. p. in-fol. en t. d'après A. Bloemaert.
57—76. Recueil de vingt paysages numérotés, avec un titre: *O nimium felix — — Boetius Adams Bolswert fec. et excud.* 1616. D'après A. Bloemaert.
77—90. Recueil de plusieurs animaux; d'après A. Bloemaert, en 14 pièces in-4to. en t. *B. à Bolswert fec.* 1611.
91. Jésus chez Marthe et Marie, riche composition, qui renferme les productions des trois règnes de la nature;

d'après J. Goiemar. *B. a Bolswert sc.* tr. gr. p. en t. Rare et recherchée.

92. La Mort et le Tems, en guerre avec les hommes et les animaux ; d'après D. Vinckenbooms, B. a Bolswert. in-fol. en t. Rare.

93. Riche paysage, où se voit Adam et Eve dans le paradis terrestre, au milieu des animaux ; d'après le même. *B. Adams Bolswert sc.* tr. gr. p. en t. Belle et rare.

94. Le jugement de Salomon. *P. P. Rubens pinx. B. Bolswert sc.* gr. in-fol. en t.

95. La Résurrection du Lazare ; d'après le même. *Boetius a Bolswert sc.* tr. gr. in-fol.

96. La Cène. *P. P. Rubens pinx. Boet. a Bolswert sc.* tr. gr. in-fol.

Cette estampe et la précédente, sont les chefs-d'œuvres de Boëce.

II. Schelte a Bolswert, dessinateur et graveur au burin, naquit à Bolswert, en Frise, vers 1586. Nous avons dit à l'article précédent, que Schelte vint avec Boëce son aîné étudier l'art à Anvers. Les progrès des deux frères furent rapides, sur-tout ceux du puîné, qui partageoit avec Pontius l'amitié de Rubens. Voici le précis de ce que Watelet dit de cet habile artiste : „Schelte, quoiqu'il maniât le burin avec beaucoup d'assûrance et de liberté, ne s'occupoit jamais à faire de belles suites de tailles brillantes, et tâchoit au contraire d'imiter le ragoût et le pittoresque de l'eau-forte: tendant toujours plus à l'effet, qu'à ce qu'on nomme la beauté de la gravure. On a dit que Rubens se plaisoit à travailler lui même aux planches de ce graveur. Mais cette assertion doit être entendue ainsi: Rubens, suivant l'usage ordinaire des peintres, retouchoit au crayon, ou au pinceau, les épreuves du graveur, qui, revenant sur ses planches, rendoit avec précision les retouches du peintre. Ces retouches paroissent sensibles dans un grand nombre d'estampes de Bolswert. Nous nous en tiendrons à la sainte Cécile. Sans examiner si c'est la plus belle pièce de ce graveur, il suffit pour notre objet, qu'elle soit belle, et d'un effet très-pittoresque. Il est probable que c'est Rubens qui a frappé les fortes touches des sourcils, des yeux, des narines et de la bouche de la Sainte: touches hardies qui donnent à la tête une vie extraordinaire, et qui ont obligé le graveur à fouiller profondément le cuivre, devenant lui-même à son tour plutôt peintre que graveur. On pourroit de même reconnoître dans les draperies et dans les accessoires le crayon de Rubens, d'où sont nés des travaux qui ne semblent pas avoir été prévus dans la préparation de la planche. Il seroit bon que les graveurs, quand ils se sentent refroidir, missent sous leurs-yeux de belles estampes de Bolswert, et apprissent de lui à rendre leur gravure moins belle pour la rendre meilleure. Il a montré dans quelques estampes, entr'autres dans celle de son assomption, qu'il étoit très-habile buriniste, et qu'il lui auroit été facile de faire parade de cette qualité, s'il avoit cru que l'objet de l'art dût se borner à la manœuvre qui n'en est que le moyen. — Enfin Bolswert a traité en grand maître toutes les parties de son art, le portrait, l'histoire et le paysage. On admire dans les morceaux de ce dernier genre toutes les masses de couleur, et tous les tons de dégradation des originaux.

Sujets de dévotion, et autres pièces de son invention.

1. L'enfant Jésus et le petit Jean, qui jouent avec un agneau. in-12.
2. La Vierge, avec l'enfant Jésus qui dort. in-12.
3. La Vierge, distilant du lait de son sein dans la bouche de l'enfant Jésus. in-12.

4. L'image de la Vierge, les mains croisées sur le sein. in-12.
5. La Vierge, assise dans les airs avec l'enfant Jésus, accompagnée de trois anges et de trois chérubins. in-8.
6. La Vierge caressée par l'enfant Jésus, avec St. Joseph qui tient une poire. in-8.
7. Douze figures de Saintes, à mi-corps, avec des accessoires. in-8.
8. Douze figures de Saints, à mi-corps, avec des accessoires, en commençant par St. Pierre. in-8.
9. Un Hermite à genoux devant une croix, tenant un chapelet à la main.
10. Une Mère de douleur, avec une grande épée qui lui perce le sein. in-fol.
11. Jésus-Christ triomphant de la mort. in-fol.
12. Sainte Barbe, vierge et martyre. gr. in-fol.
13. Saint Stanislas Koska, figure entière, à genoux devant un autel. gr. in-fol.
14. Saint François Borgia. gr. in-fol.
15. St. Alphonse Rodriguez. gr. in-fol.
16. Robert Bellarmin, de la société de Jésus, à son bureau. gr. in-fol.
17. Léonard Lessius, de la société de Jésus. gr. in-fol.
18—19. La mort résignée d'un Saint, et la mort troublée d'un pécheur; 2 pièces in-fol. dont on a des épreuves avec et sans le nom de Diepenbeck.
20. Sujet emblématique sur le prince Ferdinand, archiduc et gouverneur des Pays-Bas. *In te Spes reclinata recumbit.* gr. in-fol.
21—22. Sujet de Thèse, dédié à Sigismond, roi de Pologne. gr. p. en 2 planches, dont l'invention est attribuée à Rubens.
23—28. Frontispice pour l'académie de l'épée, de Thibault, avec 5 planches pour le même livre. 6 grandes pièces.

29. La dispute entre le maigre et le gras. *B. A Bolswert inv. S. A Bolswert sc.* gr. in-fol. en t. Rare.

Portraits d'après Ant. van Dyck.

1. Schelte a Bolswert, graveur à Anvers. *Ad. Lommelin sc.* in-fol.
2. André van Ertvelt, peintre d'Anvers. in-fol.
3. Martin Pepyn, peintre d'Anvers. in-fol.
4. Adrien Brouwer, peintre de Harlem. in-fol.
5. Jean-Baptiste Barbé, graveur d'Anvers. in-fol.
6. Just Lips, historiographe. in-fol.
7. Albert, prince d'Aremberg, de Barbanson etc. in-fol.
8. Marie Ruten, femme de van Dyck. in-fol.
9. Marguerite de Lorraine, duchesse d'Orléans. in-fol.
10. Guillaume de Vos, peintre d'Anvers. *Ant. van Dyck fecit aqua forti.* in-fol.
11. Sébastien Vrank, peintre d'Anvers. *Ant. van Dyck pinx.* in-fol.

Sujets historiques, d'après A. van Dyck.

1. Maria Mater Dei, ou la Vierge en admiration. in-fol.
2. La Vierge assise, tenant l'enfant Jésus debout sur ses genoux, St. Joseph devant elle, et un ange qui tient une couronne. gr. in-fol.
3. La Vierge assise, considérant le petit Jésus sur ses genoux, sous un arbre, à côté d'elle une Sainte tenant une palme. in-fol.
4. La Vierge assise, le petit Jésus endormi dans ses bras, et St. Joseph derrière elle; pièce dédiée par le peintre à son frère l'abbé van Dyck. in-fol.
5. La Vierge assise dans un grand paysage, le petit Jésus debout sur les genoux de sa mère, et St. Joseph derrière, avec plusieurs anges qui s'amusent à différens jeux. *M. v. den Enden exc.* gr. in-fol. en t.

6. Le

6. Le Couronnement d'épines, grande composition, et pièce capitale du peintre et du graveur. gr. in-fol.
7. Elévation de la croix sur le calvaire. gr. in-fol.
6. Le crucifiement, ou le Christ en croix, grande composition, où se voient d'un côté deux hommes à cheval, et un à pied, qui présente l'éponge au bout d'une pique; de l'autre côté s'offre la Vierge et St. Jean debout, avec la Madeleine à genoux qui embrasse la croix. Pièce fameuse. gr. in-fol.

Sur cette pièce, selon Basan, l'on a fait les remarques suivantes: aux premières épreuves l'on ne voit point la main de St. Jean sur l'épaule de la Vierge, mais comme l'on en tira peu, elles sont d'une grande rareté: aux secondes, qui sont assez nombreuses, l'on ajouta cette main, et aux troisièmes on l'effaça, vraisemblablement pour rendre celles-ci semblables aux premières; mais ces dernières épreuves se connoissent facilement par les tailles de la place de la main, qui sont assez mal reprises, par une partie de l'écriture qui se trouve effacée, et par la transposition du nom du peintre. C'est par la confrontation de ces trois sortes d'épreuves, que l'on peut détromper ceux qui, à cause de la rareté des premières épreuves, ont porté leur jugement sur les secondes et les troisièmes, et ont conclu, que celles où St Jean a la

V.   S

main posée sur l'épaule de la Vierge, étoient les premières.

9. Jésus crucifié entre les deux Larrons, au bas plusieurs figures d'hommes et de femmes, dont la Madeleine qui embrasse la croix. gr. in-fol.
10. Jésus en croix, au pied duquel sont St. Dominique et Ste. Catherine de Sienne. gr. in-fol.
11. Jésus mort, sur les genoux de la Vierge, pleuré par les anges. gr. in-fol. en t.
12. Silène ivre, soutenu par des Bacchantes. in-fol.

Sujets divers, d'après différens maîtres flamands.

1. Le Christ en croix, St. Jean et les saintes femmes au pied. *Jac. Jordaens inv. et pinx.* gr. in-fol. Les bonnes épreuves sont avant le *cum Privilegio Regis.*
2. Argus, Gardien de la vache Io, et Mercure, après l'avoir endormi, se prépare à lui couper la tête; d'après le même. gr. in-fol. en t. Les bonnes épreuves sont avant l'adresse de Bloteling.
3. Jupiter enfant, présente en pleurant son biberon à une Nymphe qui trait la chèvre Amalthée, pendant qu'un satyre joue du tympanon; d'après le même. gr. in-fol. en t.
4. Le Dieu Pan garde des chèvres et des moutons, en jouant de la flûte; d'après le même, in-fol. en t.

Cette estampe et les deux précédentes sont les plus belles qu'on ait gravées d'après Jordaens.

5. Concert de famille, après la collation, avec l'inscription: *Soo D'oude songen, Soo pepen de Jongen.* Les jeunes imitent les vieux; d'après le même. in-fol.

6. Pan, tenant un panier de raisins et de fruits, et Cérès couronnée d'épis, lui passant le bras sur l'épaule, avec un homme qui sonne du cor; d'après Jac. Jordaens; pièce in-fol. presque carrée, très-rare, la planche ayant passé en Pologne.

7. La Salutation angélique; d'après Gérard Segher. gr. in-fol.

8. Retour d'Egypte, où se voit le jeune Jésus marchant entre la Vierge et St. Joseph, en haut le Père éternel et le St. Esprit; d'après le même. gr. in-fol.

9. La Vierge apparoît à St. Ignace de Loyola, prosterné à son prie-dieu; d'après le même. gr. in-fol.

10. St. François Xavier, tenté la nuit par le diable, est reconforté par l'apparition de la Vierge qui tient l'enfant Jésus; d'après le même. gr. in-fol.

11. Le grand Reniement de St. Pierre, dans une assemblée de soldats qui jouent aux cartes; d'après Gérard Segher. gr. p. in-fol. en t. faisant pendant avec les Fumeurs; d'après le même, deux estampes capitales.

12. Le sacrifice d'Abraham; d'après Théodore Rombout. gr. in-fol. presque carré.

13. Un Concert; d'après le même. gr. in-fol. en t. Le pendant est un autre concert, gravé par Vorsterman; d'après Coster.

14. La Vierge, ayant sur ses genoux l'enfant Jésus qui tient le globe du monde; d'après Erasme Quelinus. gr. in-fol.

15. La Communion de sainte Rose; d'après le même. gr. in-fol.

16. Un Christ mort, sur les genoux de la Vierge; d'après A. Diepenbeck. gr. in-fol.

17. Crucifiement de trois Jésuites au Japon; d'après le même. gr. in-fol.

S. A BOLSWERT.

Sujet divers, d'après Rubens.

1. Le serpent d'airain. gr. p. en t. Les épreuves avant la lettre sont rares, et offrent une des plus belles pièces de l'œuvre.
2. Le Mariage de la Vierge. gr. in-fol. Les épreuves où H. Hendrix a ajouté Antverpiæ C. P. sont postérieures.
3. L'Annonciation, où la Vierge à genoux tient un livre. gr. in-fol. Les meilleures épreuves sont celles avec l'adresse de M. van-den Enden.
4. La Nativité du Sauveur. gr. in-fol. Les bonnes épreuves sont avec l'adresse de van-den Enden.
5. L'Adoration des Rois. *M. van-den Enden exc.* gr. in-fol.
6. Retour d'Egypte, où St. Joseph mene son âne par le licou. *Id. exc.* gr. in-fol.
7. Le festin d'Hérode, où la fille d'Hérodiade présente à sa mère la tête de St. Jean. *G. Hendrix exc.* gr. p. en t.
8. Le Bourreau donnant la tête de St. Jean à Hérodiade, fille de Salomé. in-fol.
9 — 11. La grande Pêche miraculeuse. Très-grande pièce en 3 feuilles en t.
12. Un Christ entre les deux Larrons. *G. Hendrix exc.* gr. in-fol.
13. Un Christ en croix, auquel un soldat à cheval perce le côté, de sa lance, tandis que le bourreau casse les jambes au mauvais larron: morceau fameux, de la plus fière exécution, gravé en 1631. tr. gr. p.
14. Un Christ en croix, et dans le lointain la ville de Jérusalem. *M. van-den Enden exc.* gr. in-fol.
15. Un Christ en croix, sans autres accessoires. *G. Hendrix exc.* gr. in-fol.
16. Un Christ mort, sur les genoux de la Vierge, avec

S. a Bolswert.

St. François à côté. gr. in-fol. Le même sujet est gravé par Pontius.

17. La Résurrection du Sauveur. *M. van-den Enden excudit*. in-fol.
18. L'Ascension. *M. van-den Enden exc.* gr. in-fol.
19. La Trinité, où se voit le Christ mort, sur les genoux du Père éternel. *M. van-den Enden exc.*
20. Les quatre Evangélistes. gr. in fol.
21. Les Pères de l'Eglise, au milieu d'eux sainte Claire tenant le St. Sacrement. *Nic. Lauwers exc.* gr. in-fol. presque carré.
22. La Destruction de l'Idolâtrie, représentée par un ange qui tient une hostie environnée d'une gloire, dont des rayons foudroient les autels des Païens. *Nic. Lauwers exc.* tr. gr. p. de 2 feuilles en t.
23 — 24. Le Triomphe de l'Eglise par l'Eucharistie. *Nic. Lauwers exc.* tr. gr. p. de 2 feuilles en t.
25. L'immaculée Conception. *Ant. Bon-Enfant exc.* in-fol.
26. L'Assomption de la Vierge. *M. van-den Enden exc.* pièce ceintrée. gr. in-fol.
27. L'Assomption de la Vierge, où l'un des disciples leve la pierre du sépulcre. M. van-den Enden. gr. in-fol. Les épreuves sous l'adresse G. Hendrix sont postérieures, et celles de C. van-Merlen sont retouchées.
28. La Vierge, embrassée par l'enfant Jésus. *M. van-den Enden exc.* in-fol.
29. L'enfant Jésus sur une table, caressant la Ste. Vierge. p. in-fol.
30. La Vierge, et l'enfant Jésus sur ses genoux: elle tient un globe de la main droite, et son fils un sceptre de la main gauche. p. in-fol.
31. Sainte famille, où l'enfant Jésus et le petit St. Jean caressent un agneau. M. van-den Enden. in-fol.

32. Sainte famille, où l'enfant est appuyé sur la Vierge, derrière laquelle est St. Joseph. On voit un perroquet sur une colonne. *A. Bon-Enfant exc.* in-fol. en t.

33. Sainte famille, où l'enfant debout sur les genoux de sa mère la caresse, avec St. Joseph d'un côté et Ste. Anne de l'autre. gr. in-fol.

34. Sainte famille, où l'enfant Jésus tient un oiseau. in-fol.

35. St. François Xavier debout devant un crucifix, in-fol. et son pendant :

35. St. Ignace de Loyola debout, devant le nom de Jésus qu'on voit dans une gloire.

37. St. Ignace de Loyola et St. François Xavier. Les mêmes figures réunies dans une même planche. Les premières épreuves sont avant le nom de Rubens. p. in-fol.

38. L'Education de la Vierge par Ste. Anne. *M. van den Enden exc.* in-fol.

39. Sainte Barbe, vierge et martyre, in-fol. Ayant pour pendant :

40. Sainte Catherine, vierge et martyre.

41. Sainte Cécile, figure entière, touchant le clavecin. *J. Witdoeck exc.* in-fol. Pièce très-distinguée, dont les épreuves avec l'adresse de G. Hendrix, et celles où l'on a ôté le nom de Witdoeck, pour y substituer celui des Bolswert, sont retouchées et n'en sont pas moins belles.

42. Sainte Thérèse, aux pieds de J. Ch., intercédant pour la délivrance des ames du Purgatoire. *M. van den Enden.* gr. in-fol.

43. Des Nymphes, avec du gibier et des satyres chargés de fruits, demi-figures; pièce connue sous le titre : Retour de Chasse. *G. Hendrix exc.* in-fol. en t.

44. Silène ivre, soutenu par un satyre et par une au-

tre figure. gr. in-fol. Les bonnes épreuves sont avec le seul nom de Bolswert.
45. La Continence de Scipion. gr. in-fol. en t. Les bonnes épreuves sont avant l'adresse de G. Hendrix.
46. L'Arc de triomphe, Allégorie à la gloire de Ferdinand, Cardinal-Infant d'Espagne, et Gouverneur des Pays-bas, décoré de quantité de figures symboliques, *S. a Bolswert sc.* sans nom de peintre. gr. in-fol.

Parmi les suites de Rubens, on cite préférablement celle qui est composée de 23 estampes, savoir :

47. Jésus-Christ, deux Vierges, quatre Anges, les douze Apôtres, et les quatre Evangélistes. Elles sont toutes en pied, gravées par S. a Bolwert, et par Corn. Galle, avec l'adresse de G. Hendrix, p. in-fol. Ces pièces ont été souvent copiées.

Chasses et Paysages.

1. Chasse aux Lions, où se voient quatre cavaliers, dont l'un est abattu de son cheval par un de ces animaux, et deux de renversés par terre, avec un troisième, qui, armé d'un coutelas, accourt au secours. Cette Chasse, dont on compte jusqu'à douze, passe pour une des plus belles.
2. Une vaste campagne, dont la plus grande partie est ravagée par d'impétueux torrens, tandis qu'on voit dans l'autre partie, à l'abri de ce désastre, Philémon et Baucis qui donnent l'hospitalité à Jupiter et à Mercure. tr. gr. p. en t.
3. Un grand Paysage, faisant le pendant du précédent. L'on y voit la mer agitée par la tempête, et un vaisseau brisé contre un rocher qui occupe le milieu, et

dont le sommet offre un fanal. Sur le devant sont plusieurs personnes échappées du naufrage et occupées à faire du feu pour se sécher. Cette estampe est connue sous le nom de la tempête d'Enée, ou de vue de Cadix. De même.

4. Un grand Paysage, représentant une forêt, où se voit la chasse de Méléagre et d'Atalante. De même.

5. Un grand Paysage représentant la campagne de Malines. L'on y remarque un chariot, ainsi que plusieurs faneurs et faneuses qui reviennent du travail, et qui ramenent des champs leurs bestiaux. De même.

6. Un grand Paysage, où se voit une grande étable remplie de chevaux et de vaches, ainsi qu'une femme occupée à remplir une auge pour des cochons, près desquels est l'Enfant prodigue. De même.

Cette suite, composée de six grands Paysages, est très-estimée, et d'une belle exécution. La dernière pièce n'est pas gravée par Bolswert, mais par P. Clouet. Il y a une autre suite de vingt-un morceaux, qui est connue sous le nom de petits Paysages de Rubens, et dont nous allons spécifier une demi-douzaine. Leur format est grand in-fol. en travers.

7. Paysage, avec des ruines au milieu, et sur le devant deux femmes, dont l'une porte sur sa tête un panier de légumes, et l'autre un panier sous son bras.

8. Paysage avec des ruines sur le plan du milieu, avec plusieurs figures champêtres, dont une jeune fille dans l'eau jusqu'à mi-jambes.

9. Paysage, où se voit sur le devant un petit pont

de bois, et un berger appuyé sur sa houlette, à côté de ses moutons.

10. Paysage représentant un pays de plaine, avec un arc-en-ciel : sur le devant sont deux femmes, dont l'une porte sur sa tête un panier, et l'autre un rateau.

11. Paysage représentant un soleil couchant : sur le devant est un homme qui fait boire deux chevaux, sur l'un desquels il est monté.

12. Paysage représentant un clair-de-lune : sur le devant se voit un cheval.

PAUL DU PONT, OU PONTIUS, dessinateur et graveur au burin, né à Anvers, vers 1596, et disciple, pour la gravure, de Lucas Vorsterman. Mais le plus grand avantage qu'il a eu pour se perfectionner dans son art, c'est d'avoir joui des conseils et de l'amitié de Rubens, sous les yeux duquel il a terminé plusieurs de ses planches. On rend cette justice à Pontius, qu'il joignoit à la précision du dessin, du caractère et de l'expresion des figures, un maniement savant de l'outil; sur-tout il possédoit l'art de faire passer dans ses gravures la magie du clair-obscur, et toute l'harmonie qui régnoit dans les tableaux qu'il entreprenoit de graver, particulièrement ceux d'après Rubens. On admire ses belles estampes historiques ; mais il n'a pas moins réussi dans les portraits, dont les travaux sont aussi variés que les caractères de ses têtes. Pour ranger de suite les trois graveurs de prédilection de Rubens, savoir: Vorsterman, Bolswert et Pontius, nous avons un peu interrompu l'ordre chronologique. Si l'on vouloit faire le parellèle de ces trois habiles artistes, ou pourroit dire que Vorsterman mettoit dans ses travaux plus de délicatesse et de variété, que Bolswert décèle dans son exécution plus de facilité et plus d'intelligence, mais que Pontius ne le céde à aucun des deux, pour la force et l'effet du tout-ensemble.

Potraits d'après Ant. van Dyck.

1. Paul du Pont, ou Pontius, graveur d'Anvers, gravé par lui-même. in-fol.
2. Pierre Paul Rubens, peintre d'Anvers. in-fol.
3. Jacques de Breuck, architecte de Mons. in-fol.
4. Jean Wildens, peintre d'Anvers. in-fol.
5. Jean vans Ravestein, peintre de la Haye. in-fol.
6. Palamede Palamedessen, peintre hollandois. in-fol.
7. Théodore Vanloo, peintre de Louvain. in-fol.
8. Théodore Rombouts, peintre d'Anvers. in-fol.
9. Corneille van der Geest, amateur, à Anvers. in-fol.
10. Gérard Honthorst, peintre à la Haye. in-fol.
11. Henri van Balen, peintre d'Anvers. in-fol.
12. Adrien Stalbent, peintre d'Anvers. in-fol.
13. Gérard Segher, peintre d'Anvers. in-fol.

P. PONTIUS.

14. Simon de Vos, peintre d'Anvers. in-fol.
15. Daniel Mytens, peintre hollandois. in-fol.
16. Gaspar de Crayer, peintre d'Anvers. in-fol.
17. Martin Pepyn, peintre d'Anvers. in-fol.
18. Gaspar Gevartius, jurisconsulte d'Anvers. in-fol.
19. Nicolas Rockok, magistrat à Anvers. in-fol.
20. Jean van-den Wouwer, conseiller du Roi d'Espagne. in-fol.
21. César-Alexandre Scaglia, Abbé de Staphard. in-fol.
22. Gustave-Adolphe, Roi de Suède. in-fol.
23. Marie de Médicis, Reine de France. in-fol.
24. Emanuel Frockas Perera, Comte de Feria. in-fol.
25. François Thomas de Savoie, Prince de Carignan. infol.
26. Jean, Comte de Nassau, général du roi d'Espagne. in-fol.
27. Don Alvarez, Marquis de santa Cruz, gouverneur des Pays-Bas. in-fol.
28. Don Carlos de Colonna, général du roi d'Espagne.
29. Don Diego-Philippe de Gusman, marquis de Léganez, général du roi d'Espagne. in-fol.
30. Marie, Princesse d'Aremberg. in-fol.
31. Henri, Comte de Berghe, dans son armure. in-fol.
32. Balthasar Gerbier, Ministre de la cour de Madrid à celle de Londres, en 1631. in-fol.
33. Frédéric-Henri, Prince d'Orange. gr. in-fol.
34. François-Thomas de Savoie, Prince de Carignan. gr. in-fol.

Portraits d'après Rubens.

1. Pierre-Paul Rubens, gravé en 1630. in-fol.
2. Gaspar Gevaerts, jurisconsulte, assis, une plume à la main, et un buste antique devant lui. in-fol.
3. Ladislas-Sigismond, Prince de Pologne et de Suède etc. in-fol.

284   P. PONTIUS.

4. Philippe IV, Roi d'Espagne, gravé en 1632. gr. in-fol.
5. Elisabeth de Bourbon, femme de Philippe IV. pendant. Les bonnes épreuves de ces deux portraits sont avant l'adresse de G. Hendrix.
6. Isabelle-Claire-Eugénie, Infante d'Espagne. gr. in-fol.
7. Ferdinand, Cardinal, Infant d'Espagne, et gouverneur des Pays-Bas, à cheval. gr. in-fol.
8. Gaspar Gusman, Duc d'Olivarès. Pièce gravée d'après une copie faite par Rubens, de l'original de Vélasquez. Superbe portait.
9. Christoval, marquis de Castel-Rodrigo, pièce in-fol. Belle et rare.
10. Manuel de Moura Cortereal, marquis de Castel-Rodrigo, de même.
11. Une Dame espagnole, avec une fraise et un collier de pierreries, sans nom. C'est le buste renfermé entre des colonnes torses, de la mère de Manuel Castel-Rodrigo. Ces trois portraits qui font suite, sont très-distingués, et d'une grande rareté.

Portraits divers, d'après d'autres maîtres.

1. Raphaël d'Urbin, dans le costume de son tems. *Paulus Pontius fecit.* in-fol.
2. Ambroise, Comte de Hornes. *Fr. de Nys.* p. in-fol.
3. Abel Servien, Comte de la Roche des Aubins, Ministre plénipotentiaire à la paix de Munster; d'après Ans. van Hulle. in-fol.
4. Jean de Heem, peintre d'Utrecht; d'après Jean Lyvyns. in-fol.

Sujets divers, d'après Rubens.

5. Susanne surprise par les deux vieillards; pièce gravée en 1624. gr. in-fol.

6. La Nativité, ou l'adoration des bergers; pièce ceintrée. gr. in-fol. *G. Hendrix exc.*

7. Le Massacre des Innocens ; très-grande pièce de 2 feuilles en t. gravée en 1643. et pièce capitale.

8. La Présentation au temple; belle pièce, gravée en 1638. Les bonnes épreuves sont avant les adresses des éditeurs.

9. Le Portement de croix; pièce gravée en 1632. gr. in-fol.

10. Un Christ, appelé communément: le Christ au coup de poing, parce que l'un des anges qui terrassent le péché et la mort, a le poing fermé ; belle pièce, gravée en 1631. gr. in-fol.

11. Jésus-Christ mort, sur les genoux de la Vierge, et St. François à côté ; d'après le tableau que Rubens peignit pour les capucins de Bruxelles, gravé en 1618. gr. in-fol.

12. La Descente du St. Esprit, gravée en 1627. gr. in-fol.

13. Le combat de l'Esprit contre la Chair, désigné par une figure aîlée et attachée par une corde, dont un ange tire un bout vers le ciel, et les diables l'autre vers l'enfer. En haut se voit le Père éternel. in-fol. Rare.

14. La Vierge, assise au pied d'un berceau de feuillage, et tenant l'enfant Jésus, qui reçoit les vœux de St. Bonaventure en chape, derrière lequel sont trois figures de femmes. A la suite de ces femmes est Rubens, sous la figure d'un guerrier, tenant un drapeau à la main, et ayant à ses pieds le dragon de St. George, percé d'un tronçon de lance. Sur le devant est St. Jérôme à genoux sur un lion. Dans le haut de l'estampe sont trois anges, dont deux couronnent l'enfant Jésus, et le troisième tient une branche de

palmier. Tableau qui est l'épitaphe de Rubens, à l'église de St. Jacques à Anvers. gr. in-fol.

15. Un tête de Chsist, dans un ovale. in-fol.

16. L'assomption, où Jésus-Christ dans le haut reçoit sa mère, gravée en 1624. gr. in-fol.

17. Le couronnement de la Vierge, un des derniers ouvrages de Pontius, et fort inférieur à ce qu'il avoit fait précédemment. in-fol.

18. La Vierge qui présente le sein à l'enfant-Jésus. in-8. Rare.

19. Sainte famille, où l'enfant Jésus caresse la Vierge; les figures jusqu'aux genoux. Le même sujet est aussi gravé par Bolswert. p. in-fol.

20. St. Roch, auquel Jésus-Christ montre cette inscription soutenue par un ange: *Eris in peste Patronus*. Plus bas sont plusieurs pestiférés qui réclament l'intercession de ce St. Pièce. gr. in-fol. gravée en 1626. Le tableau est un des chefs-d'œuvres de Rubens, et l'estampe est celui de Pontius.

Allégories.

1. Thèse, au bas de laquelle est représenté St. François portant trois globes, sur l'un desquels est assise la Vierge. Dans le haut à droite sont les quatre vertus théologales, dans un char traîné par des lions; à gauche est un autre char traîné par quatre aigles, et monté par plusieurs Princes de la maison d'Autriche. Du même côté, plus bas, est Philippe IV. roi d'Espagne, à la tête d'une troupe de cordeliers. Enfin du côté opposé est Jean Scot, aux prises avec le Diable. Cette thèse et chargée de diverses inscriptions. gr. pièce en t. très-rare.

2. Thèse de Philosophie, soutenue à Douay, en 1636. représentant la dispute élevée entre Neptune et Minerve, à qui donneroit son nom à la ville d'Athènes,

et dédiée au pape Urbain VIII. gr. pièce en hauteur, très-rare.

Divers sujets, d'après différens maîtres.

1. Fuite en Egypte; d'après Jac. Jordaens. gr. in-fol. en t.

Les bonnes épreuves sont celles avant l'adresse de Blotelingh.

2. La Fête des Rois, ou le Roi boit! d'après le même. Belle pièce. gr. in-fol. en t.
3. L'Adoration des Rois; d'après Gérard Seghers. gr. in-fol.
4. La Vierge, ayant l'Enfant sur ses genoux, avec Ste. Anne; d'après le même. in-fol.
5. St. François-Xavier, prosterné à son prie-dieu, voit devant lui la Vierge qui tient l'enfant Jésus; d'après le même; pièce ceintrée. gr. in-fol.
6. St. Sébastien, auquel un ange arrache une flèche; d'après le même. gr. in-fol.
7. Jésus-Christ mort, sur les genoux de la Vierge; d'après Ant. van Dyck. gr. in-fol. en t.
8. S. Hermanus Joseph. — — D'un tableau de van Dyck, aujourd'hui à la galerie de Vienne, autrefois aux Jésuites d'Anvers. in-fol.
9. Sainte Rosalie, recevant une couronne des mains de l'enfant Jésus, qui est sur les genoux de sa mère; d'après le même. in-fol.
10. Sainte famille; d'après Jean van Hoeck.
11. Jésus-Christ mis au tombeau; d'après le Titien. gr. in-fol.

F. SNEYDERS.

FRANÇOIS SNEYDERS, peintre et graveur à l'eau-forte, naquit à Anvers en 1579, et mourut en 1657. Il apprit la peinture de Henri van Balen. Au commencement il ne peignit que des fruits, mais ensuite il s'appliqua à la représentation des animaux, et bientôt il surpassa dans ce genre tous ses devanciers. Ensuite il fut curieux de voir l'Italie, et il s'y arrêta assez longtems. Un des grands peintres d'animaux, le Benedetto, fut singulièrement de son goût, et il ambitionna de le surpasser. De retour en Flandres, il travailla d'abord à Anvers, puis à Bruxelles, où il fut appellé par l'archiduc Albert, pour lequel il fit plusieurs tableaux, ainsi que pour le Cardinal Infant d'Espagne. Un tableau représentant une chasse au cerf, achevà de faire la fortune de Sneyders. Le roi d'Espagne, Philippe III. l'ayant vu, lui fit peindre plusieurs grands sujets de chasses et de batailles. Outre les chasses il peignit encore des cuisines, des fruits et des paysages admirables. Quand les figures étoient un peu grandes, Rubens, ou Jordaens, se faisoient un plaisir de lui prêter leurs pinceaux, et ces grands artistes s'entendoient si parfaitement
ment

ment dans l'intelligence des teintes, que tout paroissoit sortir d'une même palette. De son côté Rubens empruntoit souvent le pinceau de Sneyders, pour peindre les fonds de ses tableaux. La manière mâle et vigoureuse de Sneyders se soutenoit toujours à côté de ce grand maître. Les tableaux où se trouvent réunis les pinceaux de ces hommes rares, feront à jamais leur éloge, en même tems qu'ils feront l'admiration des connoisseurs. — Sneyders dessinoit d'une grande manière. Sa couleur est chaude et dorée, sa touche est savante et fière, toute propre à représenter la soie, le poil, la laine et la plume des différens animaux qu'il introduisoit dans ses tableaux.

Nous avons de Sneyders quelques gravures à l'eau-forte, qui nous font regretter qu'il en ait fait si peu. On y trouve tout le caractère du peintre, savoir :

1. Un livre d'animaux, composé de seize feuilles, tant grandes que petites. Très-rares.

Parmi les artistes qui ont gravé d'après Sneyders, nous nous contenterons de nommer L. Vorsterman, J. Zaal, G. Winstanley etc.

V.

J. Fouquieres.

Jacques Fouquieres, peintre de paysages, et graveur à la pointe, naquit à Anvers en 1580, et mourut à Paris en 1659. Il fréquenta successivement les écoles de Josse Momper, de Breughel de velours, et de Rubens qui l'employoit quelquefois à peindre les fonds de ses tableaux historiques. Dès-lors il jouissoit de la réputation d'un habile paysagiste. L'E-lecteur palatin l'appela auprès de sa personne, et, après lui avoir fait orner son palais de plu-sieurs tableaux, il le récompensa généreuse-ment. Il fit un voyage en Italie, et fut occupé à plusieurs ouvrages, tant à Rome qu'à Venise. Après un assez long séjour dans ces villes, Fouquieres se rendit à Paris en 1621, sur l'espérance que M. Desnoyers, surintendant des bâtimens, l'emploieroit dans les travaux du roi. En effet il le présenta à Louis XIII. qui le fit beaucoup travailler dans les maisons royales. Le roi, qui aimoit la fraîcheur de son pinceau, l'ennoblit, et cette distinction le rendit si fier, qu'il ne quittoit plus l'épée, même en peignant. Il fut chargé par le roi de représenter les principales villes de France entre les fenêtres de la grande galerie du louvre

J. FOUQUIERES.

à Paris. Fouquieres disputa la conduite des ornemens de cette galerie au célèbre Poussin qui en avoit la surintendance. Il présenta des des mémoires contre ses projets, auxquels le Poussin répondit. Ce fut le Poussin qui l'appella le baron de Fouquieres. Cette tracasserie rebuta le Poussin qui abandonna l'ouvrage, et s'en retourna à Rome.

Fouquieres, n'exerçant presque plus son talent, se trouva dans la détresse, et mourut misérablement au fauxbourg St. Marceau, dans la soixante-dix-neuvième année de son âge. Montagne, son ami, peintre de l'Académie, l'étant allé voir, le dessina dans son lit au moment qu'il expiroit, et le fit enterrer à ses dépens.

Ce peintre rendoit parfaitement bien la nature dans ses paysages; ses figures étoient bien dessinées. Le reproche qu'on lui fait, est qu'il peignoit un peu trop verd. Sa couleur est fraîche, et on ne peut voir une plus belle touche d'arbre: tout ce qu'il faisoit étoit d'après nature. Ses figures répondent à l'excellence de son paysage, et ses grands morceaux ne sont pas inférieurs aux petits.

Fouquieres doit avoir gravé à la pointe plusieurs petits paysages de sa composition. Les principaux graveurs qui ont travaillé d'après ses ouvrages sont: Arnoud de Jode, Alexandre Voet, Matthieu Montagne, et sur-tout Jean Morin, qui a gravé d'après lui quatre grands paysages, deux en hauteur et deux en largeur, dans un style si pittoresque, que d'après ces morceaux on peut se former une idée du feuillé, et même de la couleur du peintre.

I. GUILLAUME-JACQUES DELFF, père, ou DELPHIUS, peintre de portraits, et graveur au burin, naquit à Delft en 1580, et mourut en 1638. Guillaume, qui étoit le troisième fils de Jacques Delff, bon peintre de portraits, apprit les principes de son art dans la maison paternelle. Il épousa la fille de Michel Mirevelt, et grava un grand nombre de portraits d'après son beau-père. Quoique bon peintre, il est plus généralement connu comme graveur. Dessinateur correct, il manioit le burin avec une grande facilité, et la plupart de ses pièces sont exécutées avec beaucoup de propreté. Delff a gravé un grand nombre de portraits anglois; il prenoit le titre de graveur du roi: on ne croit pourtant point qu'il ait été en Angleterre. Il eut un fils dont nous parlerons à la suite de cet article.

Portraits, d'après différens maîtres.

1. Michel Mirevelt, peintre de Delft. *Ant. van Dyck pinx.* p. in-fol.
2. Jean Battenfeld, théologien, gravé en 1635. sans nom de peintre. in-fol.
3. Jean Ducher, D. en théologie; sans nom de peintre. in-fol.
4. Rumoldus Hogerbeets Hornanus, syndic de Leyde. J. de Ravesteyn. p. in-4to.
5. Jean Fontanus, ministre du St. Evangile. *Id. pinx.* gr. in-4to.
6. Jean Wtenbogard, d'Utrecht, prédicant à la Haye. *P. Morelsen.* 1612. gr. in-4to.
7. Henri-Antoine van der Linden, théologien. J. N. Enchus. in-4to.
8. Jacques Rolandus de Dordrecht, ministre du St. Evangile. *C. van der Wort pinx.* p. in-fol.
9. Jean Stalpard, docteur en droit à la Haye. *J. van Nes pinx.* in-fol.
10. Charles I. roi d'Angleterre. *Daniel Mytens pinx.* gr. in-fol.
11. Henriette-Marie, reine d'Angleterre. *Id.] pinx.* gr. in-fol.
12. Gaspar Barlaeus, docteur en médecine à Leyde. *David Bailly pinx.* p. in-fol.
13. Jean Néandre, médecin de Bréme; d'après le même. p. in-fol.

GUIL. DELFF.

Portraits divers, d'après Michel Mirevelt.

1. Jacob Cato, poëte et philosophe. in-4to.
2. Sir Dudley Carleton, Ministre britannique, auprès des Etats-Généraux belgiques. in-4to.
3. Hugo Grotius, syndic de Rotterdam. in-fol.
4. Marc-Antoine de Dominis, évêque de Spalatro. in-fol.
5. Jean d'Olden-Barneveldt, avocat-général des Etats de Hollande, gravé en 1617. in-fol.
6. Abraham van der Meer, membre des Etats-Généraux. p. in-fol.
7. Félix de Sambix, fameux maitre à écrire, d'Anvers. p. in-fol.
8. Constantin Huyghens, gentilhomme hollandois, et père de Christian. p. in-fol.
9—11. Les trois princes d'Orange, savoir : Guillaume, Maurice et Frédéric-Henri, 3 beaux portraits. gr. in-fol.
12. Gustave-Adolphe, roi de Suède, gravé en 1633. gr. in-fol.
13. Frédéric, roi de Bohème, Electeur palatin; gravé en 1632. gr. in-fol.
14. Elisabeth, reine de Bohème, Electrice palatine; gravé en 1630. gr. in-fol.
15. Wolfgang Guillaume, Comte palatin du Rhin, duc de Bavière. gr. in-fol.
16. George Villiers, duc de Buckingham; gravé en 1628. gr. in-fol.
17. Gaspar, comte de Coligni, seigneur de Chatillon; gravé en 1631. gr. in-fol.
18. Louise de Coligni, épouse de Maurice, prince d'Orange; gravée en 1627. gr. in-fol.
19. Florentio, comte de Culenborch; gravé en 1627. gr. in-fol.

20. Catherine, comtesse de Culenborch; gravée en 1636. gr. in-fol.
21. Philippe-Guillaume, prince d'Orange; gravé en 1628. gr. in-fol.

II. JACQUES-GUILLAUME DELFF, fils, peintre de portraits, et graveur au burin, naquit à Delft en 1619, et mourut dans la même ville en 1661. Il fut instruit dans la peinture et dans la gravure par son père, dont il imita parfaitement la manière. Cette ressemblance de style fait qu'on confond quelquefois leurs ouvrages. On attribue assez généralement au fils une suite de portraits en ovale in-folio, sans nom de peintre ni de graveur, traités dans la manière du père, dont voici les plus marqués:

1. Charles I. roi d'Angleterre.
2. Elisabeth, reine d'Angleterre.
3. Ferdinand II, empereur d'Allemagne.
4. Frédéric, Palatin, roi de Bohême.
5. Frédéric-Henri, prince d'Orange, comte Nassau-Katzenellenbogen.
6. Gustave-Adolphe, roi de Suède.
7. Jacques, roi d'Angleterre.
8. Louis XIII, roi de France.
9. Axel Oxenstiern, Ministre de Suède.
10. Philippe III, roi d'Espagne.
11. Philippe IV, roi d'Espagne.
12. Ambrosius Spinola.
13. Vladislas IV, roi de Pologne.

J. SAVARY. S. FRISIUS.

JEAN SAVARY, ou SAVERY, peintre et graveur à l'eau-forte, né à Courtray, vers 1580. Il eut pour maître Hans Bol, et travailla à Amsterdam, où il mourut. La plupart des écrivains le croient neveu de Rolant Savery, et parent de Jacques Savery qui peignit dans le même genre.

1—6. Six paysages montagneux, ornés de fabriques et de figures. *J. Savery fec. Nic. de Clerc exc.* p. in-4to. en t.

7. Paysage où se voit une chasse au cerf. *J. Savery fec. H. Hondius exc.* in-fol. en t.

8. Paysage, où se voit Samson qui tue un lion. *J. C. Visscher exc.* gr. in-fol. en t.

9. Paysage montagneux, avec une chûte d'eau dans une forêt. in-fol. en t.

SIMON FRISIUS, ou FRYSIUS, dessinateur et graveur à l'eau-forte, né à Leuwarde dans la Frise, vers 1580. On a peu de notices de sa vie. Artiste ingénieux, il est regardé comme le premier qui ait perfectionné la gravure à l'eau-forte. Abraham Bosse, dans son Traité de la manière de graver à l'eau-forte etc. s'exprime ainsi à ce sujet: „Le premier de „ceux à qui j'ai obligation, est Simon Frisius, „lequel à mon avis doit avoir une grande gloire

„ en cet art, d'autant qu'il a manié la pointe
„ avec une grande liberté, et en ses hachures
„ il a fort imité la netteté et la fermeté du
„ burin. — — Cet artiste se servoit du vernis
„ mou, et de l'eau-forte dont les affineurs se
„ servent à départir les métaux." — — Les
estampes de Frisius sont fort rares et très-
recherchées. Les petites figures qu'il a intro-
duites dans ses paysages, sont d'une exécution
agréable. Il a quelquefois omis de signer son
nom, se contentant de mettre *fecit*; d'autres
fois il marquoit ses pièces de son nom, et des
lettres initiales S. F.

1—12. Suite de petites têtes, d'après son dessin, représentant des Saintes et des Sibylles; 12 pièces marquées
fecit. petit in-4to.

13. Suite de plusieurs portraits; d'après H. Hondius.
petit in-fol.

14—25. Suite d'oiseaux et de papillons; d'après Marc
Gerard; 12 pièces datées de 1610. p. in-4to. en t.

26—50. Recueil de Vues et de Paysages; d'après Matthieu
Bril, sous le titre: *Topographia variorum Regionum, aeri incisa a Simone Frisio, ab J. Visschero
excusa*. Suite de 25 pièces. in-fol. en t.

51. Paysage montagneux, au bord de la mer, sur le
devant une maison rustique, et des figurines. *Henri
Goltzius inv. Simon Frisius fec.* in-4to. en t.

52. Paysage, avec une tour sur une hauteur, et une
villageoise assise au pied d'une colline, parlant à un
pauvre. *Henri Goltzius inv.* 1608. p. in-fol. en t.

53. Paysage montagneux, orné d'une chûte d'eau et de l'histoire du jeune Tobie avec l'Ange. *P. Lastman inv. S. Frisius fec. aqua fort. J. C. Visscher exc.* p. in-fol.

54. Paysage, où se voit la Fuite en Egypte. *De Hondt ou Hondius inv. S. Frisius sc.* p. in-fol.

55. Beau paysage bouché; sur le devant, tout en bas, deux demi-figures pastorales; à gauche deux grands arbres; et sur le second plan, des bâtimens rustiques. Sans autre nom que S. Frisius. gr. in-fol. Pièce très-rare et d'une gravure très-fine.

Il y eut vers le même tems un graveur à l'eau-forte, nommé Jean Eillarts Frisius, que Joseph Strutt croit en relation de parenté avec Simon. Je connois de lui les deux portraits suivans, gravés à gros traits, et rares:

Henri IV, roi de France. gr. in-fol.
Henri de Nassau, prince d'Orange. gr. in-fol.

On croit de même, que Simon Frisius fut parent de Jean Vredeman ou Fredeman Frisius, né à Leuwarde, pays de Frise, en 1527. Cet artiste, habile architecte, fut appelé à Anvers, où il travailla, avec d'autres artistes, à l'arc de triomphe, érigé en cette ville pour l'entrée de l'empereur Charles-Quint, et de son fils Henri, qui fut ensuite roi d'Espagne. On a de ce Frisius un livre de monumens intitulé: *Cœnotaphiorum, tumulorum et mortuorum Monumentorum,* publié à Anvers par Jérôme Cock en 1563. Les estampes qui accompagnent cet ouvrage, sont gravées à l'eau-forte, et retouchées au burin avec beaucoup d'intelligence.

JOSSE, ou JODOCUS DE MOMPER, Surnommé CERVRUGT, peintre et graveur à l'eau forte, naquit à Anvers en 1580. Bon paysagiste il quitta la manière finie de ses compatriotes, et s'accoutuma à une exécution plus large et plus expéditive. Ce changement fut cause que ses paysages furent moins goûtés; cependant à une certaine distance ils font un bel effet. On lui reproche de s'être trop servi des couleurs jaunes, et d'avoir la touche monotone. Jean Breughel et David Teniers le père, ornoient souvent ses tableaux de petites figures agréables. On a d'après lui les quatre saisons, dans de riches paysages, gravés par Claas Visscher, Egb. van Panderen et Théodore Galle. Et les douze mois de l'année ont été gravés par Adrien Collaert, et copiés ensuite par Jacques Callot. Lui-même a gravé à l'eau forte diverses pièces, entr'autres:

1. Un grand paysage bouché par d'énormes rochers, orné de figures; pièce gravée à gros traits. gr. in-fol. très-rare.

AD. STALBENT. P. LASTMAN.

ADRIEN STALBENT, peintre et graveur à l'eau forte, naquit à Anvers en 1580. Son talent étoit de peindre le paysage, qu'il ornoit de jolies petites figures. Il fit un assez long séjour en Angleterre, où ses ouvrages étoient autant payés que recherchés. Il retourna riche à Anvers, et peignoit encore avec vigueur à l'âge de quatre-vingts ans.

Je ne sais s'il a beaucoup gravé à l'eau forte; je ne connois de lui que le morceau suivant, que j'ai possédé, et qui est gravé d'un très-bon goût:

1. Paysage représentant les ruines d'une grande abbaye en Angleterre; à l'entour, de nombreux troupeaux. *Adrianus van Stalbent fecit in aqua forti.* in-fol. en l.

PIERRE LASTMAN, peintre et graveur à l'eau forte, né à Harlem en 1581. Ses tableaux, d'une belle composition, et d'une bonne manière, furent beaucoup chantés par les poëtes hollandois. Lastman passe généralement pour avoir été un des maîtres de Rembrandt. Il a gravé à la pointe, d'après ses compositions, un petit nombre de pièces d'un bon goût, et de la plus grande rareté, entr'autres:

N. LASTMAN.

1. Judá caressant Thamar; sujet représenté dans un beau paysage. Au haut dans le lointain on lit entre les tailles P. L., qui est la marque de P. Lastman. Petit in-fol. Voyez le supplément de P. Yver. p. 178. N. 2.
2. Une femme assise devant une espèce d'arcade, et la tête couverte d'un petit voile, avec ses deux mains devant elle. in-4to. P. Yver. p. 179. N. 3.

NICOLAS LASTMAN, ou NICOLA PETRI, c'est-à-dire, fils de Pierre, peintre, graveur à la pointe et au burin, né à Harlem en 1619. Il apprit les élémens de la peinture de Jean Pinas; il travailla dans le goût de son maître, et chercha la manière du Guide. On ignore de qui il apprit le maniement du burin; on présume que ce fut de Saenredam.

1. Le Portrait de Carl van Mander, copie de celui de J. Saenredam. in-4to.
2. La Prière de Notre-Seigneur au jardin des Olives; d'après P. Lastman. gr. in-fol.
3. St. Pierre délivré de prison; d'après J. Pinas, qui fait le pendant de la pièce précédente.
4. Le Martyre de St. Pierre; d'après le Guide. petit in-fol.
5. Le Samaritain charitable, dans un paysage très-pittoresque, hérissé de roches, et orné de ruines; au milieu à gauche, un torrent traversé par un pont de pierre, sur lequel on voit marcher le prêtre et le lévite si peu charitable. *Nicol. Lastman inv. et sc.* Estampe peu connue, et qui mérite de l'être par la beauté de son exécution.

JACQUE DE BIE, ou DE BYE, dessinateur, graveur, libraire, et sur-tout savant antiquaire, né à Anvers en 1581. On croit qu'il apprit la gravure à l'école des Collaerts, dont il a bien saisi la manière. C'est en qualité d'antiquaire qu'il étoit attaché au duc Charles d'Arschot, qui avoit un grand cabinet de médailles. Et c'est de ce cabinet que de Bie grava à l'eau forte, en 1615, les médailles d'or des Empereurs romains, depuis Jules César jusqu'à Valentinien. En estampes on a aussi de lui une partie de la vie de Jésus, qu'Adrien Collaert publia d'après les dessins de M. de Vos; de même que la vie de la Vierge, qu'il grava d'après ce peintre, en société avec Philippe et Théodore Galle.

Les principaux ouvrages de Jacques sont les suivans:

1. Les Médailles d'or des Empereurs romains, du cabinet du duc d'Arschot, publiées en 1617, et réimprimées à Berlin en 1703.
2. La France métallique, contenant les actions mémorables des rois et des reines en Médailles.
63—66. Les vrais Portraits des rois de France, depuis Clovis jusqu'à Louis XIII., contenant 64 planches avec le titre, dont il n'y a que 58 portraits, 5 planches étant en blanc, à Paris, 1634.
67. La Généalogie de la maison de Croïs, en plus de 60 planches, tant portraits que d'autres sujets. in-fol.

68. Iconologie, ou représentation des principales choses qui tombent dans la pensée, caractérisées par diverses figures, gravées en cuivre par Jac. de Bye, et expliquées par J. Baudoin, à Paris, 1643. in-fol. Jacques de Bye a gravé d'après Raphael :
69. Le Portrait de François I. roi de France, tableau de fontainebleau, gr. médaillon avec des accessoires. in-fol. Et d'après M. de Vos.
70. La Résurrection de Lazare ; pièce distinguée de la grande suite de ce maître.

Corneille de Bie, fils d'Adrien de Bie, peintre de Lierre en Flandres, est connu par ses Vies des peintres flamands, publiées en 1661. Il n'étoit d'ailleurs ni peintre ni graveur, et dans aucun rapport de parenté avec Jacques de Bye, quoique Basan le fasse fils et élève de ce dernier.

I. DAVID TENIERS, le VIEUX, peintre et graveur à l'eau forte, naquit à Anvers en 1582, et mourut dans le lieu de sa naissance, en 1619. Il apprit les principes de son art de P. P. Rubens, puis s'étant rendu à Rome, il travailla pendant dix ans sous Adam Elzheimer. Il peignoit de grands et de petits sujets historiques; dans ce dernier genre il imitoit la manière d'Elzheimer. Mais les sujets qu'il peignoit de préférence, c'étoit les fêtes flamandes, les compagnies de cabarets, les laboratoires de chymistes, et semblables, qu'il traitoit avec beaucoup d'intelligence. Il laissa deux fils, David et Abraham. Celui-ci fut peintre de l'archiduc Léopold, qui tenoit sa cour à Bruxelles; mais il céda sa place à son aîné, contre les talens duquel il ne pouvoit pas lutter. David Teniers, le vieux, a beaucoup gravé à l'eau forte; il est d'ailleurs assez difficile de distinguer les pièces du père, de celles du fils, se servant du même chiffre ainsi figuré. **DT**

1. Un pélerin tenant son bourdon et son chapelet. in-12.
2. Paysan assis, appliquant un emplâtre sur sa main. in-8.
3. Paysan appuyé sur une table, tenant dans ses mains une cruche et un verre. gr. in-8.
4. Paysan en buste, et en grand bonnet fourré, avec une cruche et un verre. *Teniers exc.* in-8.
5. Autre paysan en bonnet, avec une pipe. *Teniers exc.* in-8.
6. Vieille femme assise, ayant un chapelet. *Teniers exc.* in-8.
7. Vieux homme assis, montrant quelque chose à un chien, qui se tient sur ses jambes de derrière. *Id. exc.* in-8.
8. Homme debout, tenant d'une main son chapeau, et de l'autre un balai. in-8.
9—12. Suite de paysans, à mi-corps; 4 feuilles. *D. Teniers fecit.* gr. in-8.
13—16. Autre suite de paysans, s'amusant à fumer, à boire et à jouer; 4 feuilles. petit in-8.

17. Cui-

17. Cuisine flamande, où il y a un bœuf de tué et d'accroché, tandis qu'une femme soigne le pot-au-feu. in-4to. en t.
18. Le jeu de boule. *Teniers excud.* gr. in-4to. en t.
Toutes les eaux-fortes des Teniers, tant du père que du fils, sont d'une extrême rareté.

DAVID TENIERS, le jeune, peintre et graveur à l'eau-forte, naquit à Anvers en 1610, et mourut à Bruxelles en 1697. Fils et disciple de David Teniers, dit le vieux, il surpassa son père et son maître par des talens décidés. Il jouit de son vivant de toute sa réputation, des honneurs et de la fortune dus à son mérite, ainsi qu'à ses qualités morales. L'archiduc Léopold, qui résidoit à Bruxelles, l'apella auprès de sa personne, et le combla de faveurs. Il travailla pour le roi d'Espagne, pour la reine Christine de Suède, ainsi que pour nombre de grands Seigneurs et de riches amateurs. Il n'y eut que Louis XIV. qui méprisa ses ouvrages. Bontems, son premier valet-de-chambre, ayant placé quelques Teniers dans le cabinet du roi, le Monarque, en les voyant, dit avec dédain : Qu'on m'ôte ces magots ! — Et toute la cour d'applaudir au goût exquis du Monarque.

Les tems sont bien changés ! — Les François et les Anglois ont toujours fait grand cas des tableaux de Teniers. Gagnat, amateur fort connu, possédoit de ce maître une fête de village, qui, dans une vente publique, fut adjugée en 1765 pour la somme de 18030 Livres.

Le principal talent de Teniers étoit le paysage, orné de petites figures. Il aimoit à représenter des sujets réjouissans, des buveurs, des joueurs, des tabagies, des boutiques de chymistes, des fêtes de villages nommées Kermefs, des sorcelleries, des diableries. — Rien de si facile que son exécution. Le feuiller de ses arbres est léger, les ciels de ses fonds admirables : ses figures sont d'une vérité, d'une expression, d'une touche des plus spirituelles. On estime singulièrement ses petits tableaux. On appelle ceux qu'il peignoit : les soirs, les après-soupers de Teniers. On connoît son talent pour les pastiches, qui lui fit donner le surnom de Protée, ou de singe de la peinture, n'y ayant guère de manières de peindre, qu'il n'ait parfaitement imitées. Quelquefois pourtant ce grand peintre, différent de lui-même, a donné dans le gris, et souvent dans le rougeâtre. Quelques personnes trouvent que ses figures sont un peu courtes, et que ses compositions ne sont pas assez variées.

L'œuvre gravé de Teniers est très-considérable ; les seules estampes gravées en France et en Angleterre passent le nombre de 500. A l'exemple de Teniers, le vieux, il a gravé plusieurs pièces à l'eau forte ; seulement il est difficile de distinguer celles du père de celles du fils.

1. Paysan assis sur un coffre, fumant sa pipe, et un autre vu par le dos, pissant contre un mur. in-16.
2. Joli paysage, où l'on voit deux maisons rustiques, et trois paysans en conversation; avec le chiffre de Teniers. in-8. en t.
3. Joli paysage, avec deux maisons rustiques, et quatre paysans en conversation. *D. Teniers fecit. F. van den Wyngaerd exc.* in-8. en t.
4. Paysage avec un clair-de-lune, et des villageois assis près du feu, dans une cabane. *Teniers exc.* in-8. en t.
5. Paysan et paysanne en marche, celle-ci portant un panier. *D. Teniers exc.* in-12.
6. Paysan qui marche avec une perche sur l'épaule. in-12.
7. Paysans flamands tirant au blanc. in-8 en t.
8. La Tentation de St. Antoine. in-8.
9. Réjouissance flamande ; quadrille de paysans qui dansent. in-8. en t.
10. Fête de village, jolie composition. *D. Teniers fecit.* gr. in-4to. en t.

P. HOLSTEIN. C. HOLSTEIN.

PIERRE HOLSTEIN, peintre sur verre, et graveur à la pointe et au burin, né à Harlem vers 1582, et florissant en Hollande au commencement du dernier siècle. Il n'a guère gravé que des portraits ; on connoît de lui ceux des Ministres plénipotentiaires au congrès de Munster, en vingt-six feuilles. On trouve des paysages et des oiseaux peints et gravés par un artiste de ce nom.

1. Jean Saenredam, graveur d'Asfeldt ; daté de 1602. ovale. in-4to.
2. Jacob van der Burchius ; ovale. in-4to.
3. Fabius Chisi, Négociateur à la paix de Westphalie, ensuite Pape sous le nom d'Alexandre VII. in-4to.
4. Jean-Ernest Pictoris, conseiller des appels de l'Electeur de Saxe. in-4to.
5. Jean Huydecooper, bourguemestre de la ville d'Amsterdam. *Jansens pinx.* in-fol.
6. Jean Reyner, historiographe de la paix de Munster. 1648. *P. Holstein sc.* in-fol.
7. Constantinus Sohier, Eques. *P. Holstein del. et sc.* in-fol.
8. Albert Vinkenbrink, sculpteur de la ville d'Amsterdam. *P. Holstein inv. et sc.* in-fol.

CORNEILLE HOLSTEIN, peintre et graveur à la pointe et au burin, né à Harlem vers 1620, et florissant à Amsterdam en 1651. Fils de Pierre, Corneille apprit les principes de l'art dans la maison paternelle. On a singulièrement vanté un de ses tableaux, conservé à la maison de ville d'Amsterdam, et servant de dessus de cheminée à la chambre des orphelins, tableau qui représente Lycurgue instituant son neveu héritier de ses biens. On loue particulièrement sa couleur et son dessin. Il a gravé quelques pièces de sa composition, et plusieurs morceaux pour le cabinet de Gerard Reynst, magistrat d'Amsterdam.

1. Jeux d'enfans, epèce de Bacchanale, longue frise, composée de six feuilles numérotées ; *Cl. de Jonghe exc.* Pièce rare.
2. Un Dame assise, richement habillée et ornée de perles, qu'on croit être le portrait d'Isabelle d'Este, marquise de Mantoue, peint, suivant les uns par le Corrège, suivant les autres par *Jules romain. Corn. Holstein sc.* gr. in-fol. Du cabinet de Reynst.

I. PIERRE van der BORCHT, peintre et graveur à l'eau-forte, né à Bruxelles vers 1540, et florissant dans la même ville en 1560. On le croit de la famille des Henris van der Borcht, dont il sera question ci-après. Pierre peignoit le paysage avec assez de succès, et gravoit à l'eau forte divers sujets de sa composition. On reproche à ses figures d'être un peu maigres et incorrectes de dessin; mais ses têtes ont assez d'expression. En général ses ouvrages décèlent une grande facilité d'invention, mais peu de jugement, soit dans le choix des attitudes de ses figures, soit dans la distribution des grouppes, pour produire un effet piquant. Il avoit coutume de marquer ses estampes par les lettres initiales de son nom P. B. F. ou de son chiffre *RB*.

Parmi ses nombreux ouvrages nous ne citerons que les suivans:

1. L'Histoire d'Elie et d'Elisée; ovales. in-4to. en t. pièces marquées de son chiffre.

2. Une suite de paysages, avec des sujets de l'ancien et du nouveau Testament. in-4to.

3. Réjouissances champêtres. *Corneille van Tienen exc.* in-fol. en t.

4. Fête de la compagnie des Tireurs. *Id. exc. Faire processions etc.* in-fol. en t.

5. Noce de paysans. *Fecit Petrus van der Borcht.* 1560. in-fol. en t.

6. Paysage, avec l'histoire d'Agar et d'Ismael, gravé en 1586. gr. in-fol. en t.

7. *Emblemata sacra e præcipuis utriusque Testamenti historiis concinnata et a Petro van der Borcht æri incisa. Amstel.* in-fol.

8. Les Métamorphoses d'Ovide, en 178 pièces, imprimées à Anvers, chez Théodore Galle. in-4to. en t.

H. van der BORCHT, le père.

II. HENRI van der BORCHT, le père, peintre, graveur à la pointe, et savant antiquaire, né à Bruxelles en 1583, et mort à Francfort en 1660. Les troubles des guerres de Flandres obligèrent ses parens à chercher un refuge en Allemagne. Ils s'arrêterent à Francfort sur le Mein. Henri leur fils, manifesta son goût pour les arts de dessin dès sa plus tendre jeunesse. Son père, voyant ses heureuses dispositions, le plaça chez Giles Valkenbourg, qui le mit en état de voir avec fruit l'Italie, d'où il apporta plusieurs Antiquités et ouvrages de l'art, dont le célèbre comte d'Arundel fit ensuite l'acquisition. De retour en Allemagne, il travailla quelque tems à Frankenthal, et s'établit en 1627 à Francfort, où il finit ses jours, après avoir fait un assez long séjour en Angleterre.

Le portrait de van der Borcht, le père, peint par le fils, est gravé par Hollar.

Comme ces artistes portent le même nom de baptême et de famille, on confond souvent leurs ouvrages. Ceux qu'on attribue au père, sont les suivans :

1. La Vierge et l'enfant Jésus ; d'après le Parmesan, pièce gravée à Londres en 1637. petit. in-fol.

312 H. VAN DER BORCHT, le fils.

2. Le Christ mort, porté au tombeau, et soutenu par Nicodème; d'après le dessin que le Parmesan fit d'après Raphael; gravé par van der Borcht, en 1645. in-4to. De la collection d'Arundel.

L'Ouvrage le plus considérable de van der Borcht, le père, est:

3—24. L'Entrée de l'Electeur Palatin, Fréderic, avec la Princesse royale, Elisabeth d'Angleterre, son épouse, à Frankenthal, en vingt-deux estampes, publiée avec une description de Miroul, en 1613. in-fol.

III. HENRI van der BORCHT, le fils, peintre et graveur à l'eau-forte, né à Frankenthal vers 1520, et élevé à Francfort, que son père avoit choisi pour séjour. Il apprit les principes des arts dans la maison paternelle, et s'y distingua de bonne heure. Le Comte d'Arundel, en passant par Francfort en 1636, l'engagea de voyager quelque tems en Italie, et de venir ensuite le joindre en Angleterre. C'est ce qu'il fit. Henri resta au service de ce Seigneur tant qu'il vécut. Après la mort de son protecteur il entra en celui de Charles II. Il se retira enfin à Anvers, où il mourut dans un âge avancé. Le portrait de van der Borcht, le fils, est peint par J. Meyssens, et gravé par W. Hollar. Il marquoit ses estampes comme son père, avec les lettres:

initiales de son nom, et quelquefois avec ce chiffre AB.

Les morceaux suivans, la plupart de la collection d'Arundel, sont attribués à van der Borcht, le fils.

1. Abraham à table, traitant les trois anges; d'après Louis Carrache. in-4to. en t.
2. L'Enfant Jésus embrassant le petit Jean; d'après Aug. Carrache; copie de l'estampe du Guide. in-4to.
3. Une femme debout, prenant une tasse que lui présente à genoux une autre femme; d'après le Corrége. in-4to.
4. Défi d'Apollon et de Cupidon; d'après Perin del Vaga. Ovale. in-4to.

Les van der Borcht ont été des artistes très-laborieux. Quentin de Lorangere, dont les objets de curiosités ont été vendus à Paris en 1740, possédoit l'œuvre de ces graveurs en cinq cents soixante dix-sept morceaux, collés plusieurs sur une feuille, et reliés en un volume in-fol.

GUILLAUME NIEULANT, peintre et graveur à l'eau-forte, né à Anvers en 1584, et mort dans la même ville en 1635. Après avoir appris les principes de la peinture chez Roland Savery, il se rendit à Rome, et travailla trois ans sous la direction de Paul Bril. Il imita d'abord ce maître; puis, de retour dans sa patrie, il changea sa manière en une plus expéditive. Après avoir travaillé quelque tems dans le lieu de sa naissance, il alla à Amsterdam, où il étoit en grande considération chez les connoisseurs. Ses tableaux représentent les ruines des superbes édifices antiques, qu'il avoit eu soin de dessiner étant à Rome. Nieulant a gravé une suite de soixante paysages, tant de sa composition que de celle de P. Bril, représentant des sites d'Italie, enrichis de figures et de belles fabriques. Il sont en général très-pittoresques, on y loue la bonne entente de la composition, mais on y critique avec raison à quelques morceaux une exécution brute et désagréable.

Je ne spécifierai ici de cette suite que le petit nombre de morceaux que j'ai sous les yeux, savoir:

1. Paysage orné de ruines et de fabriques, où se voit le Samaritain charitable, qui arrive chez lui au lever du soleil. *P. Bril inv. G. Nieulant fecit.* in-fol. en t.
2. Paysage montagneux, où se voit l'Ange qui ordonne au jeune Tobie de retirer le poisson de l'eau. *Id. inv. Id. fecit.* in-fol. en t.

3. Marine, sur le devant des pasteurs, au milieu la vue d'un bourg, et en mer différens navires. *P. Bril inv. Guil. Nieulant fec.* in-fol. en t.

4. Marine, sur le devant un grand vaisseau à la rade, et sur le plan du milieu un énorme rocher, percé par le bas, et surmonté d'une forteresse. *Id. inv. Id. fecit.* in-fol. en t.

5. Les Ruines du temple de Junon au Capitole. *Guil. van Nieulant fec.* in-fol. en t.

6. Les Ruines du temple de Vénus, avec d'autres restes antiques. *Id. fecit.* in-fol. en t.

7. Vue de l'arc de triomphe de Septime-Sévère. *Guil. Nieulant fec.* in-fol. en t.

8. Vue des trois magnifiques ponts sur le Tibre, avec une grande partie de la ville de Rome. *Guilielmus van Nieulandt fecit et excud. Antverpiæ.* 1600. tr. gr. pièce en t. et en trois planches.

Il ne faut pas confondre Guillaume Nieulant avec Adrien Nieulant, habile peintre de paysages et de marines, natif d'Anvers, et mort à Amsterdam en 1601. Ces traits de conformité autorisent à croire qu'ils étoient parens. Adrien n'a rien gravé lui-même, mais Pietre Nolpe a donné d'après lui une très-belle suite de paysages, ainsi que Wilhelm de Leeuw.

JEAN BAPTISTE BARBÉ, dessinateur et graveur au burin, naquit à Anvers, vers 1585. On croit qu'il apprit la gravure dans l'école des Wierich; du moins il en imita très-bien le style.

J. B. BARBÉ.

Il fut en Italie pour se perfectionner dans son art, sur-tout dans la partie du dessin. De retour dans sa patrie, il continua de graver avec beaucoup de propreté et d'amabilité de petits sujets de dévotion. Ant. van Dyck a peint son portrait, et J. a Bolswert l'a gravé.

De son invention.

1. L'Annonciation. *Spiritus sanctus.* in-8.
2. La Nativité. *Peperit filium.* in-8.
3. La Vierge et St. Joseph arrivant à Bethlehem. *Et reclinavit eum. etc.* in-8.
4. La Vierge donnant le sein à l'enfant Jésus; pièce dans une guirlande de fleurs. *Beatus venter etc.* in-8.
5. Jésus sur la montagne des Olives. *In diebus etc.* in-8.
6. Jésus et les disciples d'Emmaüs. *Et aperti sunt etc.* in-8.
7. Jésus-Christ en croix, apparoissant aux pères Jésuites. *Prohe fili mi etc.* in-8.
8. St. Ignace à genoux devant un autel. *Da bone mi etc.* in-8.
9—12. Quatre sujets emblématiques, sur la Foi et la Vertu chrétienne, avec leurs explications au bas; 4 pièces. in-4to.

D'après différens maîtres.

1. La Vierge assise au pied d'un monument, avec l'enfant Jésus, à qui St. Joseph, assisis à terre, présente une pomme; d'après J. B. Paggi. in-fol. Jolie pièce, connue sous le nom de Repos en Egypte.
2. Ste. famille, où l'enfant Jésus se tourne en arrière pour embrasser la Vierge; St. Joseph derrière eux les regarde, la main à son menton; pièce d'après Rubens, dont les premières épreuves sont avant le nom du peintre. p. in-4to. Belle et rare.

3—28. La vie et les miracles du Père Gabriel Maria, fondateur des Annonciades, sous le titre : *Theatrum vitam, virtutes et miracula etc.* avec le portrait du P. Gabriel, d'après Ab. van Diepenbeck. 26 pièces. in-12.

29. La Vierge sur un trône, tenant l'enfant Jésus qui regarde un oiseau ; d'après Francisque Franck. petit in-fol. Jolie pièce.

Henri de Goudt, Gentilhomme hollandois et comte Palatin, peintre et graveur en cuivre, naquit à Utrecht en 1585, et mourut dans la même ville vers 1630. Passionné pour les beaux arts, il s'appliqua dès sa jeunesse au dessin et à la gravure. Dans l'intention de s'y perfectionner, il se rendit à Rome, où il fréquenta assidument l'Académie. Ayant fait connoissance avec Adam Elsheimer, il se lia d'amitié avec lui, devint son élève et son bienfaiteur. L'infortuné Elsheimer ayant été mis en prison pour dettes, Goudt lui acheta un grand nombre de ses petits tableaux, et les lui paya plus cher que les autres amateurs. Dès-lors il se proposa de les graver, et de tendre à l'effet de la peinture. Après la mort d'Elsheimer, il retourna à Utrecht. Il fut aimé d'une femme, qui lui fit prendre un breuvage pour l'exciter à l'amour: mais le philtre n'eut d'autre effet, que de lui ôter la mémoire et de lui aliéner l'esprit. Quand il jouissoit de quelques retours de raison, il les consacroit à la peinture et à la gravure. Goudt opéroit avec le burin seul, dans un style précis, et produisoit un grand effet de clair-obscur, par une méthode qui lui est particulière, par l'arrangement de ses tailles. Ses têtes sont d'un dessin correct, et les autres extrémités de ses figures sont rendues assez judicieusement. L'œuvre du Comte Goudt, dans la collection de Mariette, étoit composé de neuf pièces, dont deux avec des différences: cette suite, à la vente publique, faite à Paris, à été payée 270 L.

1. L'Ange et le jeune Tobie, qui porte le poisson sous son bras. *H. Goudt sc. Romæ* 1608. p. in-4to. en t.
2. L'Ange et le jeune Tobie, qui traîne le poisson après lui. *H. Goudt sc.* 1608.
3. Le lever de l'Aurore, joli paysage sans figures, sans le nom du peintre, et peut-être de l'invention du graveur. *Goudt Palat. Comes fec.* p. in-4to. en t.
4. Philémon et Baucis accordant l'hospitalité à Jupiter et Mercure. *H. Goudt.* 1612. in-4to.
5. Cérès, cherchant sa fille, est entrée chez une vieille, où elle se désaltère, où elle punit un jeune garçon qui s'étoit moqué d'elle, en le changeant en lézard; pièce appelée la sorcière. *Goudt Romæ.* 1610. in-fol.
6. La Fuite en Egypte, au clair de la lune, sur un fond

de paysage, où l'on voit des bestiaux et des gens qui se chauffent auprès d'un feu; H. Goudt. Sans le nom du peintre. gr. in-fol. en t.
7. La Décollation de Saint Jean, sujet de nuit; pièce en ovale, et la plus rare des estampes de Goudt. h. 2 p. 6 l. l. 1 p. 11 l.

CORNEILLE POELENBOURG, surnommé BRUSCO, ou SATYRO, peintre et graveur à l'eau-forte, naquit à Utrecht en 1586, et mourut dans la même ville en 1660. Après avoir appris les principes de son art d'Abraham Bloemaert, il passa en Italie, à l'exemple de plusieurs de ses compatriotes. A Rome il s'attacha d'abord à la manière d'Elsheimer, puis il s'affectionna à celle de Raphael. Partout ses tableaux furent en haute estime. Il travailla successivement à Rome, à Florence et à Londres; de-là il vint finir ses jours dans sa patrie. Sa manière est facile. Dans tous ses ouvrages la nature est bien rendüe, sur-tout dans ses rians paysages. Les sites y sont bien choisis, et les fonds sont souvent ornés de belles fabriques et de ruines de l'ancienne Rome. Rien de plus brillant que son coloris, singulièrement dans ses ciels. Il entendoit l'art de bien ménager les ombres et la lumière. Ses petites figures sont d'une belle couleur, particulièrement celles de ses femmes. Sa touche est spirituelle, mais son dessin est souvent incorrect. On voit de lui de jolis paysages, où les figures sont peintes par d'autres maîtres. En général il réussissoit dans tous les petits tableaux, mais il étoit moins heureux dans ses compositions, qui passent sa mesure ordinaire.

Cet artiste mérite d'occuper aussi une place parmi les peintres qui ont gravé à l'eau-forte. On a de sa main quelques paysages, exécutés d'une pointe très-spirituelle, mais dont les épreuves sont plus rares que ses tableaux. Plusieurs graveurs ont travaillé d'après lui, entr'autres: Morin, Blecker, Perelle, le Bas, Daudet, Dequevauviller, de Pye, Lamborn etc.

MICHEL NATALIS, dessinateur et graveur au burin, né à Liège vers 1589. Il apprit les principes du dessin dans sa ville natale, de Joachim Sandrart, et ceux de la gravure à Anvers, de Charles Mallery. De là il se rendit à Rome, où il adopta la manière de graver de Corneille Bloemaert. Il s'associa

avec

avec lui et avec deux autres graveurs des Pay-Bas, Théodore Matham et Regnier Persyn, et ils graverent conjointement les statues et les bustes de la galerie Justinienne à Rome. Il grava en outre plusieurs tableaux d'après les grands maîtres italiens. De retour dans sa patrie, il fut appellé en France, où il travailla assez longtems. Natalis, selon Watelet, outra souvent le grain carré de Bloemaert, qu'il avoit choisi pour modèle. Quoique ses estampes aient du mérite, elles peuvent servir à prouver combien ce choix de travaux est vicieux dans les chairs et les draperies. Il n'est réellement propre qu'à graver la pierre, et il en donne le caractère à tous les objets où il domine. Quand il a quitté cette manière carrée, ce qui lui est arrivé trop rarement, sa gravure ne manque pas d'agrément ni de douceur. Natalis a gravé des portraits qu'on estime préférablement.

Portraits.

1. *Josephus Justinianus Benedicti Filius. Mich. Natatalis f.* in-fol.
2. Jacob Catz, Pensionnaire de Hollande, et Poëte. *Dubordieu pinx.* in.fol.

V. X

3. Eugène d'Alamond, Evêque de Gand. gr. in-fol.
4. Maximilien - Emanuel, Electeur de Bavière. *Joach. Sandrart pinx.* gr. in-fol.
5. Fréderic, Comte de Mérode. gr. in-fol.
6. Gabriel Maria, Théologien. *Abr. van Diepenbeck pinx.* in-fol.
7. Ernestine, Princesse de Ligne, Comtesse de Nassau. *Ant. van Dyck pinx.* in-fol.
8. Le portrait du Marquis del Guast, et celui de sa maîtresse, représentée sous la figure de Vénus, tenant une boule de verre; d'après le Titien. in-fol.

Divers sujets, d'après différens maîtres

1. La grande sainte famille de Raphael; pièce marquée au bas: *Raphael Urb. inv. Leodii Michael Natalis sc.* gr. in-fol. Cette composition a été gravée dix-huit fois, et supérieurement par G. Edelinck.
2. Sainte famille, où la Vierge tient l'Enfant, et où St. Joseph est assis, la tête appuyée sur sa main; d'après André del Sarto. in-fol.
3. Sainte famille, grande composition du Poussin. gr. in-fol. en t. Les premières épreuves sont celles où la nudité de l'Enfant n'est pas couverte d'un linge.
4. Le Ravissement de St. Paul; d'après le Poussin, de l'ancien cabinet des rois de France; gravé aussi par Guil. Château. gr. in-fol.
5. Sainte Famille, où se voient plusieurs anges, qui répandent des fleurs sur la tête de l'Enfant; d'après Sébastien Bourdon. gr. in-fol. en t.
6. Le Mariage de Ste. Chaterine, où se voient deux grands anges derrière St. Joseph; d'après le même. gr. in-fol. en t.
7. La Vierge tenant l'enfant Jésus qui dort, et ayant

J. VALDOR.

le petit St. Jean à côté d'elle; d'après le même. Les premières épreuves sont avant qu'on eût couvert le sein de la Vierge.

8. Saint Bruno en prières dans une église; d'après Bertholet Flemel. gr. in-fol.

9. L'Assemblée des illustres chartreux; d'après le même. tr. gr. pièce, de 4 feuilles.

10. La Madeleine aux pieds du Sauveur à table chez Simon le Pharisien; d'après Rubens. gr. in-fol. en t.

11. La Sainte Cène; d'après Abr. van Diepenbeck. in-fol.

12. Saint François, figure en pied, avec un agneau; d'après le même. gr. in-fol.

13. Saint Henri et sainte Cunégonde; d'après le même. in-fol.

14. Grande Thèse, sujet de jurisprudence, dédiée à l'Empereur Ferdinand III.; d'après le même. gr. pièce, en 2 feuilles.

JEAN VALDOR, dessinateur et graveur au burin, naquit à Liège vers 1590, et travailla la plus grande partie de sa vie à Paris. Nous avons de lui une grande quantité de sujets de dévotion, exécutés avec une extrême finesse et une grande précision. Il a gravé en France sur ses propres dessins, une partie des planches qui ornent le livre intitulé: Les triomphes de Louis le juste. Cet ouvrage, qui consiste en 49 gravures, est imprimé à Paris en 1637.

R. van der Voerst.

en un vol. in-fol. et c'est ce que cet artiste a fait de plus considérable.

1. Jesus filius Dei. *J. Valdor sc.* 1620. in-8.
2. Ecce Ancilla Domini. La Ste. Vierge. *Id. sc.* in-8.
3. Sta. Chatharina. Regnum mundi — Jésus Christi. *Id. sc.* in-8.
4. B. Virgo Gratia Valentina — miraculis clara. *Id. sc.* in-8.
5. La tête de St. Ignace de Loyola, d'une exécution très-finie. *Id. sc.* in-8.
6. La Ste. famille se reposant sous un arbre, tandis qu'un ange mene à l'abreuvoir; d'après Herm. Swanevelt. *J. Valdor sc.* in-fol. en t.

ROBERT DE VOERST, ou VAN DER VOERST, dessinateur et graveur au burin, né à Arnheim vers 1596. Robert fut un plus heureux imitateurs de Giles Sadeler, ce qu'il a prouvé par un grand nombre de portraits d'une savante exécution. Il passa jeune en Angleterre, et travailla à Londres plusieurs années de suite: la dernière pièce qu'il y mit au jour, est datée de 1635. Horace Walpole cite plusieurs ouvrages qu'il fit pour Charles I. L'auteur du Catalogue des curiosités de ce prince, Vanderdort, le nomme graveur du roi. On ignore le reste des détails de sa vie. Van der Voerst étoit un graveur distingué par son talent: il possédoit l'art d'exprimer la couleur, et de rendre le caractère de ses têtes.

1. Robert van Voerst, Graveur à Londres. Ant. van Dyck. in-fol.
2. Inigo Jones, Architecte du roi d'Angleterre; d'après le même. in-fol.
3. Sir Kenelmus Digbi, Philosophe; d'après le même. in-fol.
4. Charles I. Roi d'Angleterre, et la reine son épouse, sur une même planche : d'après le même. in-fol.
5. Christian, Coadjuteur de Halberstadt, duc de Brunswic; d'après le même. in-fol.
6. Philippe Herbert, comte de Pembrock-Mongomeri; d'après le même. in-fol.
7. Ernest, comte de Mansfeld, sur un fond blanc; d'après le même. in-fol.
8. Simon Vouet, peintre françois; d'après le même. in-fol.
9. Robert, comte de Lindsey; d'après M. Mirevelt. in-fol.
10. Jacques Stewart, duc de Lenox, *Geo. Geldorp pinx.* in-fol.
11. Elisabeth, reine de Bohème, aet. 35. anno 1631. *Londini. G. a Hondthorst p.* in-fol.
12. Sir George Carew, comte de Totnefs; grand ovale, avec des trophées. in-fol.

CORNEILLE SCHUT, peintre et graveur à l'eau-forte, naquit à Anvers, vers 1590, et mourut dans la même ville en 1660. Il fut un des disciples de Rubens, et devint, sous un tel maître, habile peintre d'histoire, sur-tout en grand. A l'église de Notre-dame d'Anvers, on voit de sa main la coupole et plusieurs autres tableaux. Daniel Seghers se servoit de son travail dans ses peintures de fleurs: Schut les ornoit de bas-reliefs et de figures en grisaille. Il étoit aussi fécond en invention que son maître, mais moins correct dans les parties du nud: il composoit avec beaucoup de feu, mais son coloris tombe souvent dans le ton grisâtre. Cependant on a aussi de lui des tableaux bien coloriés, et d'une grande vigueur. On confond souvent ce peintre avec Corneille Schut, son neveu, qui travailla à Séville, où il fut directeur de l'académie, et où il peignit le portrait avec succès.

Corneille Schut, l'oncle, grava d'une pointe facile et spirituelle, quantité de pièces de sa composition, qui forment un recueil de cent trente-trois estampes de divers sujets et de différentes grandeurs.

1—4. Quatre Vierges Maries, à mi-corps, avec l'enfant Jésus, dans différentes attitudes. in-12.
5—8. Quatre sujets semblables. in-8.
9. Sainte famille, avec St. Jean. p. in-fol.
10. La Vierge sur un croissant, tenant l'enfant Jésus; p. in-fol.
11. Jésus-Christ en prières sur la montagne des Olives. p. in-fol.

12. La Vierge Marie dans une gloire, adorée par les saints du Paradis. in-fol.
13. Mars, Vénus et Flore; en ovale. in-4to.
14. Bacchus, Cérès et Pomone; de même. Pendant.
15. Sacrifice à Vénus, célébré par les Amours. in-fol.
16. Le Triomphe de la Paix, et les monstres de la Guerre précipités. in-fol. en t.
17. Neptune sur les eaux, et l'Occasion debout sur un globe.
18. Les sept Arts libéraux, en une suite de huit pièces. in-fol. en t.

Parmi les graveurs qui ont travaillé d'après Schut, les plus distingués sont: J. Witdoeck, Eynhouets, M. Natalis, W. Hollar etc.

Gérard Honthorst, peintre et graveur à l'eau-forte, né à Utrecht en 1592. Il apprit les principes de la peinture sous Abraham Bloemaert, et alla en Italie pour se perfectionner dans son art. Après un séjour de quelques années à Rome, où il a peint pour plusieurs Cardinaux, il se rendit en Angleterre, et travailla pour le roi, avec beaucoup d'approbation. Il peignoit avec un égal succès le portrait et l'histoire. Parmi ses tableaux historiques on vante singulièrement ses pièces de nuit, qui le firent appeller en Italie: Gherardo delle notti. A la fin il se fixa à la Haye, avec le titre de : peintre du Prince d'Orange, pour qui il peignit beaucoup dans ses châteaux ; particulièrement dans celui au Bois, où il travailloit encore en 1662.

Plusieurs graveurs ont travaillé d'après Honthorst. Entr'autres Soutmans, Souyderhoef, van Dalen, Vifscher etc.

Lui-même a gravé dans le style des peintres une pièce que j'ai possédée, et qui est la seule que je connoisse, savoir :

1. Le Banquet de Neptune. *G. Honthorst fecit.* gr. in-fol. en t.

JACQUES JORDAENS, peintre et graveur à l'eau-forte, naquit à Anvers en 1595, et mourut dans la même ville en 1678. Il fut élève d'Adam van Ort, dont il épousa la fille, étant encore fort jeune. Cet engagement l'empêcha d'aller en Italie pour se perfectionner par l'étude des grands maîtres. Jordaens, sans sortir de son pays, se fit une manière savante, en copiant les ouvrages du Titien, du Veronese, du Bassan, du Caravage. Cependant le goût flamand prévalut toujours chez lui, et le modèle qu'il choisit de préférence, fut Rubens son compatriote. D'ailleurs celui-ci rechercha son amitié, et lui prouva son estime, en lui confiant des ouvrages pour lesquels il avoit fait des cartons. Jordaens, qui a fourni une longue carrière, a beaucoup travaillé, et ses ouvrages sont fort répandus. On y trouve généralement une grande harmonie de couleurs, et une belle entente de lumières et d'ombres. Ses compositions sont ingérieuses, ses expressions sont naturelles, ses physionomies dénotent un air de bonté et de candeur. Toutes ses figures sont peintes d'un grand relief, pleines de vie et de mouvement. Plus d'élégance dans le dessin, plus de noblesse dans les caractères, plus d'élévation dans la pensée, il n'auroit rien laissé à désirer. Les tableaux de Jordaens ne furent jamais payés aussi cher que ceux de Rubens, mais sa facilité lui procura une fortune assez considérable, et la douceur de son caractère lui procura le bonheur. Il donnoit les journées entières au travail, et les soirées à sa famille et à ses amis. Cette douceur de sa vie ne fut jamais troublée par des chagrins domestiques.

Jordaens, à l'exemple de beaucoup de peintres, a gravé plusieurs sujets à l'eau-forte.

La plupart des estampes qu'il a gravées, ou qu'il a fait graver d'après ses tableaux, prouvent l'excellence de son talent. Nous avons un catalogue raisonné de tout l'œuvre de Jordaens par Hecquet, placé à la suite de celui de Rubens. Cet œuvre est peu nombreux, et ne renferme que trente-trois estampes. Il seroit à souhaiter que le nombre en fût plus grand; car on peut les mettre au rang des plus belles qu'on ait d'après les plus grands maîtres flamands. Les graveurs, tels que Schelte a Bolswert, Paul Pontius, Ignace Marinus, Peter de Jode, Jacques Neefs, Nicolas Lauwers, s'y sont surpassés. A l'article de chacun de ces artistes, on trouvera la spécification de la plupart des pièces de ces graveurs. On remarquera encore, qu'ayant fait graver lui-même le plus grand nombre de ces pièces, il ne se trouve point d'adresse de marchand dans les premières épreuves, et que quand il y en a elles sont postérieures. Dans les belles épreuves, à la suite de son nom, il y a seulement: Cum privilegio Regis.

Jac. Jordaens.

Eaux fortes de Jordaens.

1. Il s'est peint lui-même, et P. de Jode l'a gravé pour la collection des portraits de J. Meyssens, qui le décrit en ces termes: Jacques Jordaens, excellent peintre en grand, fait connoître son esprit relevé par sa belle manière de peindre, est inventif en toutes sortes d'ordonnances, soit en poésie, histoires, en dévotion et d'autres; il a fait les belles choses racontantes pour le roi de Suède, et plusieurs autres Princes et Seigneurs, est né à Anvers l'an 1594, le 19 Mai, a fait apprentissage chez son beau-père Adam van Ort, tenant sa demeure en la ville de sa naissance. *Jac. Jordaens pinx. Pet. de Jode sculp. J. Meyssens exc.* p. in-12.

2. La Fuite en Egypte; pièce gravée en 1652. p. in-fol.

3. Jésus chassant les vendeurs du temple. in-fol.

4. Descente de croix, gravée en 1652. p. in-fol.

5. Mercure coupant la tête à Argus; pièce gravée en 1652. Les épreuves avec l'adresse de Bloteling sont retouchées. p. in-fol.

6. Jupiter arrêtant Io, et Junon dissipant le brouillard; gravée en 1652. in-fol.

7. Jupiter enfant, nourri du lait de la chèvre Amalthée, parmi les satyres et les bacchantes; pièce gravée en 1652. in-fol.

8. Un paysan arrête un boeuf par la queue, et plusieurs spectateurs le regardent faire; gravé en 1652. in-fol.

9. Saturne sur les nues, dévorant un de ses enfans; pièce très-rare, sans marque, attribuée par les connoisseurs à Jordaens. in-4to.

CORNEILLE DE WAEL, peintre et graveur à l'eau forte, naquit à Anvers en 1594, et mourut à Gênes en 1662. Corneille apprit les principes de son art, de son père, Jean de Wael, et travailla sous différens maîtres. Il entra au service du duc d'Arschot, et fit pour ce Seigneur, ainsi que pour Philippe III. roi d'Espagne, plusieurs beaux tableaux. Excellent peintre de batailles, il peignoit des sièges, des attaques, des déroutes : l'effroi régnoit partout, l'horreur étoit marquée sur les physionomies, et la douleur sur les blessés. Après avoir peint dans les Pays-Bas, il passa en Italie et s'arrêta à Gênes, où il se fit aimer par sa bonne conduite et par l'excellence de son talent. Lucas de Wael, frère de Corneille, et élève de son père et de Jean Breughel, s'est destingué dans le paysage. Il est mort dans sa patrie, après avoir passé seize ans à Gênes avec son frère. Corneille de Wael a gravé d'une pointe très-spirituelle plusieurs sujets de sa composition. Ce ne sont pas des bambochades. Ses figures, de trois pouces de proportion, ont de la noblesse et de l'expression, jointes à une grande correction de dessin. Telles sont les pièces suivantes, que j'ai sous les yeux.

1—7. Une suite, avec cette dédicace: *Illri. D. D. Gui-lielmo van der Stralen, venustas hasce imagines. C. de VVael amoris dicat*, porte ce caractère. 1) Le Frontispice avec la dédicace, représente une fontaine d'attrape, jouant sur un grouppe de figures qui cherchent à se garantir d'être mouillées. 2) Halte de chasse à la porte d'un cabaret; sujet de cinq figures, de trois chiens et d'un âne chargé de gibier. 3) Paysans qui maltraitent un âne abattu sous sa charge, et deux femmes, une jeune et une vieille, portent des provisions au marché. 4) Un Charlatan en fonction à la porte d'un cabaret, sujet composé de dix figures. 5) Grande rixe entre des paysans devant la porte d'un cabaret, huit figures d'hommes et quatre de femmes. 6) Un homme qu'on promene, monté sur un âne, ce dont les spectateurs paroissent beaucoup s'amuser. 7) Une grande assemblée de gens de qualité, de l'un et de l'autre sexe.

8. Jean-Baptiste de Wael, qu'on croit neveu du précédent, a gravé différens sujets d'après les dessins de Corneille, entr'autres la suite suivante:

9—16. La vie de l'Enfant prodigue; en 8 pièces, in-4to. en t.

Lucas van Uden, peintre et graveur à l'eau-forte, naquit à Anvers en 1595, et mourut dans la même ville en 1662. Il eut pour maître son père qu'il surpassa bientôt. Il étudia la nature, et parcourut la campagne dès le lever de l'aurore, toujours le crayon à la main. Il médita sur les différens effets du soleil, aux différentes heures du jour; il en faisoit des esquisses, qu'il savoit bien placer dans ses tableaux. Rubens faisoit grand cas de ses ouvrages, l'aida de ses conseils, orna quelques-uns de ses tableaux de jolies figures, et lui fit faire le paysage dans plusieurs de ses morceaux historiques. Son paysage est intéressant; on y trouve des ciels et des lointains clairs, une grande variété d'arbres; une touche légère donne du mouvement à son feuiller; sa couleur est tantôt tendre, tantôt vigoureuse. Fin et piquant dans ses petits tableaux; large et décidé dans ses grandes compositions, il sera toujours placé à côté des plus grands paysagistes.

Nous avons plusieurs eaux fortes de van Uden, et dans leurs genres elles ne méritent pas moins d'éloges, que ses peintures. La pointe des peintres n'a rien produit de plus délicat, que ces petites pièces: rien de plus spirituel, de plus piquant que sa touche d'arbre et ses lointains.

1—2. Deux jolis paysages, ornés de figurines et de beaux lointains. in-8. en t.

3—4. Deux jolis paysages, ornés d'arbres et de villes en perspective. in-8. en t.

5—6. Deux jolis paysages, ornés de figures champêtres et de hameaux. in-8. en t.

7. Paysage, avec un berger jouant de la flûte auprès de son troupeau. in-4to. en t.

8. Paysage, avec de petites figures, un pont de bois sur le devant, et deux moulins-à-vent au fond. in-4to. en t.

9. Paysage avec des voyageurs, un bouquet de bois sur le devant, et la ville d'Anvers dans le lointain. in-4to. en t.

10. Paysage, avec un village et un chariot penché, soutenu par quatre hommes. *F. van de Wyngaerde exc.* in-fol. en t.

11—14. Quatre beaux Paysages d'après Rubens, petit in-fol. en travers, dont les premières épreuves sont avant le nom du peintre, savoir; 1) Paysage où l'on voit sur le devant deux hommes qui parlent à deux Hermites, dans le fond une ferme et un hermitage. 2) Paysage, sur le devant une rivière, avec des vaches dans l'eau, et sur les bords un homme qui fait boire ses chevaux. 3) Paysage, sur le devant une rivière; on voit deux vaches, dont l'une est traite par une femme, à côté de laquelle est une autre femme avec deux hommes. Le lointain offre des arbres et des maisons. 4) Paysage où se voit une laitière avec son pot-au-lait, et une femme avec un panier sur la tête, sujet gravé aussi par Jacques Neefs.

15. Paysage où l'on voit une sainte famille, à l'entrée d'un édifice ruiné; d'après le Titien. *F. van den Wyngaerde exc.* in-fol. en t.

16. Paysage avec le bon Samaritain, qui amène sur son cheval à l'hôtellerie l'homme blessé; d'après le même. in-fol. en t.

J. VAN GOYEN.

JEAN VAN GOYEN, paysagiste et graveur à l'eau-forte, naquit à Leyde en 1596, et mourut à la Haye en 1656. Fils de Joseph van Goyen, amateur à Leyde, il travailla sous différens maîtres, entr'autres sous Guillaume Geeritz et Isaye van de Velde. Les paysages de van Goyen sont très-variés, et représentent ordinairement des rivières, avec de petits bateaux de pêcheurs ou des barques remplies de paysans revenant du marché. On y voit toujours dans ses lointains, tantôt un petit village, tantôt un petit bourg. Partout il règne une touche facile et expéditive. Tout ce qu'il a fait est naturel et peu chargé de travaux : aussi n'a-t-il presque rien fait sans l'avoir dessiné d'après nature. Ses tableaux tiennent tous un peu du gris, ce qu'on attribue au bleu de Harlem, couleur fort à la mode dans ce tems-là

Van Goyen a composé et gravé quelques paysages à l'eau-forte, où l'on reconnoît sa touche grasse et facile. Ils sont de la plus grande rareté. Son portrait est gravé dans le goût de la manière noire, par C. de Moor,

1. Joli Paysage, avec fabriques, et un bac sur la rivière, près d'aborder. gr. in-4to. en t.

2. Joli

J. PARCELLIS.

2. Joli paysage, orné de petites chaumières, et traversé par un ruisseau. gr. in-4to. en t.

Plusieurs graveurs ont travaillé d'après ce maître, tels que : Gronsvelt, Spilman, le Capitaine Baillie, Norton, Vivarès, Bacheley, Anne Coulet, J. Visscher, Weirotter etc.

JEAN PARCELLIS ou PERCELLIS, peintre et graveur à l'eau-forte, né à Leyde vers 1597. Il fut élève de Henri-Corneille de Vrooms, et il excelloit à peindre des marines, sur-tout les orages, les mers aigitées, les naufrages, les éclairs, toutes les horreurs d'une tempête. Ces sortes de sujets sont très-bien rendus; on ne peut les imaginer sans les voir d'après nature : aussi en saisit-il toutes les occasions avec péril. Jean mourut à Leyerdorp, et laissa un fils appelé Jules Parcellis. Tous deux peintres de marines, les connoisseurs les ont quelquefois confondus, attendu que leurs tableaux sont également marqués d'un J. P.

1—12. Douze petites vues de mer, où se voit sur le devant de chaque feuille un Paysan hollandois dans une attitude différente; pièces gravées à l'eau-forte d'une manière large. in-12. en t.

V.   Y

13—24. Douze feuilles avec ce titre : divers Navires dont on se sert dans les Provinces-Unies etc. On lit à la fin de l'inscription latine; *Notatæ a famosissimo Navium Pictore Johannes Percellis.* C. de Paſs exc. in-fol. en t.

ROLAND ROGMAN, ou ROCHMAN, paysagiste et graveur à l'eau-forte, naquit à Amsterdam en 1597, et mourut en 1685. Il peignoit le paysage avec beaucoup d'intelligence ; mais ses tableaux et ses dessins, bien que peints avec une grande vérité, ont l'apparence un peu brute. Il a gravé d'une pointe spirituelle plusieurs vues champêtres, représentant des chûtes d'eau, des roches, des châteaux ruinés. Gertrud Rogman, sans doute de la même famille, a gravé d'après lui plusieurs sujets, et d'après son propre dessin, quatre pièces représentant des occupations économiques de femmes.

1—2. Deux Paysages, l'un avec une chûte d'eau, l'autre avec un pont couvert; p. in 4to. en t.

3—6. Quatre Paysages montagneux, ornés de figurines, de roches, de bois et d'eaux. in 4to. en t.

7—8. Deux Paysages montagneux, ornés de fabriques et d'eaux.

9. Le Château de Zuylen. R. Rochman del. Geert. Rochman sc. gr. in-fol.

Les meilleurs paysages qu'on ait d'après Rogman, sont six pièces, gravées par Peter Nolpe.

Es. van de Velde.

I. Esaias, ou Isaïe van de Velde, peintre et graveur à la pointe, né à Leyde vers 1597. Il eut pour maître dans la peinture Pierre Deneyn, peintre de la même ville. Isaïe peignit des batailles et des paysages, avec beaucoup de feu et d'intelligence : tantôt il représentoit des escarmouches et des attaques de brigands, tantôt des sites champêtres, ornés de ruines et de bergeries. En 1626 il demeuroit à Harlem, et en 1630 à Leyde. Cet artiste peignoit aussi des figures dans les tableaux de quelques autres peintres.

Nous avons de sa main plusieurs eaux fortes, exécutées avec beaucoup de fermeté et d'intelligence.

1. Paysage où se voit l'entrée d'un village, avec beaucoup de figures, et sur le devant une famille de paysans, occupée à boire et à manger. *E. V. Velde fec.* in-fol. en t.
2. Paysage où se voit une rivière et un pont, sur le devant une tour ronde, et un vacher avec sa femme, gardant des vaches. in-4to. en t.
3. Paysage orné de ruines et de maisons rustiques. *E. V. V.* p. in-fol. en t.
4. Paysage, avec des chaumières et des bergeries, même dimension.

J. VAN DE VELDE,

II. JEAN VAN DE VELDE, peintre et graveur à la pointe et au burin, né à Leyde vers 1598, et frère puîné d'Isaïe. Il excelloit à peindre des paysages, des kermesses et des bambochades. De même que son frère, il travailloit à Harlem et à Leyde, et vivoit encore en 1679. Jean s'est sur-tout distingué par ses belles gravures, employant tour-à-tour la pointe et le burin, et produisant les effets les plus piquans de clair-obscur. Il opéroit de deux différentes manières directement opposées : l'une étoit à l'eau-forte, exécution libre et peu terminée : l'autre étoit avec le burin, s'aidant quelquefois de la pointe sèche. La première étoit pour les paysages, la seconde étoit pour les sujets finis. Ces gravures sont d'une grande netteté, et ressemblent pour l'effet à celles du Comte Goudt, ayant comme lui tiré parti des lumières naturelles et artificielles.

Portraits.

1. Jean van de Velde, *se ipse fecit*. gr. in-4to.
2. Jacob Mattham, graveur. *P. Soutmans pinx.*
3. Jean Torrentinus, peintre d'Amsterdam, 1628, sans le nom du graveur. gr. in-4to. belle et rare.
4. Jean Crucius, Pasteur à Harlem. gr. in-4to.
5. Michael Middelhoven. *F. Hals pinx.* in-4to.
6. Jean Acronius, D. en Théologie. *Id. pinx.* in-fol.

J. VAN DE VELDE. 341

7. Jacob Zassius, Archidiacre à Harlem. *Id pinx* gravé en 1630. in-fol.
8. Jean Oven, Docteur, *J. v. de Velde fec.* en manière noire, in-4to.
9. Jean Isaccius Pontanus, Historien. p. in-4to.
10. Charles, Duc de Troppau et de Jaegerndorf. *J. v. de Velde exc.* fol.
11. Olivier Cromvel, Protecteur. La planche, préparée pour la manière noire, est gravée avec la pointe sèche. gr. in-fol. Portrait très-rare.
12. *Laurentius Costerus Harlemensis, primus Artis Typographicæ Inventor*, circa annum 1440. *J. van Campen pinx.* p. in-4to. Au bas on lit ces quatre vers de Scriverius :

Vana quid archetypos et præla Moguntia jactas !
Harlemi archetypos prælaque nata scias.
Extulit hic, monstrante Deo, Laurentius artem.
Dissimulare virum hunc, dissimulare Deum est.

Sujets divers.

1. L'Etoile des Rois; d'après *P. de Molyn*; bel effet de nuit. in-4to.
2. La Lanterne magique; d'après le même, de même. On en a des épreuves sans le nom de v. de Velde.
3. Le bon Samaritain, *J. van de Velde fec. J. de Visscher exc.* in-4to.
4. La faiseuse de beignets. *Id. fec.* pièce exécutée dans la manière d'Elsheimer. p. in-4to.
5. Un paysan monté sur un bœuf, suivi de sa femme, allant au marché au lever de de l'aurore, avec deux vaches et quelques chèvres. 1622. de même. p. in-fol. en t.
6. Un Pâtre assis à terre, gardant des bêtes à cornes, dans un paysage orné de ruines. in-8. en t.

7. La Magicienne faisant ses préparations; pièce capitale, gravée en 1626. in-fol. en t.
8. Des Joueurs de trictrac, à la lumière d'une chandelle. in-fol. en t.
9. Fête de village, riche composition; gravée en 1623.
10—11. Deux jolis Paysages, représentant un clair de lune et des fabriques avec des voyageurs, et un lever de l'aurore, sur le devant des voyageurs. in-8. en t. sans nom.
12—13. Deux jolis Paysages, l'un, sur le devant, des pêcheurs au clair de la lune, et à droite un grand feu, auquel des villageois se chauffent, et l'autre un lever de l'aurore avec des voyageurs; p. in-fol. en t. sans nom.
14—17. Quatre sujets de l'histoire de Tobie; 4 feuilles. in-4to. en travers.
18—21. Les quatre Heures du jour, représentées par des Marines et par des Paysages. p. in-fol. en t. pièces d'un beau fini, et d'un grand effet.
22—25. Les quatre Élémens; d'après W. Bugtenwegh. Pièces d'un bel effet. in-fol. en t.
26—29. Les quatre Saisons; 4 feuilles, gravées en 1617. gr. in-fol. en t.
30—33. Les quatre Saisons, d'une composition différente. *J. C. Visscher exc.* gr. in-fol. en t.
34—45. Les douze Mois de l'année; 12 feuilles numérotées, gravés en 1616. p. in-4to. en t.
46—57. Les douze Mois de l'année, d'une composition différente et d'une gravure plus large. gr. in-fol. en t.
58. Campagne de Hollande, où des brigands attaquent un coche à l'entrée d'un bois. gr. in-fol. en t.
59. Campagne d'Italie, avec des fabriques, et au milieu une rivière, sur laquelle on voit une grande barque

chargée; d'après P. Molyn le jeune, ou le chevalier Tempesta. gr. in-fol. en t.

61. Vue d'une belle campagne, ornée de ruines et de voyageurs à pied et à cheval. *G. N. H. inv. I. V. V. J. C. Visscher exc.* in-fol. en t.

61. Vue du pont de Ste. Marie à Rome. *Visscher exc.* gr. in-fol. en t.

62. Vue du Château de Bruxelles, sur le premier plan se voit un tournois. *J. de Velde sc.* très-grande pièce, et très rare.

63—98. Suite complette de 36 Paysages, portant pour titre: Playsante Landschappen — *door Jan van den Velde. J. C. Visscher exc.* in-fol. en t.

On a encore un grand nombre de suites de paysages de différente grandeur.

III ADRIEN VAN DE VELDE, peintre et graveur, naquit à Amsterdam en 1639, et mourut dans la même ville en 1672. Neveu de Jean, il fut disciple de Wynants, et réussit singulièrement à peindre des batailles, des marines, des paysages et des animaux. Bon dessinateur, il ornoit de ses figures les paysages de son maître, service qu'il rendoit aussi à van der Heyden, Moucheron, Hobbema et Hackert. Quoique sorti de l'école d'un paysagiste, il ne laissa pas que de peindre le tableau d'autel de l'église catholique d'Amsterdam, représentant une descente de croix; on peut inférer de-là que s'il se fût appliqué à l'histoire, il s'y fût distingué comme dans le paysage. Le mérite de ses tableaux consiste dans la beauté de la couleur, et dans la vérité de l'expression. Ses ciels pétillans brillent à travers les arbres; sa touche est franche et termine les formes avec finesse.

On a de ce maître une vingtaine d'estampes, gravées d'une pointe facile et spirituelle. Il marquoit ses pièces des lettres initiales de son nom. A. V. V.

1—3. Une suite de 3 feuilles, représentant des vaches qui paissent. in-4to. en t.

4—13. Suite de 10 feuilles, représentant des vaches et d'autres animaux domestiques, avec un taureau sur le titre.

ANTOINE VAN DYCK, peintre et graveur à l'eau-forte, naquit à Anvers en 1599, et mourut à Londres en 1641. Il apprit les principes de l'art de son père, peintre sur verre, et de Henri van Balen. De-là il passa à l'école de Rubens, où son génie ne tarda pas à se développer. Par le conseil de son maître, il fit un voyage en Italie, se rendit d'abord à Venise, où il fit une étude particulière du Titien et du Véronese; de-là il passa à Gênes, puis à Rome et en d'autres villes, et partout il laissa des monumens de ses talens. De retour dans sa patrie, il peignit plusieurs tableaux qui firent l'admiration des connoisseurs. Sur sa grande réputation, il fut appelé en Angleterre par Charles I. grand ami des arts! Il peignit ce prince avec toute la famille royale. Son succès fut complet; le roi le combla d'honneurs et de richesses, en le faisant chevalier et en se l'attachant par une forte pension. A Londres il fit un nombre prodigieux de portraits, qu'il se faisoit payer un prix si haut, que sa fortune auroit surpassé celle de Rubens, s'il n'eût pas donné dans des dépenses extraordinaires. Il épousa la fille de Lord Ruten, comte de Gorre, d'une illustre maison d'Ecosse: mais son épouse ne lui apporta en dot qu'une haute naissance et de la beauté.

Van Dyck, comme peintre de portraits, mérite d'occuper le premier rang. Il accusoit le caractère de tout ce qu'il vouloit représenter. Ses attitudes sont toujours simples, et elles plaisent toujours, parce qu'elles sont naturelles. On sent qu'il y a dans ses têtes autant de vérité que d'art : elles vivent, elles expriment. On ne peut se lasser d'admirer la collection des beaux portraits de tant d'illustres personnages de son tems, sur-tout ceux des habiles artistes ses contemporains. Il s'est plu à les peindre gratuitement, et à les faire graver par les meilleurs graveurs de Rubens, tels que : les Vorsterman, Bolswert, Pontius, de Jode etc. Suite précieuse, composée d'ordinaire de cent pièces. Lui-même a gravé plusieurs de ces portraits, et cela avec un sentiment qui tient de l'enthousiasme. Peu curieux de la propreté, ne cherchant pas même l'esprit de la pointe, il animoit tout par une touche mâle et sûre.

1. Adam van Noort, peintre d'Anvers. *Ant. van Dyck fecit aqua forti.* in-fol.
2. Justus Suttermanns, peintre d'Anvers. *Id. fec.* in-fol.
3. Pierre Breughel le vieux, peintre d'Anvers. *Id. fec.*
4. Lucas Vorstermans, graveur à Anvers, natif de Gueldre. *Id. fec.* in-fol.
5. Jodocus de Momper, peintre à Anvers. *Id. fec.* in-fol.
6. Paul du Pont, graveur à Anvers. *Id. fec.* in-fol.
7. Jean Breughel, dit de velours, peintre d'Anvers. *Id. fec.* in-fol.
8. Erasme de Rotterdam. *Id. fec.* in-fol.
9. François Franck, peintre d'Anvers. *Id. fec.* in-fol.
10. Jean de Wael, peintre d'Anvers. *Id. fec.* in-fol.
11. Jean Snellinx, peintre d'Anvers. *Id. fec.* in-fol.

12. Le Titien, avec sa maîtresse appuyée sur une cassette avec une tête de mort. *Titiano pinx. A. van Dyck fec. Bon Enfant exc.* in-fol.
13. Le Christ au roseau, couronné d'épines. *A. van Dyck inv. Cum Privilegio.* in-fol.

JEAN MIEL, peintre et graveur à l'eau-forte, né dans un bourg à dix lieues d'Anvers, en 1599, et mort à Turin en 1664. Après avoir appris les élémens de son art chez Gérard Seghers, il partit pour Rome, où il fréquenta l'école d'André Sacchi. A force d'étudier les grands maîtres d'Italie, il se défit insensiblement du goût flamand qu'il avoit adopté. La réputation dont il jouissoit engagea le duc de Savoie, Charles-Emanuel, d'appeler Miel à Turin, pour peindre la grande galerie du château de plaisance de la Vénérie. Il resta cinq ans au service de ce prince. Les sujets variés qu'il choisit dans la fable, les chasses qu'il y représenta si naturellement, lui acquirent la plus grande considération de la cour. Le duc, pour lui prouver sa satisfaction, le décora de l'ordre de St. Maurice, et lui fit présent d'une croix de diamans d'un grand prix. Malgré toutes ces faveurs, il s'ennuya à Turin, et le chagrin de ne pouvoir retourner à Rome, après plusieurs tentatives auprès du prince, le fit tomber dans une maladie dont il mourut à l'âge de soixante-cinq ans.

Jean Miel a gravé à l'eau-forte plusieurs sujets de sa composition. Les figures et les animaux qu'il a introduits dans ses gravures, sont dessinés et exécutés avec esprit et avec liberté.

1. L'Assomption de la Vierge. in-fol.
2. La sainte Famille. in-fol.
3—6. Quatre Sujets champêtres, d'une pointe charmante. in-4to. en t.
7—9. Trois Sujets de batailles, qui ont servi à l'histoire des guerres de Flandres de Flaminius Strada. in-fol. en t.

Le livre de la Vénérie a été gravé au burin par G. Tasnière, et renferme vingt-un sujets de fables et de chasses.

PHILIPPE VERBEECK, ou VERBEECQ, peintre et graveur à l'eau-forte dans le goût grignoté, artiste très-peu connu, et qu'on croit né en Hollande vers 1599. Comme il a gravé dans un goût approchant de celui de Rembrandt, les amateurs ont rangé ses estampes dans l'œuvre de ce dernier. Gersaint et Yver font voir que c'est à tort, attendu qu'on trouve son chiffre et son nom sur quelques-unes de ses pièces.

M. ROTTERMONDT.

D'ailleurs on voit par la date de sa dernière pièce, que c'est un artiste antérieur à Rembrandt. On ne connoît de lui que les morceaux suivans, qui sont très-recherchés des amateurs.

1. Esaü vendant son droit d'aînesse à Jacob pour un plat de lentilles. gr. in-fol. *Gersaint* p. 265. N. 342.
2. Sujet difficile à deviner, représentant un homme à genoux devant un Roi oriental, assis sur un trône, et derrière lui une femme qui tient un jeune homme par la main. Pièce avec le nom du graveur. in-4to. *Gersaint* p. 267. No. 343.
3. Pièce en ovale, où se voit la marque de l'artiste VB. et la date de 1619, représentant un berger assis au pied d'un arbre. in-4to. en t. *Gersaint* p. 267. N. 343.
4. Buste d'une jeune femme vue de face, les yeux baissés, et coiffée d'un bonnet de pelisse, orné de trois plumes, exécuté sur un fond blanc. Pièce en ovale, marquée: P. C. Verbeecq s. 1639. in-12.
5. Buste d'un homme de condition, vu des trois quarts, portant moustaches et longs cheveux, et coiffé d'un turban orné d'une plume. Pendant de la pièce précédente, et marquée P. C. Verbeecq. 1639.
6. Figure d'un jeune homme debout, vu de face, dont la tête ressemble à celle que nous venons de décrire. Pièce en ovale, marquée P. C. Verbeecq f. 1639. pièce en ovale p. in-4to. V. le catalogue de Bartsch. Supplément p. 139.

M. RODERMONT, ou ROTTERMONDT, peintre et graveur à l'eau-forte, né en Hollande vers 1600, et florissant dans son pays en 1640. Contemporain de Ph. Verbeecq, il n'est pas plus connu que celui-ci ; mais le peu d'ouvrages que nous avons de lui dénotent plus de talens. On a de sa main différens portraits, gravés dans un style libre et spirituel. **Rottermondt est du nombre des heureux imitateurs de Rembrandt.** Joseph Strutt cite avec éloge le portrait suivant : *Sir William Waller, Serjeant Major General of the Parliament army and Member of the House of Commons, with a battle represented in the back-ground.*

Les quatre morceaux suivans sont attribués à Rottermondt par M. Bartsch, qui, après un mûr examen, en a fait la description suivante :

1. Esaü vendant à Jacob son droit d'aînesse pour un plat de lentilles; pièce gravée dans le goût de Rembrandt. in-fol.

Gersaint, dans son Catalogue de Rembrandt, en fait une ample description, et l'attribue à Verbeecq. V. p. 265. N. 342.

2. Le Suppliant, sujet difficile à deviner, représentant un homme à genoux devant un Roi oriental, assis sur un trône, et derrière lui une femme, qui tient un jeune homme par la main. Dans le haut de la gauche on lit les lettres: R. M. F. in-4to.

Gersaint donne encore cette pièce à Verbeecq. p. 257. N. 343.

3. Jean second, célèbre Poëte latin de la Haye, pittoresquement ajusté, avec le titre: *Joannes secundus, Hagiensis Poëta. Rodermont fecit.* gr. in-4to. Pièce très-rare.
4. Buste d'un homme à grande barbe frisée, vu de trois quarts, et ajusté dans le goût ordinaire de Rembrandt. Sans nom ; morceau assez médiocre, que Gersaint croit de Verbeecq, et Bartsch de Rodermont. in-8.
5. David en prières, à genoux devant son pupitre, avec les mains jointes et élevées ; sa harpe et son turban sont à terre ; morceau que Bartsch attribue aussi à Rodermont. in-4to.

PIERRE VAN SOMPEL, ou VAN SOMPELEN, graveur au burin, né a Anvers, vers 1600. Il fut élève de Soutman, et a toujours travaillé dans la manière de son maître. Assez correct dans le dessin, il traitoit le nud avec des points, et rendoit les extrémités de ses figures avec beaucoup de précision. Ses portraits d'après Rubens et van Dyck, ainsi que ses pièces historiques d'après le premier, offrent à l'œil un travail aussi délicat qu'agréable. L'inconvénient qu'ont les gravures de van Sompel, c'est de ne pas exprimer, dans les sujets historiques, la largeur du pinceau d'un maître tel que Rubens.

Portraits.

1. Portrait de Paracelse, fameux Médecin. *P. Soutman inv. et exc.* in-fol. Les connoisseurs attribuent assez généralement ce portrait à Rubens.
2. L'Empereur Adolphe de Nassau. *P. Soutman inv.* gr. in-fol.
3. Marianne de Bavière, femme de l'empereur Ferdinand II. *P. Soutman effigiavit et excud.* gr. in-fol.
4. Henri, Comte de Nassau. *Id. inv.* gr. in-fol.
5. Philippe de Nassau, Prince d'Orange. *Id. inv.* gr. in-fol.
6. L'Empereur Charles-Quint. *Rubens pinx.* gr. in-fol.
7. Le Cardinal Ferdinand, frère de Philippe IV. Gouverneur des Pays-Bas. *Ant. van Dyck. pinx.* gr. in-fol.
8. Isabelle-Claire-Eugénie, Infante d'Espagne, Gouvernante des Pays-Bas. *Id. pinx.* gr. fol.
9. Gaston Jean Baptiste, duc d'Orléans, frère de Louis XIII. *Ant. van Dyck p. P. Poutman exc.* gr. in-fol.
10. Marguerite, femme de Gaston Jean Baptiste, duc d'Orléans. *Id. p.* gr. in-fol.
11. Philippe le hardi, duc de Bourgogne. *J. van Eyck pinx.* gr. in-fol.
12. Frédéric-Henri de Nassau. *G. Hondthorst pinx.* gr. in-fol.

Sujets historiques.

13. Jésus-Christ en croix, dont la bordure est ceintrée par le haut. *P. P. Rubens pinx. P. Soutman exc.* t. gr. in-fol.
14. Jésus-Christ à table avec les pèlerins d'Emaüs, où se voit une vieille debout, qui tient un verre de vin. *Id. pinx. Id. exc.* Pièce gravée en 1653. in-fol. presque carrée. 15. Erich-

GUIL. DE LEEUW.

15. Erichtonius dans la corbeille, découvert par Aglaure et ses sœurs. *Id. pinx. Id. exc.* gr. in-fol. en t.
16. Ixion, trompé par Junon. *P. P. Rubens pinx. P. van Sompel sc. P. Soutman exc.* in-fol. en trav.

WILLEM, ou GUILLAUME DE LEEUW, graveur à l'eau-forte, né à Anvers en 1600, et florissant dans les Pays-Bas en 1650. Leeuw fut un des élèves de Soutman, mais il n'adopta pas la manière pointillée de son maître, ni celle de ses condisciples, van Sompelen, Suyderhoef, Louys. Au lieu de points il employoit des tailles courtes et méplates, au moyen desquelles il produisoit un effet très pittoresque. Sa gravure a de la force et de la couleur; aussi la plupart de ses estampes sont-elles d'après Rubens et Rembrandt. Dans une suite de grands paysages d'Adrien Nieulant, il ne s'est pas conformé aux mêmes procédés : ici il a gravé les fonds et les ciels d'une pointe si fine, que sa gravure imite le dessin au lavis. Je spécifierai ci-après les quatre morceaux que je possède.

Leeuw marquoit ses estampes des lettres initiales de son nom W. van Leeuw, ou de ce chiffre : WL.

V.   Z

GUIL. DE LEEUW.

1. Loth enivré par ses filles. *Rubens pinx. W. de Leeuw fecit.* in-fol. en t. Les belles épreuves sont avant le nom de C. Danckertz.
2. Daniel dans la Fosse aux lions. *Id. pinx. Id. fecit.* gr. in-fol. en t. Les épreuves avec le nom de Danckertz sont postérieures.
3. La Vierge à genoux, et soutenue par des anges dont un tire un glaive qui lui perce le cœur ; sujet nommé *Vierge de douleur*. *Id. pinx. Id. fec.* in-fol. Rare.
4. Le Martyre de sainte Catherine. *Id. pinx. Id. fec.* in-fol. Belle et rare.
5—8. Quatre grandes Chasses de Rubens, les mêmes qu'a gravées Soutman. 1) Chasse au Lion et à la Lionne. tr. gr. in-fol. en t. 2) Chasse au Loup. tr. gr. in-fol. 3) Chasse au Sanglier. tr. gr. in-fol. 4) Chasse au Crocodile et à l'Hippodame. tr. gr. in-fol.
9. Le vieux Tobie et sa femme. *Rembrandt van Ryn inv. W. P. Leeuw fecit.* in-fol. Morceau d'un très-bon goût et d'un grand effet. Les épreuves postérieures portent l'adresse de Clément de Jonghe.
10. David jouant de la harpe devant le roi Saül. *Rembrandt van Ryn inv. W. P. Leeuw fecit.* gr. in-fol. Les épreuves avec l'adresse de F. de Wit sont postérieures.
11. Portrait de la Femme de Rembrandt, vue de profil et à mi-corps. *Rembr. inv. W. P. L. fecit.* gr. in-fol.
12. Portrait d'une Femme la tête voilée, vue à mi-corps et de face. Au bas il est écrit en lettres capitales : MARIANNE. *Rt. inv. W. P. Leeuw fecit.* in-fol.
13. Portrait d'un jeune homme, vu presque de profil. Il est coiffé d'un bonnet orné d'une plume, et couvert d'un manteau ouvert par devant. Il porte une espèce de hausse-col, garni de pierres et de perles. R. J. 1633. petit in-fol.

14. Saint François en méditation, vu de profil et à mi-corps. *J. livens inv.* W*l. fecit.* in-fol.

Tous ces morceaux sont très recherchés, et de la plus grande rareté.

15. Paysage du Tirol; sur le devant des pins brisés; sur la droite une campagne ouverte, traversée par une rivière navigable; sur la gauche de hauts rochers, avec des cascades et des ruines. A mi-côte on voit des voyageurs qui s'acheminent vers les gorges de la montagne. *Ad. van Nieulant inventor. W. de L. fec.* gr. in-fol. en t.

16. Paysage du Tirol; sur le devant différens voyageurs, dont deux hommes à cheval, l'un avec un faucon sur le poing. A la droite une campagne ouverte, avec un canal et quelques navires près d'une tour ronde; à la gauche une haute montagne, dont la cime est surmontée des ruines d'un temple; du même côté, sur le plan du milieu, se voit un hermitage d'où s'avancent deux hermites. *Id. inv. Id. fec.* gr. in-fol. en t.

17. Paysage des mêmes contrées; sur le devant des voyageurs; sur la droite une campagne ouverte, avec la vue perspective d'un bras de mer et le soleil levant; sur la gauche une haute montagne, dont la pente s'étend jusques vers la droite, et dont l'extrémité est bouchée par une épaisse forêt de sapins; le plan du milieu offre des maisons rustiques et des bestiaux au pâturage. *Id. inv. Id. fec.* gr. in-fol. en t.

18. Paysage montagneux, ouvert au milieu; sur le devant des pêcheurs, dont cinq hommes et un cheval tirent un grand filet de l'eau; sur la droite une montagne fertile, au sommet une grande église, et au pied un village avec un troupeau de moutons; à gauche sur un terrain élevé se voit un bouquet d'arbres avec une chaumière. *Ad. van Nieulant inventor.*

Jean Louys.

W. v. L. fec. gr. in-fol. Pièces très-rares, et d'une savante exécution.

Jean Louys, ou Loys, dessinateur, graveur à la pointe et au burin, né à Anvers, vers 1600. Il fut du nombre des disciples de Pierre Soutman, et condisciple de van Sompel et de Suyderhoef. A l'exemple de ces derniers, il a gravé des portraits d'après Rubens et van Dyck, sur les dessins de Soutman, avec des bordures ornées de fruits et de fleurs. Son goût de gravure tient de celui de son maître, ses chairs sont pointillées. Les amateurs recherchent avec empressement sa Résurrection du Lazare, belle copie d'après J. Livens. Dans cette estampe, plus chargée de travaux, et d'un bel effet de clair-obscur, il s'est attaché à combiner sa manière avec celle de l'école de Rembrandt.

Portraits.

1. Philippe, dit le bon, Duc de Bourgogne. *P. Soutman effiguravit.* gr. in-fol.
2. Louis XIII. Roi de France. *Rubens pinx. J. Louys. sc. P. Soutman exc.* gr. in-fol.
3. Anne d'Autriche, femme de Louis XIII. Pendant du portrait précédent.
4. Philippe IV. Roi d'Espagne. *Rubens pinx. Louys sc.* gr. in-fol.

Jon. Suyderhoef.

5. Elisabeth de Bourbon, femme de Philippe IV. Portrait qui fait pendant avec le précédent.
6. François-Thomas de Savoie, Prince de Carignan. *Ant. van Dyck pinx. J. Louys sc. P Soutman exc.* gr. in-fol.

Sujets divers.

1. La Résurrection du Lazare; d'après le même sujet de *Jean Lyvens. J. Louys fec.* in-fol. Belle pièce, dont les bonnes épreuves sont rares.
2. Repos de Diane, où l'on voit la Déesse couchée toute nue au milieu de ses Nymphes. *Rubens pinx. Louys sc. Soutman exc.* Belle pièce dont les bonnes épreuves sont rares. Elle est aussi connue sous le nom de Halte de Diane à la chasse.
3. L'Intérieur d'une maison rustique, où se voit sur le devant une femme qui écure un chaudron. *Ad. v. Ostade pinx. J. Louys sc.* p. in-4to. en t.
4. Compagnie de paysans qui se divertissent; d'après *André Both.* in-4to. en t.
5. Le Vendeur de Marons; d'après le même.
6. Cuisine hollandoise, où l'on vient de tuer un porc, dont la ménagère fait des boudins; d'après *W. Kalf.* p. in-fol.

JONAS SUYDERHOEF, dessinateur et graveur à la pointe et au burin, né à Leyde vers 1600. Il fut élève de Pierre Soutmann, et il surpassa bientôt son maître. Suyderhoef s'attacha plus à mettre dans ses gravures des effets pittoresques et piquans, qu'à arranger régulièrement ses tailles, et à leur faire produire des tons délicats et finis. Il avançoit beaucoup la plupart de ses portraits à l'eau forte avant de les terminer au burin, et il a réussi supérieurement dans ce genre de gravure. Cet artiste a travaillé d'après Rubens, van Dyck, Rembrandt, Hals, et nombre d'autres maîtres. On estime sur-tout ses portraits d'après ce dernier. Une de ses plus belles estampes est la Paix de Munster, pièce dans laquelle il a parfaitement rendu le goût du peintre Gérard Terburgh. Nous la spécifierons ci après. Mariette possédoit l'œuvre de Suyderhoef en III pièces.

Portraits.

1. Maximilien, Archiduc d'Autriche. *Rubens pinx.* *P. Soutman effig. et exc.* gr. in-fol.
2. Philippe III. Roi d'Espagne. *Id. pinx. id exc.* gr. in-fol.
3. Albert, Archiduc d'Autriche, gouverneur des Pays-Bas. *Id. pinx. id. exc.* gr. in-fol.
4. Isabelle-Claire-Eugénie, femme d'Albert, Infante d'Espagne. *Id pinx.* gr. in-fol.
5. Charles I., Roi d'Angleterre. *Ant. van Dyck pinx. P. Soutman effig.* gr. in-fol.
6. Henriette-Marie de France, femme de Charles I. *Id. pinx. id. exc.* gr. in-fol.
7. François de Moncade, Comte d'Ossonne. *Id. pinx. id. exc.* gr. in-fol.
8. L'Empereur Maximilien I. *L. van Leyden pinx. P. Soutman effig.* gr. in-fol.

9. L'Impératrice Marie, femme de Maximilien I. *Id. pinx.* gr. in-fol.
10. Jean, dit l'intrépide, Duc de Bourgogne. *P. Soutman effigiavit et exc.* gr. in-fol.
11. Charles, le belliqueux, Duc de Bourgogne. *Id. effig.* gr. in-fol.
12. Aldus Swalmius, le vieillard à grande barbe, de Rembrandt. in-fol.
13. René Descartes, célèbre Philosophe. *F. Hals pinx.* in-fol.
14. Van Bloemaerts, à mi-corps, assis devant une table chargée de livres et d'un crucifix, avec huit vers hollandois qui commencent: *De Hollantsche Augustyn. J. ver Spronck pinx.* in-fol.
15. Marc Zuerius Boxhornius de Bergopzom, Professeur à Leyde. *Dubordieu pinx.* in-fol.
16. Adrien Heerebord, Professeur en Philosophie. *Id. pinx.* in-fol.
17. Jacob Maestertius, jurisconsulte à Leyde. *N. van Negre pinx.* in-fol.
18. Andreas Rivetus, Professeur en théologie à Leyde. *Id. pinx.* in-fol.
19. Claude Saumaise, fameux critique. *Id. pinx.* gr. in-fol.
20. Noah Smaltius, fameux Chirurgien à Harlem. *J. Th. Pas pinx.* gravé en 1668. in-fol.
21. Albert Kuperus, Docteur en médecine à Leyde. *D. Bailly pinx.* in-fol.
22. Jean Coccejus, Professeur en théologie à Leyde. *J. de. Vos pinx.* gravé en 1652. in-fol.
23. Constantin Lempereur, gouverneur de Maurice de Nassau. *Baudrigeen pinx.* in-fol.
24. Abraham Heydanus, Pasteur à Leyde. *J. v. Schooten pinx.* in-fol.
25. Daniel Heinsius, Historien hollandois. *March pinx.*

26. Anne-Marie de Schurman, fille célèbre par ses connoissances dans les arts et les sciences. *J. Lievens pinx.* in-fol.

27. Jean Beenius, Théologien. *J. v. Vliet pinx.* in-fol.

28. Julius de Beyme, Professeur en droit à Leyde. *J. Suyderhoef sc.* Sans nom de peintre. in-fol.

29. Pierius Winsemius, Professeur en histoire à Leyde. De même.

Sujets divers, d'après différens maîtres.

1. La Chûte des Réprouvés. *P. P. Rubens pinx. P. Soutman exc. J. Suyderhoef sc.* anno 1642. tr. gr. p. en 2 feuilles.

2. La Vierge, caressée par l'enfant Jésus. *Id. pinx.* in-4to.

3. Bacchanales de Faunes, de Satyres et de Bacchantes. *Id. pinx. J. S. sc.* in-fol. en t.

4. Bacchus ivre, soutenu par un Satyre, et par un Maure qui tient une coupe, les figures jusques aux genoux. *P. P. Rubens pinx. P. Soutman exc.* Sans le nom du graveur qui est *Suyderhoef.* in-fol.

5. Chasse aux Lions et aux Tigres. *P. P. Rubens pinx. P. Soutman exc.* gr. pièce en t. Belle et très-rare à trouver bonne d'épreuve.

6. Vue d'une contrée sauvage, où l'on voit des satyres jouant avec des tigres. *P. de Laer pinx.* tr. gr. pièce. Les bonnes épreuves sont d'une grande force.

7. Le Retour des champs, où l'on voit un chien qui pisse; d'après N. Berghem. tr. gr. in-fol.

8. La Paix de Munster, où se voit la représentation au naturel de soixante Ministres plénipotentiaires assemblés pour la conclusion de cette paix. *G. Terburg pinx.* tr. gr. pièce en t. Belle et rare.

9. Querelle de Paysans, composée de trois figures, aussi d'après Terburg. gr. in-fol. en t.

10. Les Bourguemestres d'Amsterdam, délibérant sur

P GREEBER.

la réception de Marie de Médicis dans leur ville. *Th o l. Keyser pinx.* in-fol. Belle et rare.

11. Trois Vieilles qui se divertissent à boire et à manger. *Ad. van Ostade pinx.* ovale, in-fol.
12. Trois Paysans assis, dont l'un joue du violon. *Id. pinx.* in-fol. Belle pièce appelée *Jean de Moff*.
13. Compagnie de paysans jouant au trictrac. *Id. pinx.* in-fol.
14. Troupe de paysans assis devant un cabaret, s'amusant à fumer, pendant qu'une vieille leur verse à boire. *Id. p. gr.* in-fol.
15. La colère des Buveurs, pièce communément appelée: *le Coup de couteau. Id. pinx. J. de M it exc.* gr. in-fol.
16. Querelle de Paysans, pièce pareillement nommée *le Coup de couteau*, composée de trois figures. *Id. pinx.* in-fol.
17. Cabaret rempli de Paysans qui dansent, pièce appelée *le Bal. Id. pinx.* gr. in-fol.

PIERRE GREEBER, peintre et graveur à l'eau-forte, naquit à Harlem en 1600. Ses maîtres furent son père François-Pierre, et Henri Goltzius. Il a excellé dans le portrait et dans l'histoire. A Harlem on voit beaucoup de ses tableaux dans des endroits publics, et dans les cabinets des particuliers. On ne connoît de lui en fait de gravure, que le morceau suivant, rendu dans la manière de Rembrandt.

1. La Samaritaine à genoux devant le Sauveur qui parle à cette femme. gr. in-fol. Yver, p. 178. N. 1.

GUIL. DE BUYTENWEG.

GUILLAUME DE BUYTENWEG, OU VAN BUYTENWECH, peintre et graveur, né à Rotterdam vers 1600, et travaillant dans cette ville. Ses ouvrages de peinture et de gravure consistent en morceaux de conversation, et en paysages, dans lesquels on loue la composition. Il a gravé d'une pointe très agréable plusieurs sujets d'après ses dessins. Scheyndel, Esaïe et Jean van de Velde, ont gravé d'après lui. Le char de triomphe de Guillaume, Prince d'Orange, sa pièce capitale, a été gravé par C. Kittenstein. Buytenweg marquoit quelquefois ses estampes d'un chiffre WB. William Buytenweg.

1—2. Deux feuilles représentant de jeunes villageoises, dont l'une porte des légumes et l'autre de la volaille au marché. in-8.

3—10. Suite de 7 feuilles, représentant les habillemens des Nobles; pièces marquées *W. B. fe.* in-8.

11—17. Suite de 6 feuilles, représentant les habillemens des femmes. in-8.

18—28. Suite de 10 jolis Paysages, ornés de ruines, de fabriques et de petites figures, avec le titre: *Verscheide Landschapjes.*

GEORGE-HENRI SCHEYNDEL, dessinateur et graveur à l'eau-forte, natif de Hollande vers

G. H. SCHEYNDEL.

1600. Contemporain de Buytenweg, on conjecture que, comme celui-ci, il étoit établi à Rotterdam. Il gravoit d'une pointe très-spirituelle de petits sujets dans le goût de Callot. Ses paysages, ornés de jolies petites figures, sont très-agréables Il marquoit ses estampes des lettres initiales de son nom G. V. S.

1. Compagnie de paysans, assis et couchés devant une maison. *v. Scheyndel fecit.* in-12. en t.
2. Autre compagnie de paysans, avec un jeune cochon et des poulets. *Id. f.* De même.
3. Un Arracheur de dents, à la foire. De même.
4. Un Criminel sur le point d'être exécuté. De même.
5. Foire de village, avec une batterie de paysans. *J. P. Beerendrecht exc.* in-8. en t.
6. Autre Foire de village, avec un Charlatan. *Id. exc.* in-8. en t.
7. Paysage d'hiver, avec des patineurs sur la glace. p. in-4to. en t.
8. Paysage avec une Cascade. p. in-4to. en t.
9. Paysage, avec une rivière, un pont, et des figures d'hommes et d'animaux. *C. Danckert exc.* p. in-4to. en t.
10—13. Quatre Vues d'un château, dont l'une est avec un moulin à vent; 4 pièces. in-4to. en t. Sans marques.
14—24. Suite de paysages, avec cette inscription hollandoise: *Eenighe playsante Landschapjen, ghemackt door G. H. van Scheyndel, en ghedrukt by J. C. Visscher.* p. in-4to. en t. 11 feuilles.
25—36. Suite de figures d'Européens, de Turcs et de Grecs. *G. v. Scheyndel fec. Cl. de Jonghe exc.* in-8. 12 feuilles.

P. DE MOLYN.

37—48. Suite de figures des femmes de la campagne, de divers cantons de la Hollande; d'après W. v. Buytenweg. in-8. 12 feuilles.

PIERRE DE MOLYN, peintre et graveur à l'eau-forte, dans le goût de Jean van de Velde, né à Harlem vers 1600. Molyn étoit bon paysagiste; ses ciels et ses lointains sont d'une grande légéreté, et ses fonds sur le devant de bonne couleur. Son fils, portant le même nom, passa en Italie, et se fit appeler Mulier, ou Mulieribus, peintre connu encore sous le nom du Cavalier Tempesta.

Pierre Molyn, le père, s'est fait connoître par quelques estampes gravées à l'eau-forte, et d'un bel effet de clair-obscur. Elles sont très-recherchées, et aussi estimées que celles de Jean van de Velde, qui a beaucoup gravé d'après Molyn.

1—4. Suite de quatre beaux paysages, gravés à l'eau-forte, et ornés de jolies figures. *P. de Molyn fec. et exc.* 1626. in-fol. en t.

5—8. Autre suite de quatre beaux paysages, ornés de chaumières et de figures. *P. Molyn fecit.* 1626. gr. in-4to.

9. L'Etoile des Rois, bel effet de nuit. *P. de Molyn fecit.* in-fol.

10. Autre représentation de l'Etoile des Rois, où se voient des enfans qui dansent. in-fol.

Ces deux pièces sont gravées par J. van de Velde. Les belles épreuves sont rares.

ALBERT FLAMEN, peintre et graveur à la pointe, natif de Flandres, vers 1600. Il est plus connu par ses gravures à l'eau-forte que par ses peintures. Il paroît qu'il a travaillé la plupart du tems à Paris. On a de lui un grand nombre de Vues, de Paysages, d'animaux, d'oiseaux et de poissons. Pour ce qui est des poissons, gravés d'une pointe très-spirituelle, on n'a rien de mieux dans ce genre. On connoît encore de lui deux Recueils d'Emblêmes, en 150 feuilles.

Il marquoit souvent ses pièces d'un chiffre, composé des lettres A. B. L. ou de son nom ainsi figuré : ABFlamen fe.

1—48. Quatre suites de Poissons, chacune de douze feuilles, les deux premières renferment les poissons d'eau douce, et les deux dernières ceux de mer, le tout avec de jolis paysages et des marines. gr. in-4to. en t.

49—55. Suite de sept feuilles, y compris le titre, représentant des paysages ornés de figurines. gr. in-4to. en t.

56. Vue du Port à l'Anglois, du côté de Charenton. gr. in-4to. en t.
57. Vue de Conflans, du côté de Juilly. gr. in-4to. en t.
58. Vue de Pernay, du côté de Corbeil. gr. in-4to. en t.
59. Vue de Marcoussi, du côté de Mont-Chéri. gr. in-4to. en t.
60. Vue d'un Camp, posé au bout du fauxbourg de St. Victor, du côté du marché aux chevaux. in-fol. en t.

CORNEILLE WIERINGEN, peintre et graveur à l'eau-forte, né à Harlem, vers 1600, et florissant dans sa ville natale en 1630. Corneille avoit fait plusieurs voyages de mer, mais un penchant naturel le ramena à son vrai talent, qui étoit la peinture. On le vit abandonner la mer, pour ne plus s'occuper qu'à nous en tracer les horreurs et les dangers. Il dessina d'abord des marines et des vaisseaux de formes différentes, et rendoit ses dessins intéressans par l'exactitude des manœuvres: il avoit une mémoire admirable pour représenter le local de cet élément. Ses premiers essais furent des succès qui ne firent que s'accroître par la suite. Ce qu'il a fait dans son bon tems ne cède en rien aux belles productions dans ce genre du célèbre Henri-Corneille Vrooms. Claas-Jean Visscher a gravé d'après lui une suite assez nombreuse de petites marines et de petits paysages.

Wiering a gravé lui-même, d'une pointe très-spirituelle, divers jolis paysages et petites marines de sa composition. Les six morceaux que j'ai sous les yeux, offrent des paysages très-variés, ornés de hameaux, de villages et de bourgs, avec nombre de figurines; pièces in-4to. en t.

CLASS, ou NICOLAS MOOJAERT, ou MOOYAERT, peintre et graveur à l'eau-forte, né en Hollande, vers 1600, et travaillant à Amsterdam en 1624. Cet artiste jouit de la réputation d'avoir été un des heureux imitateurs d'Adam Elzheimer, et d'avoir eu pour disciples d'habiles peintres dans divers genres, tels que Nicolas Berghem, Jacques van der Does, Salomon Koningh et Jean-Baptiste Weenix. Les différentes manières dont les auteurs ont écrit son nom, ont jeté de la confusion sur l'article de cet artiste. Basan en fait un double emploi: il le nomme d'un côté Nicolas Moojaert, peintre du dernier siècle, natif d'Amsterdam, et de l'autre, Class Moyard, peintre hollandois. — Quoi qu'il en soit, cet artiste a gravé à l'eau-forte quelques feuilles de sa composition. Basan cite de lui une petite suite, rendue dans le goût de Swanevelt, représentant six animaux divers, comme Chameaux, Bœufs, Boucs etc.

1. Loth en gaieté avec ses filles, dans le goût d'Elsheimer. in-4to. en t.
2. Paysage avec des animaux, où se voit à droite un taureau, et au milieu trois moutons, et dans le lointain d'autres moutons et des vaches.

CHRISTIAN-LOUIS MOYART, peintre et graveur à l'eau-forte, né dans les Pays-Bas, vers 1600, et florissant à Amsterdam, vers 1630. Je n'ai trouvé aucune notice de cet artiste, et je ne connois de lui que l'histoire emblématique de la reine Marie de Médicis. La suite que j'ai vue est composée de huit grands morceaux, gravés à la pointe et au burin, et caractérisés par des figures allégoriques, toutes avec des proportions flamandes. Ces pièces sont marquées de ce chiffre ℭ M inv.

Les pièces les plus marquées sont les suivantes :

1. La reine Marie de Médicis, magnifiquement habillée, et assise sous un dais, un chapelet à la main. in-fol.
2. Fêtes données à Florence par le Grand-Duc de Toscane à la princesse Marie, avant son départ pour la France. gr. in-fol. en t.

3. La

3. La France, représentée par un globe, est déchirée et incendiée par les furies. La Reine, accompagnée des Saisons, est témoin de ce désastre, et paroît implorer l'assistance d'Hercule, assis à l'opposite. gr. in-fol. en t.
4. Hercule, assisté de Mars et de Minerve, accompagné des divinités de l'abondance, racommode avec un gros maillet, les fêlures de la France. gr. in-fol. en t.
5. Hercule, soutenu par Mars et Minerve, porte la France restaurée sur ses épaules. gr. in-fol. en t.

I. MATTHIEU MONTAGNE, peintre et graveur à l'eau-forte, né à Anvers, vers 1600, et mort à Paris en 1666. Il passa jeune en Italie, et fit un long séjour à Florence, où il travailla avec son compatriote Jean Asselin. De-là il vint s'établir à Paris, où il changea son nom de famille, qui étoit Plattenberg, en celui de Plattemontagne, et enfin en celui de Montagne tout court. Ses marines et ses paysages qui passèrent en Hollande, en Allemagne, sont en haute estime à cause de leur beauté et de l'excellente imitation de la nature. Montagne a gravé d'une pointe très-spirituelle plusieurs sujets de sa composition, consistant en marines et en paysages, qui sont dans le goût de Fouquieres.

1. Paysage, orné de fabriques et de figures. *Mat. Montagne fec.* p. in-fol. en t.

2. Marine avec plusieurs vaisseaux en mer, et quantité de gens occupés dans un port. *M. Montagne in. et f.* p. in-fol. en t.

3—4. Deux morceaux en rond, 1) une Marine, où se voit une éminence, surmontée d'une grosse tour à fanaux, et nombre de vaisseaux en mer; 2) un paysage avec un côteau revêtu d'une rangée d'arbres, et au bas un canal. *Montagne fecit.* p. in-fol. en carré.

5—6. Deux paysages, l'un orné de figurines, de terrasses et de bois, l'autre offre sur le devant un canal avec des bateliers, et sur le plan du milieu un grand village entouré d'arbres, et orné de deux clochers. *M. Montagne in. et fe.* p. in-fol. en t.

7—8. Deux paysages, l'un avec trois petites figures sur le devant, un grand village décoré d'une haute tour, et à droite un bois touffu; l'autre sans figures, des bouquets de bois à gauche et au milieu, et de grandes ruines qui occupent toute la droite. *M. Montagne in. et f.* in-4to. en t.

II. NICOLAS MONTAGNE, fils de Matthieu, peintre et graveur à l'eau-forte, naquit en 1631, et mourut à Paris en 1706. Il fut élève de Philippe Champagne, son parent, pour la peinture, et de Jean Morin pour la gravure. Nicolas peignit avec succès le portrait et l'histoire. On voit de ses tableaux dans les églises de Notre-Dame, des Filles du St. Sacrement, et de St. Nicolas des champs. En 1681 il fut nommé Professeur à l'académie royale de

Paris. Il a gravé dans la manière de Morin quelques pièces d'après Ph. Champagne, ainsi que d'après ses propres tableaux. Ce qu'il a fait de plus considérable sont des portraits sur lesquels on trouve toujours son nom ainsi écrit: Nicolas de Plattemontagne.

1. Olivier de Castella, lieutenant-général, tué au siége de Tarragone en 1644. *Nicolas de la Plattemontagne sc. Morin exc.* gr. in-fol.
2. Sainte Genevieve, figure entière; d'après Ph. de Champagne, par N. de la Plattemontagne. 1668. in-fol.
3. Corps du Christ, étendu à terre; d'après le même, par le même. gr. in-fol. en t. Pièce d'une belle exécution.

WILLELM, ou GUILLAUME AKERSLOOT, peintre et graveur à l'eau-forte, né à Harlem, vers 1600, et florissant dans sa patrie en 1624. On n'a point d'autres notices de cet artiste, sinon qu'il a gravé des portraits et des sujets historiques d'après différens maîtres, entr'autres:

1. Frédéric-Henri, prince d'Orange; d'après A. van der Venne. in-fol.
2. Amélie, princesse d'Orange, entre ses deux filles; dans le lointain un château, avec nombre de petites figures. petit in-fol.
3. Jésus arrêté dans le jardin des olives. *H. Hondius inv.* in-fol.

4. Jésus-Christ chargé de chaînes ; d'après P. Molyn. in-fol.
5. Le Reniement de St. Pierre ; d'après le même. in-fol.
6. Grand cartouche, avec des vaisseaux en mer. in-fol. en t.

MOÏSE UYTENBROECK, ou WTENBROECK, surnommé le petit Moïse, peintre et graveur à l'eau-forte ainsi qu'au burin, né à la Haye, vers 1600. On croit qu'il apprit à peindre chez Corneille Poelenbourg; du moins il cherchoit sa manière dans ses compositions. Cependant il imitoit aussi quelquefois Adam Elsheimer. Nous avons de ce maître plusieurs jolies estampes, gravées à la pointe et au burin, représentant des paysages et des sujets tirés de l'histoire et de la fable, tous de sa composition, pièces très-ragoûtantes et très-estimées, quoiqu'on lui reproche de l'incorrection dans le dessin de ses figures.

1. Diane, au milieu de ses Nymphes, découvrant la grossesse de Calisto. in-4to.
2. Jeune femme nue, montrant à son enfant le vieux Tobie aveugle, assis à la porte de sa maison. Pendant. Pièces d'une belle exécution.
3. Agar dans le désert, consolée par un ange. in-4to.
4. Mercure et Argus, gardien de la vache Io. in-4to.

5—8. Suite de l'histoire de Tobie, en quatre paysages. *M. van Wtenbroeck.* 1620. in-4to. en t.

9—14. Suite de six paysages, avec des figures de l'histoire, 6 feuilles. in-4to. en t.

15—18. Suite de quatre paysages, ornés de diverses fabriques et de petites figures, tant d'hommes que d'animaux, dans le goût de Poelenbourg. *M. van Wtenbroeck fecit.* 1620. in-4to. en t.

19—22. Suite de quatre paysages, ornés de ruines et de diverses figures de plus grande proportion, dans le goût de Poelenbourg. *Id. fe.* 1620. in-4to. en t.

23—25. Trois paysages, avec divers animaux, comme bœufs, chevaux, mulets, chèvres et cochons. in-4to. de forme carrée.

26. Fuite en Egypte, sur un fond de paysage. *M. v. Wtenbroeck f. Broer Jansen exc.* gr. in-4to en t.

27. Pastorale, où se voit un jeune berger avec son troupeau et une muse qui chante. gr. in-4to. en t.

28. Pastorale, où se voit un berger et une bergère qui cherchent un refuge dans une grotte, à la vue d'un furieux orage qui éclate dans le lointain sur un troupeau. gr. in-4to.

29. Pastorale, où se voit un beau berger dans le costume antique, assis au bord d'un canal, entre une vache et une chèvre qui s'y désaltèrent, sur un fond de paysage bouché par de gros arbres. gr. in-4to. en t.

30. Hercule qui surprend Cacus, ravisseur de ses chevaux et de ses bœufs, à l'entrée de sa caverne; figures nues dans le goût antique, sur un fond de paysage bouché. petit in-fol. en t.

Ces deux pièces sont très-rares et difficiles à expliquer.

J. G. BLECKER.

J. G. BLECKER, ou BLEKER, peintre et graveur à l'eau forte, né à Harlem vers 1600. Ses ouvrages de peinture sont peu connus; on prétend qu'il a travaillé avec succès à la Haye et à Amsterdam. Du reste on a de lui un assez bon nombre d'estampes, tant de sa composition que d'après d'autres maîtres, gravées d'une pointe spirituelle et savante. Quelquefois il marquoit ses gravures J. G. Blecker, d'autres fois C. Blecker. L'omission des lettres finales de son nom de baptême, jette de la confusion sur son article. Heinecke présume qu'il se nommoit Jean Gaspar, et que cette confusion naît uniquement de ce que les Hollandois, ainsi que les Allemands, écrivent indifféremment Gaspar ou Casper. Florent le Comte le nomme sans aucun fondement Corneille. Ce qui a induit en erreur Joseph Strutt, qui d'un artiste en a fait deux.

Pièces de sa composition.

1. Paysage, où se voit Jacob et Rachel. *J. G. Blecker fc.* in-fol. en t.
2. Paysage, où se voit le serviteur d'Abraham auprès de Rebecca. *Id. fec.* in-fol. en t.
3. Paysan et paysanne, cheminant dans une charrette. *Id. fec.* in-fol.

J. G. BLECKER.

4. Pièce semblable, où une charrette descend une colline. *Id. fec.*
5. Paysage, où l'on voit un chariot arrêté devant un cabaret, avec un homme à cheval, et un autre descendu, faisant manger sa monture. *J. G. Blecker fec.* 1643. in-fol. en t.
6. Paysage, où l'on voit un paysan assis, regardant une jeune paysanne traire une vache. *Id. fec.* 1643. petit in-fol. en t.
7. Paysage, avec des bestiaux à l'abreuvoir. *Id. fec.* in-4to.
8. Autre paysage, où il y a une femme montée à cheval. De même.
9. Paysage, avec des figures et des chevaux. *Id. fec.* in-fol. en t.
10. Paysage, avec un berger qui garde son troupeau, en jouant du chalumeau. *J. C. Blecker fec.* in-fol. en t.

D'après C. Poelenbourg.

1. Le partage des troupeaux entre Jacob et Laban. *J. G. Blecker, aq. fort.* 1638. sans le nom du peintre. gr. in-fol.
2. Les Lystriens voulant sacrifier à St. Paul et à St. Barnabé. *Id. fec.* 1638. De même.
3. Le calvaire, où se voit le Christ expiré sur la croix, au bas de laquelle paroît la Vierge dans sa douleur, avec St. Jean et quelques autres disciples. *C. P. pinx. J. G. B.* in-fol.

Ces trois pièces, gravées dans le goût de Rembrandt, sont capitales, sur-tout la dernière.

I. CORNEILLE VISSCHER, dessinateur, graveur à la pointe et au burin, naquit en Hollande, vers 1610, sans qu'on indique positivement le lieu de sa naissance; mais il est assez probable qu'il étoit de Harlem. Disciple de P. Soutman, il surpassa bientôt son maître, en se frayant une route nouvelle. Il est impossible, dit ingénieusement M. Watelet dans son Dictionnaire des Arts, de mieux peindre avec la pointe et le burin, de mieux accorder ces deux instrumens, de les faire contraster plus hardiment entr'eux, de mieux imiter avec le burin pur, le badinage pittoresque de l'eau-forte. Ses estampes les plus recherchées sont celles qu'il a gravées d'après lui-même : car il étoit bon dessinateur, ou plutôt il étoit toujours peintre, soit qu'il maniât le crayon, la pointe ou le burin. Dans ce nombre, on distingue le portrait de Gelius Bouma, la fricasseuse, le marchand de mort-aux-rats, la Bohémienne, le chat. On admire dans la Bohémienne l'opposition de ce que l'eau-forte a de plus brut, avec ce que le burin a de plus brillant. Le portrait de Bouma est plus étonnant encore. Les travaux sont savamment et hardiment pris et abandonnés pour suivre le plan des chairs du vieillard. Les tailles qui peignent l'enchassement des yeux, et celles qui forment les yeux eux-mêmes, sont d'un choix et d'une perfection dont il seroit difficile d'offrir un second exemple. Les différens plans du nez offrent de la chair véritable, et cette chair est de l'âge que devoit avoir le modèle. La bouche, en grande partie cachée par la barbe, est d'une touche juste; on y reconnoît d'autant plus d'art, qu'elle en montre moins. — Il en est de même de la barbe, de l'habit, des accessoires, tout est traité dans son vrai caractère. Il faut convenir pourtant qu'il n'a pas également réussi dans ses gravures d'après les compositions historiques des maîtres italiens et flamands. C'est lui qui grava une partie des estampes qui composoient le fameux cabinet de Reynst; mais elles sont de ses premiers tems, où il connoissoit bien les procédés du burin, et non ceux du pinceau. De même dans les sujets historiques d'après Rubens, il n'approche pas, pour la couleur, de la perfection des Vorsterman, des Belswert, des Pontius. Avec ces artistes il n'est que graveur, sans être peintre. On peut se former une idée de l'œuvre de Corneille

Corn. Visscher.

Visscher, par le catalogue raisonné de Hequet, que Basan a inséré à la suite de son Dictionnaire des graveurs.

Portraits.

1. Portrait qu'on croit être celui de Corneille Visscher, une main appuyée sur sa poitrine, et coiffé d'un chapeau en pain de sucre. *Corneille Visscher fecit*, anno 1649. p. in-4to.

2. Autre portrait de Corneille Visscher, coiffé de même, et représenté avec un air riant, enveloppé dans son manteau. *Corn. Visscher fecit*. anno 1651.

3. André Deonyszoon Winius, connu sous le nom de l'Homme aux pistolets, parce qu'on voit au fond diverses armures, dont deux carabines. C'est le portrait le plus rare et le plus cher de ce maître. in-fol.

4. Gellius de Bouma, ministre de l'évangile à Zutphen, à l'âge de 77 ans, et dans la 55ème de son ministère. in-fol.

5. Guillaume de Ryck, oculiste à Amsterdam, la main sur la poitrine. Ce portrait, celui de Scriverius, ainsi que le précédent, sont connus sous le nom de grandes Barbes, et ce sont les plus beaux que Visscher ait gravés. in-fol.

6. Un évêque assis à une table sur laquelle est un crucifix, etc. Il est à mi-corps, les mains jointes et les yeux levés au ciel. gr. in-fol.

7. Jean Merius, pasteur à Spanbroeck, mort en 1662. gr. in-fol.

8. Corneille Vosberg, pasteur à Spaerwouw, anno 1653. Portrait avec les deux mains, dans l'une desquelles il tient un livre. in-fol. Belle et rare.

9. Jean Wachtelaer, Ecclésiastique d'Utrecht, assis dans

un fauteuil, une main sur un livre, l'autre sur le bras du fauteuil. gr. in-fol.

10. Guillaume van-den-Zande, Licencié en théologie, dans une bordure ovale. *P. Soutman pinx.* in-fol. Belle et très-rare.

11. Adrien Motman, frère mineur, en haut des têtes de chérubins, et au bas une tête de mort et un encensoir. p. in-fol.

12. Jean Boelensz, frère mineur, dans une bordure ovale, avec des armes et ces mots sur une banderole: *Sanctitate et doctrinâ.* in-fol.

13. Adrien Pauw, chevalier de l'ordre de St. Michel, etc. Buste avec des armes et dans le fond une bibliothèque. *Ger. van Honthorst pinx. P. Soutman direx. Corn. Visscher ævi incidit.* in-fol.

14. David Peiterz de Vries, grand-maître d'artillerie des Etats de Hollande, en cuirasse, avec une main dont il tient le bâton de commandement. p. in-fol. Très-rare.

15. Josse Vondel, fameux Poëte hollandois, assis et à mi-corps, avec beaucoup d'accessoires. Ce portrait a éprouvé beaucoup de changemens dans les différentes éditions. in-fol.

16. Jacob Westerbaen, seigneur de Brandwick etc., à mi-corps, dans une bordure ovale. in-8. Très-rare.

17. Alexandre VII, souverain Pontife. *Justitiâ et veritate.* Un cartouche avec deux enfans qui soutiennent une guirlande de fruits. in-fol.

18. Coppenol, appelé communément l'Ecrivain: il est assis, et tient une plume de la main droite. 1658. in-fol.

19. Pierre Scriverius, Savant de Harlem, portrait difficile à trouver en bonnes épreuves. *Soutman p.* 1649. in-fol.

20. Jean de Paep, portrait à deux mains, de l'une il

montre la bourse d'Amsterdam; de lautre il tient un cartouche, dans lequel est écrit le métier qu'il faisoit et qui étoit de fournir des commis aux marchands. in-fol.

21. Vieille, ajustée singulièrement, qu'on dit être la mère de Visscher. *Cornelius Visscher ad vivum delineavit et fecit aqua forte. Nic. Kisscher ex.* p. in-4to.

22. Autre Vieille, coiffée d'un bonnet, qu'on dit encore la mère de Visscher, à l'eau, sans le nom du graveur, qui est Visscher. p. in-4to.

23. Robert Junius, de Rotterdam, Pasteur, dans une bordure ovale. *Palmidas pinx.* 1654. in-fol.

24. Constantin Huygens, Seigneur de Zuylichem, père du célèbre mathématicien de ce nom, avec la devise: *Constanter.* 1657. in-4to. Belle et rare.

25. Buste de Pierre Gassendi, avec huit vers latins, dans une bordure octogone, en ovale. in-4to.

Gravure des commencemens de Visscher.

26. Guillaume de Nassau, fils de Fréderic-Henri, prince d'Orange. *G. Hondt-Horst pinx.* gr. in-fol.

27. Marie, fille aînée de Charles I., femme de Guillaume, prince d'Orange. *Id. pinx.* 1649. gr. in-fol.

28. Christine, fille de Gustave-Adolphe, Reine de Suède. *P. Soutman.* gr. in-fol.

29. Fréderic-Guillaume, électeur de Brandebourg. *Hondt-Horst pinx. Soutman dirig.* 1650. gr. in-fol.

30. Charles-Louis, Palatin du Rhin, Electeur de Bavière. *G. van Hondthorst.* 1650. gr. in-fol.

31. Charles II., roi de la Grande-Bretagne. *Id. pinx.* gr. in-fol.

32. Janus Douza, seigneur de Nortwick, grand Savant et fameux Capitaine. *P. Soutman dirig.* 1649. gr. in-fol.

33. François-Guillaume, Evêque d'Osnabruck etc., en camail, sans le nom des artistes, en ovale. in-4to. Rare.

34. Louis Catz, Licencié en Théologie, tenant un livre; en ovale. in-fol. Rare.

Ces deux portraits ne se trouvent pas dans le catalogue de Hequet.

Sujets variés de sa composition.

1. Les quatre Evangélistes, à mi-corps, avec leurs attributs. *Corn. Vischer sculpebat et excudebat. Harlemi 1650.* p. in-fol.
2. La Fricasseuse ou la Faiseuse de beignets, que l'on nomme Kouck. C'est une estampe des plus estimées de Visscher: pour l'avoir belle, il faut qu'elle soit avant l'adresse de Clément de Jonghe. gr. in-fol.
3. Le Vendeur de mort-aux-rats, à côté de lui un petit garçon qui tient au bout d'un bâton un panier dans lequel on voit des rats. Pour avoir cette estampe et la suivante belles, il faut que ce soit avant le nom de Clément de Jonghe, et sans titre. gr. in-fol.
4. La Bohémienne, ou la Nourrice qui donne à tetter à un petit enfant, ayant deux autres, dont l'un à côté d'elle, qui mange de la bouillie, et l'autre attaché sur son dos, qui pleure. gr. in-fol.
5. Une Tabagie de cinq hommes, dont un fume dans une attitude renversée, un autre boit, un troisième tient du tabac sur du papier. Sans aucun nom d'artiste, mais sûrement de Visscher. p. in-fol. en t. B. R.
6. L'Antiquaire. C'est un Curieux dans son cabinet, tenant dans sa main une pagode; d'après un tableau du cabinet de Reynst. gr. in-fol.

Quelques-uns en attribuent l'invention au Correge.

7. Charles-Gustave, roi de Suède, et la nouvelle reine son épouse, dans leur chambre nuptiale, accompagnés

d'un grand nombre de personnes, avec un vieillard qui lit un papier. gr. in-fol. en t. T. R.

8. Le Couronnement de la Reine de Suède, avec doubles inscriptions : — Carolus Gustavus : — Hedwig Eléonora. t. gr. in-fol. en t. R.

9. Un petit garçon qui tient une chandelle allumée, et une petite fille une ratière, dans laquelle il y a un rat. in-4to. en t.

10. Marius couché sur son tombeau, au-dessus duquel est un Christ avec beaucoup de têtes de chérubins : au bas est un bas-relief dont deux génies tiennent un serpent, qu'ils posent sur une tête de mort couronnée de laurier : au-dessous est écrit : Fortiter, sed suaviter. gr. in-fol.

11. Un Chat accroupi, derrière lequel est un rat. *Corn. Visscher exc.* in-4to. en t.

12. Un autre Chat accroupi sur une serviette, de la plus grande rareté. h. 3. p. 6. l. ; l. 4. p. 6. l. A la vente de Mariette, ce petit morceau a été payé 361 livres.

Sujets divers, d'après des maîtres italiens.

1. L'Ange ordonnant à Abraham de quitter son pays et d'aller dans la terre qui lui sera indiquée. *Bassano pinx.* Du cabinet de Reynst. in-fol. en t.

2. Abraham étant arrivé à Sichem, Dieu lui apparoît et lui promet de donner à sa postérité le pays de Chanaan. *Id. pinx. Ibid.* in-fol. en t.

3. La Chaste Susanne, surprise au bain par les deux Vieillards. Sans nom de peintre ni de graveur. On sait que ce tableau est du Guide. Du cab. de Reynst, il a passé dans celui du duc d'Orléans. in-fol. en t.

4. Buste d'une femme, sa main posée sur la poitrine;

elle est coiffée en cheveux, avec une tresse flottant sur son sein. Le tableau du cab. de Reynst, est attribué au Parmesan. C'est une des plus belles estampes qu'il y ait dans la gravure, soit pour la beauté du burin, soit pour le moelleux qui y domine. in-fol.

5. Un Christ au tombeau. *Tintoret pinx.* du cab. de Reynst. gr. in-fol.
6. La Résurrection, sans nom de peintre ni de graveur. Le tableau, du cabinet de Reynst, est de Paul Veronese. Sur une banderole est écrit: *Ego et Pater unus sumus.* gr. in-fol.
7. Sainte famille, où se voit l'enfant Jésus sur les genoux de la Vierge, et St. Jean lui présentant des fruits. Estampe des commencemens de Visscher, du cab. de Reynst, sans nom de peintre ni de graveur. On attribue le tableau au Palme. in-fol. en t.
8. Sainte famille, où se voit l'enfant Jésus sur les genoux de la Vierge, jouant avec des fleurs. Dans le fond on apperçoit l'ange qui conduit le jeune Tobie. Du cab. de Reynst. in-fol. en t. Sans le nom du peintre.
9. Sainte famille, où l'on voit le jeune St. Jean présentant une poire à l'Enfant. Demi-figures. Sans les noms des artistes. *J. van der Horst exc.* p. in-fol. Rare.

Sujets divers, d'après les maîtres flamands.

1. Le jugement dernier; d'après Rubens. Ce morceau a été retouché: pour l'avoir belle épreuve, il faut que ce soit avant l'adresse de Soutman. gr. p. en 2 feuilles. Belle.
2. La Vierge tenant l'enfant Jésus dans ses bras, entourée d'anges dont deux la couronnent; d'après Rubens. gr. in-fol.

3. St. François d'Assise, recevant l'enfant Jésus des mains de la Vierge. Cette estampe, dans laquelle Visscher a gravé la tête, a éprouvé plusieurs changemens; d'après Rubens. gr. in-fol.

4. Achille, à la cour de Lycomede, est reconnu par Ulysse; d'après le même. gr. in-fol. B. R.

Quand Visscher grava cette estampe, il étoit encore sous la direction de Soutman, mais dès-lors on commença à découvrir les talens supérieurs de cet artiste.

5. Un femme avec un panier pendu au bras, et tenant une chandelle à laquelle un jeune garçon veut allumer la sienne. D'après l'original de Rubens. gr. in-4to.

6. Le joueur de Vielle, accompagné de cinq enfans, dont l'un joue du violon. C'est une des plus belles estampes de Visscher, et des plus rares à trouver belle épreuve. *A. van Ostade pinx.* gr. in-fol.

7. La même estampe, gravée seulement à l'eau-forte, d'une gravure très-fine. Pièce marquée *A. van Ostade pinx. C. Visscher fecit aqua forti. G. Valk exc.* gr. in-fol.

8. Une Tabagie de six hommes, dont un tourne le dos au feu, avec une femme et deux enfans. Les meilleures épreuves sont avant les noms des artistes, qui sont Ostade et Visscher. gr. in-fol. B.

9. Une Tabagie de deux hommes, et d'une femme qui tient un gobelet à la main. *A. v. Ostade pinx.* p. in-fol.

10. Un homme et une femme dans une tabagie. L'ivrognerie et la lubricité sont peintes dans leur physionomie. *Id. p.* in-fol.

11. Une Tabagie, où se voit un homme assis sur le devant, tenant un pot entre ses jambes, et jouant du violon

violon, avec trois hommes qui chantent, et un autre qui va boire. *Ad. Brouwer pinx.* in-fol.

12. Un Chirurgien qui panse le pied d'un homme: dans le fond une femme, appuyée sur une table, tient un emplâtre. *Id. pinx.* in-fol. en t.

13--15. Suite de trois estampes, très-belles et difficiles à trouver parfaites d'épreuves; d'après *P. van Laer*, dit *le Bamboche*, du cabinet de Reynst, savoir:
1) Le coup de pistolet, ou le coche volé. in-fol. en t.
2) Attaque d'un convoi de guerre, sujet improprement nommé le coup de pistolet. gr. pièce en t.
3) Le four à chaux, effet de nuit. gr. in-fol. en t.

16. Un chasseur à cheval, qui tient un chien en lesse; un valet sort d'une écurie avec un cheval, et un homme assis lui parle, en caressant des chiens. *P. de Laer pinx.* gr. in-fol. en t.

17. Un homme assis au bord de l'eau, à côté de lui deux blanchisseuses et des bestiaux. *Corneille de Visscher aqua forti.* Pendant de la pièce précédente.

18. Un clair de lune, qui fait appercevoir un voleur, avec un fusil et une épée, conduisant deux chevaux attachés à la queue l'un de l'autre. A terre on voit un homme mort, et derrière une paysanne qui se désole, à côté d'elle un voleur qui la menace. *P. de Laer pinx. C. Visscher fecit.* gr. in-fol.

19. Un berger et une bergère qui gardent des bestiaux, dans un beau paysage; pendant de la pièce précédente. *Id. p.*

Quatre paysages, d'après Berghem.

1. Paysage où se voit un homme à cheval, en veste de peau, accompagné d'une femme qui porte un paquet sous son bras et un bâton à la main, avec quelques animaux. *N. Berghem.* in-fol.

V.　　　　　　　　　　　　　　B b

2. Paysage, où se voit une femme montée sur un âne et parlant à un homme, avec des animaux ; de même.
3. Paysage, où se voit une femme qui trait une vache, parlant à une autre femme avec un panier sur la tête et un au bras, à côté une vache et une chèvre. De même.
4. Paysage, où se voit une femme sur un âne, donnant à tetter à son enfant, avec un homme à pied et un berger à cheval, une vache et des moutons. De même.

Quatre autres paysages, d'après Berghem.

1. Paysage, avec un titre qui représente une fontaine, où on lit : Berghem del. 1655. C. de Visscher. On y voit plusieurs figures d'hommes, de femmes et de chevaux. in-fol.
2. Une femme adossée à un tronc d'arbre, allaitant un enfant, et parlant à un homme appuyé sur une vache, avec plusieurs animaux. De même.
3. Paysage, avec une femme qui a un paquet sous le bras, et qui passe une rivière, où un homme fait boire son cheval. Dans le lointain un autre homme à cheval, avec plusieurs animaux. De même.
4. Paysage, où est un homme assis, qui a la main sur la poitrine, et qui garde des bœufs, des moutons et un âne. De même.

II. JEAN VISSCHER, OU DE VISSCHER, FRERE DE CORNEILLE, graveur à la pointe et au burin, naquit à Amsterdam en 1636. Quoique Jean n'eut pas les talens extraordinaires de Corneille, on ne laisse pas de rechercher ses estampes. Les connoisseurs sans prévention sont même persuadés que les paysages qu'il a gravés d'après Berghem et Ostade, l'emportent pour l'effet pittoresque sur ceux de son aîné. La hardiesse de son exécution dans les morceaux d'après ces maîtres, donne du prix à son travail; ils paroissent plutôt des originaux que des copies. Le seul reproche qu'on puisse lui faire avec quelque fondement, est que son dessin n'est pas toujours correct. Par quelques portraits que nous avons de sa main, il a fait voir qu'il manioit le burin aussi bien que la pointe.

Portraits.

1. Jean de Vitenbogaert. *Joh. de Visscher sc.* in-4to.
2. Pierre Proelius, Ministre de l'évangile à Amsterdam. *Joh. van Noort pinx.* in-fol.
3. Thadée Lautmann, Pasteur à la Haye. *J. de Bane pinx.* in-fol.
4. Abraham von der Hulst, Vice-Admiral de Hollande *Joh. de Visscher sc.* gr. in-fol.
5. Petrus Paulus Rubens. *Ant. v. Dyck del. Joh. de Visscher fec. aqua forti.* in-fol.
6. Michael de Ruyter, Amiral de Hollande. *H. Berckmans pinx.* in-fol.
7. Portrait d'un homme coiffé en cheveux, d'après C. Visscher. in-4to.
8. Portrait d'un Nègre qui tient un arc d'une main et un flèche de l'autre; d'après le même. in-fol.

J. DE VISSCHER.

Bambochades, d'après Ostade.

1. Compagnie de paysans sous une treille où l'on joue au trictrac. *J. de Visscher sc.* in-fol.
2. Ménage rustique, où se voit un homme qui dévide, et sa femme qui file, au milieu d'eux un enfant. in-fol.
3. Autre ménage rustique, deux fumeurs assis, et une vieille avec une petite fille qui fait ses nécessités. in-fol. en t.
4. Réjouissances de paysans, dans une espèce de grange hollanddoise. in-fol. en t.
5. Kermesse, où Réjouissance hollandoise devant la porte d'un cabaret. in-fol. en t.
6. Intérieur d'un cabaret, où il y a une noce de paysans. in-fol. en t.
7. Vieux paysan assis près d'une paysanne, à laquelle il porte la main sur le sein; pièce appelée le Tâtonneur. in-fol.

Paysages, d'après Berghem.

1. Danse et Réjouissance de paysans; pièce appelée le Bal. *J. de Visscher sc. Justus Danckerts exc.* gr. in-fol.
2. Beau paysage, orné de figures et d'animaux. *Berghem del. J. Visscher fec.*
3. Paysage montagneux, où se voit un homme qui a mis son habersac et son habit sur son cheval; pendant de la pièce précédente.
4. L'Eté, ou l'homme avec le dos nud. *J. de Visscher fec. Nic. de Visscher exc.* gr. in-fol. en t.
5. Paysage, où se voit un homme à cheval avec une veste de peau, donnant l'aumône à un jeune mendiant. in-fol. en t.
6. Paysage, où se voit une jeune fille qui trait une chèvre; pendant de la pièce précédente.

7. Pastorale, où se voit un berger au bord d'une rivière, s'appuyant sur son bâton. in-fol. en t.
8. Pastorale, où l'on voit une femme qui trait une chèvre, et un berger assis sur une colline, jouant de la musette; pendant de la pièce précédente.
9. Les quatre Heures du jour: Aurora. Meridies. Vesper. Nox. 4 beaux paysages, ornés de figures et d'animaux. *Justus Danckerts exc.* gr. in-fol. en t. Pièces capitales.
10—13. Suite de quatre grands Paysages, savoir: 1) Sur le titre un homme monté sur un mulet. 2) Une femme debout devant une pierre carrée. 3) Un berger avec un bâton, conduisant son troupeau. 4) Un mulet chargé avec des panaches sur la tête. *Berghem fec. Joh. Visscher aqua forti.* gr. in-fol. en t.
14—19. Suite de six Paysages, savoir: 1) Sur le titre un âne qu'on ferre, et une femme montée sur un cheval. 2) Deux femmes, dont l'une porte un sac sous le bras, et l'autre est accompagnée d'un chien. 3) Un berger monté sur un âne, menant devant lui ses moutons. 4) Une femme portant un fagot sous le bras, à côté d'elle un paysan à cheval. 5) Un paysan monté sur un âne, conduisant devant lui un bœuf. 6) Un vieillard à grande barbe, et en bonnet, se voit adossé contre un mur, et appuyé sur son bâton. p. in-fol. en t.
20—23. Suite de quatre Paysages, savoir: 1) Au titre se voit un grand monument, sur la corniche duquel est écrit: *J. Visscher fec.* 2) Un berger jouant de la musette. 3) Un berger, accompagné de son chien, passe l'eau, en tenant son bâton des deux mains. 4) Un jeune garçon, portant un fagot. p. in-fol.
24—27. Suite de quatre Paysages, savoir: 1) Au titre une fontaine, devant laquelle est une femme qui trait une chèvre. Sur le devant on lit: *Berghem del.*

J. Visscher fec. 2) Un berger en manteau, tenant un bâton de ses deux mains. 3) Un berger assis sur une colline, devant lui une bergère qui tient un paquet. 4) Une femme debout, un canal, et à côté une autre femme montée sur un âne. in-fol.

28—31. Suite de quatre Pastorales, savoir: 1) Au titre un bloc de pierre, où est assis un berger qui caresse une bergère. 2) Une femme à cheval, et un berger monté sur un âne, jouant de la flûte. 3) Une femme montée sur un mulet, et un homme sur un âne, à côté deux moutons et un chien. 4) Un berger assis au pied d'une colline, tenant un flageolet. in-fol. en t.

32—35. Suite de quatre Paysages, savoir: 1) Une femme sur un mulet, et un bœuf dans l'eau. 2) Femme assise sur le devant, occupée à filer, à ses pieds un petit garçon couché. 3) Un bœuf couché près d'une femme qui est debout et qui file. 4) Une bergère montée sur un âne, à côté d'elle un paysan avec un bâton. p. in-fol. en t.

36—41. Suite de six Paysages, savoir: 1) Un muletier en manteau, marchant entre deux mulets chargés. 2) Une femme vue de face, et tournée vers un homme monté sur un âne. 3) Une femme à cheval qui passe l'eau, à côté d'un homme qui la passe à pied. 4) Un berger assis vu par le dos, un bras appuyé contre une colline. 5) Un homme monté sur un âne, montrant de la main un homme debout. 6) Un vieillard à barbe pointue, appuyé de ses deux mains sur un bâton. in-fol. en t.

42—49. Suite de huit Paysages, savoir: 1) Un homme debout près d'une chûte d'eau, buvant dans son chapeau. 2) Deux pieux qui soutiennent une mangeoire, devant laquelle est un cheval. 3) Jeune garçon assis derrière un pan de muraille, s'appuye de son bras sur le bord. 4) Campagne où l'on voit des moutons et une cloison de paille attachée a un pilier. 5) Paysage où se voit un ruisseau, des bœufs et un mouton. 6) Un berger debout, avec un pied sur une pierre et l'autre dans l'eau. 7) Une femme agenouillée, occupée à traire une vache. 8) Une femme assise, tournée vers un berger qui est debout, et qui s'appuye sur une haie. in-fol. en t.

50—65. Les Cartes géographiques, ornées de figures de l'invention de Berghem, parfaitement bien gravées par J. Visscher, savoir: le Globe; l'Europe; l'Asie; l'Afrique; l'Amérique; l'Alsace; la Flandres; la Frise; la Situation du Paradis terrestre; le pays de Canaan; Sortie des enfans d'Israel d'Egypte; Jérusalem; le pays de Canaan traversé par Notre-Seigneur; Voyages de St. Paul. Deux Cartouches pour la Carte des Pays-Bas.

66—71. Suite de six pièces, portant pour titre: *Diversa Animalia. Berghem del. J. Visscher fec. Fred. de Widt exc.* Ces pièces sont d'après Karel du Jardin; il y a des épreuves avec son nom.

72—75. Quatre morceaux d'après P. de Laer, attribués par quelques-uns pour la gravure à C. Visscher, mais jugés par d'autres avec plus de fondement être de celle de J. Visscher. 1) Une Assemblée de six Gueux, dont deux jouent aux cartes, et dont les autres forment un grouppe de spectateurs; un d'eux, couché sur le ventre, occupe le devant. gr. in-fol. en t. 2) Une femme montée sur un âne et conduisant deux bœufs; d'un côté se voit un homme qui boit dans son chapeau, et de l'autre un cheval avec des paniers; plus loin un homme à cheval, avec quelques animaux. gr. in-fol. en t. 3) Une Hôtellerie, a la porte de laquelle un valet selle un cheval. Dans une écurie à côté on voit deux chevaux dont l'un pisse, et l'autre mange du foin au ratelier. gr. in-fol. en t. 4) Un Maréchal qui ferre un cheval à l'entrée d'une forge, et un homme à cheval en conversation avec le maître du cheval qu'on ferre. *P. van-Laer. Romæ.* gr. in-fol. en t.

Pièces, d'après Ph. Wouwermans.

1. Tente de Vivandier, devant laquelle des cavaliers s'amusent à boire. *J. Dankertz exc.* gr. in-fol. en t.
2. Tente de Vivandier, devant laquelle des cavaliers se divertissent, au milieu un trompette sonne de son instrument. gr. in-fol. en t.
3. Tente de Vivandier, devant laquelle des cavaliers se divertissent, au milieu un cheval blanc équippé. gr. in-fol. en t.
4—7. Suite numérotée de quatre feuilles, d'après le même; savoir: 1) Le Maréchal de Campagne, sur le devant un cheval équipé qui pisse. gr. in-fol. en t. 2) Tente de Vivandier. 3) Troupe de Voyageurs. 4) Le Manège en exercice. in-fol. en t.
8—19. Suite numérotée de douze feuilles, d'après J. van Goyen; savoir: 12 pièces de paysages et de marines, enrichis de toutes sortes de fabriques et de figures; suite complette. in-4to. en t.
20—30. Suite numérotée de douze feuilles, d'après Herman Swanevelt, contenannt 12 paysages et marines d'Italie, enrichis de toutes sortes de fabriques et de figures. Suite intéressante. petit in-fol.

III. LAMBERT VISSCHER, frère aîné de JEAN, dessinateur et graveur au burin, naquit à Amsterdam en 1634, et mourut à Rome, vers la fin de son siècle. A Rome il travailla, con-

L. Visscher.

jointement avec Bloemaert, Spierre et d'autres habiles graveurs, d'après les peintures de Piétrè de Cortone, exécutées à Florence au palais du grand-duc de Toscane. Il a gravé le portrait et l'histoire; sa manière tient de celle de Bloemaert.

Portraits.

1. Stanislas Lubienitz. *M. Scheitz pinx.* in-4to.
2. Jean Rutgersius, conseiller de légation de Gustave Adolphe. in-4to.
3. Christophe de Kannenberg, Conseiller privé de guerre de l'Electeur Fréderic-Guillaume de Brandebourg. p. in-fol.
4. Marie-Thérèse d'Autriche, Reine de France. *Van-Loo pinx.* in-fol.
5. Anne d'Autriche, Reine de France. *Van-Loo pinx.* in-fol.
6. Charles Rabenhaupt, Baron de Sucha, Lieutenant-Général de Hollande. gr. in-fol.
7. Jean de Wit, Pensionnaire de Hollande. gr. in-fol.
8. Corneille Tromp, Vice-Admiral de Hollande. *F. Bol pinx.* gr. in-fol.

Sujets divers.

1. Générosité de Seleucus qui cède Stratonice son épouse à Antiochus son fils devenu amoureux de sa belle-mère. *P. de Cortone pinx.* p. in-fol. en t.
2. Minerve enlevant un jeune homme des bras de Vénus, pour le conduire à Hercule qui lui tend la main. Sujet de plafond, peint par Piétre de Cortone. gr. in-fol. en. t.

IV. NICOLAS-JEAN VISSCHER, ou CLAUS VISSCHER, dessinateur, graveur à l'eau-forte, et marchand d'estampes, naquit à Amsterdam, vers 1580. On présume qu'il étoit de la famille des Visscher dont il sera question ci-après, mais non pas leur frère, comme on l'avance assez gratuitement. Nous avons de lui un bon nombre d'eaux fortes, exécutées dans un style facile et savant. Il excelloit sur-tout dans les petits paysages, ornés de figures et d'animaux, tant de sa compostiton que d'après d'autres maîtres. On estime principalement ses vues particulières de quelques châteaux en Hollande. On a aussi plusieurs portraits, sous l'adresse de Nicolas Visscher, sans autre nom d'artiste. Il employoit aussi quelquefois son chiffre ainsi figuré : le C. pour Claus ou Claas.

1. Guillaume Laud, Archevêque de Canterbury. *C. de Visscher exc.* in-4to.
2. Charles I., Roi de la Grande-Bretagne, coiffé d'un grand chapeau rond, avec le chiffre de Visscher. in-4to.
3. Jean Calvin. *Nicolas Visscher formis.* in-fol.
4. Didier Erasme de Rotterdam. *Hans Holbein pinx. C. de Visscher exc.* gr. in-fol.

5. Jacques II., Roi de la Grande-Bretagne, défenseur de la Foi. A Amsterdam, chez *Nicolas Visscher*. gr. in-fol.
6. Jacques, Duc de Monmouth et Buccley. *Ex formis Nicolas Visscher*. gr. in-fol.

Sujets divers à l'eau-forte.

1. La Table de Cébès, sujet allégorique sur la vie humaine. t. gr. in-fol. en t.
2. Exécution de Criminels d'Etat, de la secte des Arminiens à la Haye. in fol. en t.
3. Deux feuilles de Paysages, ornés de châteaux hollandois. gr. in-4to.
4. La Vue avec les environs du château de Lovensteyn, qui a servi de prison à Hogerbeets et à Grotius. Au bas de l'estampe la vue perspective du même château en forme de frise. Aux deux côtés se trouvent les médaillons avec les légendes des deux illustres détenus. *C. J. Visscher fecit et exc.* Pièce in-fol. en t. très-rare, et d'une belle exécution.

Nicolas a gravé encore d'après d'autres maîtres, sur-tout d'après Jodocus de Momper.

PIERRE, ou PIETER NOLPE, peintre et graveur en cuivre, né à la Haye en 1601. Les circonstances de la vie de cet artiste nous sont fort inconnues, mais ses productions dans l'art nous attestent qu'il étoit homme de génie. On a de lui divers sujets: des portraits, des histoires, des vues, des paysages etc. Le tout exécuté à l'eau-forte et au burin avec la plus grande intelligence. Les connoisseurs estiment surtout les huit Mois de l'année, qui ont été payés cent livres à la vente de Mariette. Les bonnes épreuves de ces morceaux ont d'abord paru sous le titre des mois de l'année; ensuite les possesseurs des planches les ont publiés sous de nouveaux titres: Les quatre Saisons, et les quatre Elemens, avec le nom du peintre, Pieter Potter.

1. Jean Adler Salvius, Ministre plénipotentiaire de Suède. *P. Nolpe* sc. in-4to.
2—9. Suite de huit Cavaliers, gravée à l'eau-forte par *Nolpe*. in 8. Rare.
10—18. Suite de 18 Pièces représentant des gueux et des gueuses; d'après Pieter Quast, à l'eau-forte. in-4to.
19. Vue de l'intérieur de la prison, dont un ange délivre St. Pierre; d'après *J. v. Vucht*, gravée au burin par *Nolpe*. in-fol. en t.
20. Judas et Thamar, dans un beau paysage, de sa composition. gr. in-fol. en t. Ces deux figures ont été rendues dans un paysage différent et beaucoup plus petit.
21. La Digue rompue, morceau très-rare à trouver belle épreuve, et qui peut passer pour un chef-d'œuvre. gr. pièce en t.
22. Daniel dans la Fosse aux lions; d'après *Blancert* (apparemment *Blanchard*.) gr. in-fol. en t.

23. Passage de sa Majesté Britannique des côtes de Hollande en Angleterre, en 1660; avec des explications. gr. in-fol. en t.
24. Pièce emblématique sur le mariage du prince d'Orange avec la princesse Marie d'Angleterre. in-fol. presque carré.
25—30. Six beaux Paysages; d'après *Ad. van Nieulant*. in-fol. en t.
31—36. Six beaux Paysages; d'après *R. Rogman*. in-fol. en t.
37. Vues des maisons de corps-de-garde sur l'Amstel près d'Amsterdam. gr. p. en t.
38. Huit Mois de l'année. Le mois de Mars offre une tempête, et celui d'Août un combat de cavalerie, deux morceaux d'une savante exécution et d'un grand effet. *Pieter Nolpe fecit et excudit*. gr. in-fol.
39. Les quatre Saisons, et les quatre Elémens, les mêmes pièces avec ces nouveaux titres et le nom du peintre, *Pieter Potter*.
40. Le Prophète Elie parlant à la Veuve de Sarepta. *P. Potter pinx*. gr. in-fol. en t.
41. St. Paul l'hermite, nourri dans le désert par un aigle. *Id. pinx*. gr. in-fol. en t.
42. Cavalcade faite en 1638 par les bourgois d'Amsterdam pour la réception dans leur ville de la reine Marie de Médicis; d'après *C. Molyn le jeune*, en six feuilles en t. Pièce capitale.

PIERRE, ou PIETER QUAST, peintre et graveur en cuivre, contemporain et compatriote de Nolpe, né vers 1602. Les sujets qu'il a traités ne représentent guère que des grouppes de paysans, des boutiques de barbier, et des pièces de caprices. Il manioit la pointe avec beaucoup de facilité, et s'aidoit du burin avec une grande dextérité. On lui reproche de l'incorrection dans le dessin. Dans quelques-unes de ses pièces, il a de la ressemblance avec Callot, auquel il n'est pas inférieur pour le maniement de l'outil. La plupart de ses gravures sont de sa composition; son chiffre ordinaire est un P et un Q entrelacés

1. Les cinq Sens, avec le titre: *Vyf Sinnen te koop.* 6 feuilles. *P. Quast fec.* 1638. *H. Hondius excud.* in-8.

2. Les quatre Saisons, avec des figures grotesques. in-4to.

3—14. Suite de Caprices et de figures grotesques, en 12 feuilles. *Clem. de Jonghe exc.* in-8.

15. Autre suite de Caprices, représentant des Gueux, des Paysans et des Vieilles, avec un intitulé sur la première feuille: *Tis all vervart Gaeren.* 26 pièces. in-4to.

16—25. Autre suite de Gueux, avec des variétés et le nom des figures, 10 pièces avec des lointains. *Savery exc. p.* in-4to.

26. Suite de modes, dans le goût des *Noblesses de Callot*, avec de beaux lointains. 12 feuilles. *Savery exc. p.* in-4to.

CRIS. VAN DEN QUEBOREN

CRISPIN VAN DEN QUEBOORN, ou QUEBOREN, dessinateur et graveur à la pointe et au burin, natif de Hollande vers 1603, et résidant à la Haye. Il a gravé nombre de portraits, dont la plupart sont très estimés pour la variété de leur exécution. D'ailleurs les circonstances de sa vie sont ignorées; on sait seulement qu'il a eu part à l'ouvrage de Thibault, intitulé: Académie de l'épée, et imprimé à Anvers en 1628.

1. Frédéric-Henri, Prince d'Orange, Comte de Nassau etc. *Crispian van Queboorn figuravit et sculp.* 1630. *Broer Jansen exc. Haga.* in-4to.
2. Johanna de la Cave, avec cette devise: *Rien ne m'étonne! C. van Queboren del. et sc.* in-4to.
3. Volckerus d'Osterwyck, Ministre de la parole de Dieu à Delft. *Palamede pinx. Cr. van Queboren sc.* in-fol.
4. Léonard Sodineus, natus Delphis ac ibidem Pastor. Anno Domini MDCXLI. *Id. pinx. Id. sc.* in-fol.
5. L'Amiral M. H. Tromp. *S. de Flieger pinx. Id. sc.* in-fol.
6. Frédéric-Guillaume, Electeur de Brandebourg. *Ger. de Honthorst pinx.* gr. in-fol.
7. Louise, Princesse d'Orange, son épouse. *Id. pinx.* gr. in-fol.
8. Guillaume, Prince de Nassau. *Id. pinx.* gr. in-fol.
9. Jean Wolferdo de Bréderode. *Id. pinx.* gr. in-fol.
10. Guillaume I., Prince d'Orange; d'après Corneille Visscher, peintre de portraits, qu'on a confondu

avec Corneille Visscher, le graveur. C'est par erreur que l'on a attribué cette pièce à ce dernier et que les amateurs la rangent dans l'œuvre de Visscher.

11. Le Cardinal Infant d'Espagne, très-belle copie de l'estampe que Pontius avoit gravée d'après van Dyck.
12. Juliane, Princesse de Hesse; sans nom de peintre. gr. in-fol.
13. Marie-Madeleine, Comtesse de Waldeck, peinte et gravée par Queboren. gr. in-fol.
14. Wilhelm Brog, Chevalier et Colonel général, ayant une blessure sur le nez; gravé en 1633. in-4to.
15. La Nativité de Jésus-Christ; d'après Henri van Balen. gr. in-fol.

FRANÇOIS VAN DEN STEEN, peintre et graveur à la pointe et au burin, né à Anvers en 1604. Ayant perdu par un accident l'usage d'une de ses jambes, il choisit la peinture et la gravure pour ses occupations. Il réussit tellement dans ces arts, que l'archiduc Léopold et l'empereur Ferdinand III. le prirent à leur service, et celui-ci lui assigna une pension. François grava à l'eau forte plusieurs estampes pour la galerie de Bruxelles de l'archiduc. Outre ces pièces il a encore gravé d'après différens maîtres. Ses ouvrages sont aujourd'hui très recherchés. A la vente du cabinet de Pierre Jean Mariette, les trois morceaux d'après le Correge furent adjugés pour 250 livres. *Por-*

Fr. Van den Steen.

Portraits.

1. Corneille Cort, graveur d'Anvers. in-8.
2. Théodore Coornhaert, graveur d'Amsterdam. *H. Goltzius del.* p. in-4to.
3. André del Vaulx, ou Vallensis, Professeur à l'académie de Louvain. p. in-4to.
4. George-Sébastien Lubomirski, Comte de Wisniez. *Herdt del.* p. in-fol.

Sujets divers, d'après différens maîtres.

1. Jeune femme, à mi-corps, assise dans un fauteuil. gr. in-4to.
2. Sainte famille, où le petit St. Jean présente des fleurs à l'enfant Jésus. *Titien pinx.* in-fol. en t.
3. Sainte famille, où l'on voit St. Joseph assis sur un sac; sujet nommé en Italie: la *Madonna del Sacco*. *And. del Sarto pinx.* in-fol. en t.
4. Le Songe de Michel-Ange. *Michel-Angelo inv.* in-fol.
5. Des Soldats jouant aux Cartes. *Manfredi pinx.* in-fol. en t.
6. Un homme, tenant dans ses mains un flacon et une tasse, derrière lui un autre homme qui regarde ce qu'il tient. *D. Teniers pinx. Ab. Teniers exc.* in-4to.
7. Un paysan assis, occupé à lire la gazette, pendant qu'une vieille le caresse d'une main, et tient un pot à bière de l'autre. *Id. pinx.* in-4to.
8. Partie d'un village, où l'on voit une femme avec un enfant sur le bras, à la porte d'une maison où un homme veut entrer. *Id. pinx.* p. in-4to.

9. Partie d'un village où une femme, du haut de sa maison, écoute trois hommes en conversation, et un quatrième entre dans la maison. *Id. pinx.* De même.
10. L'Avare et sa femme, occupés à peser leur or. *Stulte hac nocte animam — — Deum dives. Id. pinx.* p. in-fol.
11. Silène ivre, soutenu par des Satyres et par des Bacchantes. *Ant. van Dyck pinx.*

Composition qui a été gravée aussi par Bolwert. in fol.

12. L'Amour se formant un arc de la massue d'Hercule, et foulant aux pieds les livres. *Ant. Corregio pinx.* in-fol. Au bas de l'estampe sont deux enfans, dont l'un rit et l'autre pleure.
13. Jupiter, amoureux d'Io, la caresse dans une nue; d'après le même. in-fol.
14. L'Enlèvement de Ganymède; d'après le même. in-fol.

Ces trois morceaux rares, qui font pendans, sont gravés d'après les tableaux originaux de la galerie de Vienne, sur les dessins de van Hoy. Les mêmes sujets ont été gravés à Londres, sur les dessins de Benedetti, par Fr. Bartolozzi.

15. Le Martyre des dix mille Saints; sujet gravé sur le dessin que van Hoy avoit fait du tableau original d'Albert Durer, qui est à Vienne dans le Cabinet impérial, tr. gr. pièce, en hauteur de quatre planches.
16. Saint Pepin et sainte Begue, à mi-corps, et sur une même planche, gravé sur le dessin que Rubens avoit fait d'après deux différens tableaux d'Hubert van Eyck. p. in-fol.

17. Le Portique de la galerie des tableaux de Bruxelles, connue sous le nom du cabinet de Teniers. *N. van Hoy del.* in-fol. en t.

HANS ou JEAN WITDOECK, WITHOUC, ou WITDOUCK, graveur en cuivre, naquit à Anvers, vers 1604. Witdouck est encore du nombre des graveurs qui ont joui de la direction particulière de Rubens. Cet artiste semble s'être attaché uniquement à rendre les grands effets des tableaux qu'il gravoit, mais il l'a fait trop souvent aux dépens de la correction du dessin. Malgré ce défaut, ses estampes sont très-estimées, sur-tout celles qu'il a exécutées en clair-obscur sous les yeux de Rubens, et qui sont d'un effet admirable. Telle est la pièce de Jésus-Christ à table avec les Pélerins d'Emmaüs, qu'on trouvera spécifiée ci-après. Les curieux peuvent consulter le catalogue de Rubens par Basan, au sujet de la différence des épreuves et des changemens faits à diverses pièces de ce graveur. Voici les estampes que Witdouck à gravées d'après Rubens.

1. Buste de Démosthènes. in-fol.
2. Buste de Cicéron. in-fol.

Ces bustes, au nombre de douze, dessinés

d'après l'antique, sont gravés par Pontius, Vorsterman et Bolswert.

3. Melchisédech, ayant béni du pain et du vin, le présente à Abraham; pièce gravée en 1638. gr. in-fol. en t.

Les premières épreuves avant la lettre sont rares.

4. La Nativité de notre Seigneur. *Withouck sculp. et excud. Antverpiæ.* gr. in-fol. en t.

Cette planche a souffert divers changemens, ainsi qu'il a été observé dans le catalogue de l'œuvre de Rubens.

5. L'Adoration des Rois, pièce gravée en 1638. gr. in-fol.

Cette planche a pareillement éprouvé de grands changemens par les retouches du graveur, comme il se voit dans le même catalogue.

6. L'Elévation en croix; pièce gravée en 1638. tr. gr. in-fol. en t. et en trois feuilles.

Estampe capitale de Withouck.

7. Jésus-Christ à table, avec les Pélerins d'Emmaüs, dont un ôte son chapeau; pièce gravée en 1638. gr. in-fol. presque carré.

Il y a des épreuves imprimées en clair-obscur, sous la direction de Rubens; elles sont de la plus grande rareté, et cette pièce est en général une des plus belles du graveur.

8. L'Assomption, où la pierre qui couvroit le sépulcre de la Vierge est tout-à-fait sur la droite; gravée en 1639. Belle et rare.

J. WITHOUCK.

Les épreuves de C. van Merlen sont retouchées.

9. La Vierge tenant l'enfant Jésus entre ses bras; dans une bordure ovale. in-fol.

Pour avoir des premières épreuves, il faut que les quatre angles autour de l'ovale ne soient point encore chargés de tailles.

10. Sainte famille, où la Vierge donne à tetter à l'Enfant, auquel le petit St. Jean tient le pied d'une main, ayant l'autre appuyée sur son agneau. Les bonnes épreuves sont avant l'adresse de Moermans. in-fol.
11. Autre sainte famille, où l'Enfant dort sur le sein de sa mère, avec Ste. Elisabeth, le petit St. Jean et St. Joseph. *R. J. de Bert. exc.* in-fol.
12. St. Ildephonse recevant une chasuble des mains de la Vierge qui lui apparoît, accompagnée de quatre autres figures; dans le haut des anges qui se tiennent par la main; pièce gravée en 1638. gr. in-fol. Belle et rare.
13. St. Juste décollé, tenant sa tête entre ses mains, et étant accompagné de deux autres figures; dans le lointain où voit quelques cavaliers qui fuyent. *R. J. de Berti exc.* gr. in-fol. Belle et rare.
14. Sainte Cécile, figure entière, touchant du clavecin. *J. Witdoeck exc.* gr. in-fol.

Les épreuves où l'on a ôté l'adresse de Witdoeck, pour y substituer le nom de Bolswert, sont retouchées, et n'en sont pas moins estimables.

R. EYNHOUEDTS.

D'après Corn. Schut.

1. Judith s'apprêtant à couper la tête d'Holofernes. *J. Witdoeck sc.* 1633. in-fol.
2. Sainte famille. *J. Witdoeck sculp. et excud.* in-fol.
3. La Vierge sur un croissant ; gravée en 1633. in-fol.
4. La Vierge assise dans un paysage, et entourée d'anges. *J. Withouck sc. et exc.* in-fol.
5. La Vierge tenant l'enfant Jésus sur ses genoux, accompagnée du petit St. Jean et de deux anges. in-fol.
6. St. Nicolas apparoît à l'empereur Constantin, et délivre de prison trois Tribuns calomniés par les Courtisans. Le tableau à l'église de Willebroeck. *Witdoek sc.* gr. in-fol.

REMOLDUS, ou ROMBAUT EYNHOUEDTS, peintre et graveur à l'eau-forte, né à Anvers, vers 1605, et résidant dans cette ville. Ses planches sont gravées dans le style des peintres, d'une pointe ferme et décidée. Son dessin, sans être d'une grande correction, est souvent très-spirituel, et ses masses de lumières et d'ombres sont bien ménagées. Ses pièces principales sont d'après Rubens et Schut. Il a aussi gravé quelques sujets pour le cabinet de Teniers, comme les deux suivans :

1. Le Christ mort, couché à terre sur un linceul ; d'après Palme le jeune. in-fol.
2. Le Christ, figure debout, sorti du tombeau ; d'après Palme le vieux. p. in-fol.

3. L'Adoration des Rois ; d'après Rubens. *Eynhouedts fecit.* in-fol. Rare.
4. Jésus-Christ sortant du tombeau ; d'après le même. *R. Eynhouedts fecit.* p. in-fol. en t.
5. Les Pères de l'église, avec Ste. Claire tenant le St. Sacrement ; d'après le même. Pièce autrement traitée que l'estampe de Bolswert. in-fol.
6. Le tableau de la Chapelle où est le tombeau de Rubens. in-4to.

Voyez la description du même sujet, gravé par Pontius.

7. La Vierge assise sur le haut d'un degré, environnée de Saints et de Saintes.

Voyez sur cette estampe gravée par H. Snyers, le catalogue de Rubens, p. 64.

8. St. Grégoire, Pape, ayant à sa droite une figure de femme, qui représente la Prudence, et à sa gauche un Guerrier appuyé sur un bâton ; derrière celui-ci un homme appuyé de même. Au-dessus est un tableau de la Vierge qui tient l'enfant Jésus entre ses bras, avec six anges qui soutiennent des guirlandes de fruits ; d'après Rubens. *Eynhouedts fecit.* gr. in-fol.
9. Saint Christophe ; d'après le même. *Id. fecit.* in-fol.
10. St. Pierre et St. Paul, devant un portique percé de deux arcades ; gravé par Eynhouedts. in-fol. en t.
11. Cambyse, roi des Perses, ayant fait écorcher un mauvais juge, et fait mettre sa peau sur son tribunal, y fait asseoir le fils du juge inique, et le fait juge lui-même. *Id. p. Id. f.* in-fol. en carré.
12. La Paix et la Félicité d'un Etat : la Paix, couronnée par la Victoire, est soutenue par la Force et la Justice,

accompagnée de figures allégoriques, analogues au sujet; par les mêmes, sans noms. gr. in-fol. en t.
13. Sainte Anne. *Avia Christi.* Corn. Schut pinx. R. Eynhouedts fec. in-fol.
14. L'Assomption de la Vierge. *Assumta est Maria in Cœlum.* Par les mêmes. gr. in-fol.
15. Le Martyre de St. George; par les mêmes. gr. in-fol.

I. PIERRE CLOUVET, ou CLOVET, ou CLOUET, graveur au burin, naquit à Anvers en 1606. Après avoir appris les élémens de son art dans sa patrie, il se rendit en Italie, où il acheva de se perfectionner, en travaillant avec Spierre et Bloemaert. A son retour il s'arrêta quelque tems à Paris; puis il se retira à Anvers sa patrie. Il opéroit avec le burin pur, dans un style clair et ferme, qui a quelque ressemblance avec celui de Pontius, mais auquel il est inférieur pour les grands effets. Cependant ses estampes, surtout celles qu'il a gravées d'après Rubens, sont recherchées par les connoisseurs. Il a gravé le portrait et l'histoire.

Portraits.

1. Pierre l'Arretin; sans nom de peintre. in-4to.
2. Nicolas Cossin, Jésuite. De même.
3. Thomas a Kempis. De même.
4. Ferdinand Cortez. De même.

P. CLOUWET.

5. Améric Vespuce. De même.
6. François de Malherbe. De même.
7. Michel Boudwyns, médecin d'Anvers; d'après Diepenbeck. in-fol.
8. William Cavendish, duc de Newcastle, à cheval; d'après le même. in-fol.
9. Christophe van der Lamen, peintre d'Anvers; d'après van Dyck. in-fol.
10. Théodore Rogiers, orfèvre à Anvers; d'après le même. in-fol.
11. Charles Scribanius, fameux Jésuite à Anvers; d'après le même. in-fol.
12. Anne Wacke, tenant un éventail de plumes; d'après le même. in-fol.
13. Henri Riche, comte de Hollande; d'après le même. in-fol.

Divers sujets, d'après différens maîtres.

1. Descente de croix. *Rubens pinx. C. J. Meyssens exc.* gr. in-fol.
2. L'Epitaphe de Rubens, avec des accessoires; gravée par Clouwet. in-fol.
3. La mort de St. Antoine. *Rubens pinx.* gr. in-fol. Belle et rare.
4. St. Michel, combattant le diable. *Id. pinx.* p. in-fol.
5. Conversation entre plusieurs Amans, avec le titre: *Venus Lusthoff.* Les meilleures épreuves sont avec des vers flamands; celles avec des vers françois sont aussi recherchées; les dernières, sans vers, sous l'adresse de C. van Merlen, sont médiocres. *Rubens pinx.* gr. in-fol. en t. Belle et rare.
6. Une femme, figure seule debout, portant une fraise au cou; étude. *Rubens pinx.* p. in-fol.
7. Grand paysage, représentant l'hiver où il tombe de

la neige, et où se voit une étable à vaches; estampe qui se nomme communément l'Etable à Vaches, où il tombe de la neige, et qui fait suite avec les cinq grands paysages gravés par Bolswert; d'après le même. tr. gr. in-fol. en t. Belle.

8. La Vierge donnant le sein à l'Enfant; d'après van Dyck, qui a gravé le même sujet. gr. in-fol.

9. Compagnie à table dans une chambre, où le maître et la maîtresse, assis dans des fauteuils, sont couronnés de lauriers. C'est la famille du comte de Newcastle. *Ab. Diepenbeck del.* pièce in-fol.

II. ALBERT CLOUET, ou CLOUWET, graveur au burin, né à Anvers, vers 1624. Neveu de Pierre, il suivit l'exemple de son oncle, et alla se perfectionner en Italie à l'école de Corneille Bloemaert. Il résida longtems à Rome, où il grava plusieurs ouvrages, et notamment quelques portraits de la vie des peintres de Bellori, imprimée en cette ville en 1672. Il a aussi travaillé à Florence, d'après les peintures du palais Pitti, conjointement avec Bloemaert, Spierre, et autres. Il gravoit au burin avec une grande propreté, et il imitoit les manières de Bloemaert et de Mellan. Parmi une grande variété d'ouvrages, il a aussi gravé les portraits pour le recueil intitulé: *Effigies*

A Clouvet.

Cardinal. nunc viventium, publié à Rome chez J. Rossi.

Portraits.

1. Nicolas Poussin, dans Bellori. in-4to.
2. Antoine van Dyck. Ibid. in-4to.
3. Le cardinal Azzolinus. *F. Vouet pinx.* in-4to.
4. Le cardinal Jacob Rospigliosi. *J. M. Morandi pinx.* in-4to.
5. Le cardinal Charles Rosetti. *Halibertus Clouet sc.* 1643. in-4to.
6. Le cardinal François-Guillaume de Wartenberg. 1660. in-4to.
7. Maximilien, Comte de Wolfegg. in-4to.
8. Le Médaillon du Pape Alexandre VII. soutenu dans les airs par les Vertus. in-4to. en t.

Divers sujets, d'après différens maîtres.

1. St. Jean de la Croix, Espagnol, premier instituteur des Carmélites. *Lazaro Baldi pinx.* gr. in-fol.
2. L'image de la bien-heureuse Umiliana; d'après le dessin de Baldinucci. in-fol.
3. Monument sépulcral du Pape Paul III. *Dom. Barriere del.* in-fol.
4. L'Obélisque placé sur un éléphant, érigé sur la place à la Minerve. *C. L. Bernini inv.* gr. in-fol.
5. La conception mystérieuse de Marie, ou l'Eternel bénissant la Vierge; d'après P. de Cortone. gr. pièce en 2 planches; belle et rare.
6. Combat de Cavalerie; d'après Jac. Courtois, dit le Bourguignon. gr. pièce en t. d'un beau burin.
7. La bataille de Josué, grande Thèse de Théologie; d'après Guillaume Courtois, frère du Bourguignon; grande pièce gravée en 4 planches, par Al. Clouvet.

A. M. Schurman.

Anne Marie Schurman, un prodige dans les sciences et les arts, naquit à Utrecht en 1605, et mourut à Altona en 1678. Son père, voyant son penchant irrésistible pour toutes les sciences, voulut être lui-même son guide dans cette vaste carrière; mais dans les beaux arts elle n'eut d'autre maîtresse qu'elle-même et la nature. Dès le berceau elle donna des marques de ce qu'elle deviendroit un jour. A l'âge de trois ans elle commençoit à lire, et à sept ans à parler latin. Dans la langue grecque elle fit des progrès qui étonnèrent les savans. Vossius lui enseigna l'hébreu; elle écrivoit en cette langue, ainsi qu'en syriaque, en chaldéen, en grec, en latin, en espagnol, en italien, et en allemand. —

Marie Schurman ne mérite pas moins l'éloge des artistes par ses ouvrages en peinture, en gravure au burin et à l'eau-forte. Elle gravoit avec le diamant sur le cristal; elle faisoit des figures de ronde bosse en ivoire. Grande musicienne, elle jouoit très-bien du luth et touchoit le clavecin. Nous avons plusieurs de ses portraits de sa main, et entr'autres un

A. M. SCHURMAN.

gravé à l'eau-forte, et terminé au burin avec une finesse extraordinaire, sous ce titre :

1. *Anna Maria a Schurman, an. aetat.* XXXIII. cIɔ. Iɔ. CXL. dans un ovale in-4to. marqué : *A. M. S. fec.*, et au bas de l'estampe ces deux vers :

Cernitis hic pictá nostras in imagine vultus :
Si negat Ars formam, gratia vestra dabit.

www.ingramcontent.com/pod-product-compliance
Lightning Source LLC
Chambersburg PA
CBHW050151230526
45470CB00001B/52